図解で学ぶ

SEのための証券業務入門

株式会社シーエーシー
室 勝 [著]

一般社団法人 金融財政事情研究会

はじめに

　証券システムは銀行システムとともに古い歴史を持ち、おもに投資家と証券取引所を結びつける役割を担っています。このため、非常に高い可用性、信頼性が必須であると同時に、証券サービス・商品の多様性・複雑性や頻繁に変更される金融法規制への対応などから常に変革を要求されています。また、1990年代のインターネットの普及以降、個人向けのオンライン証券取引サービスも活発化し営業チャネルも多様化している等、ビジネス要求や技術動向の変化に絶えず対応し進化しています。

　当社、株式会社シーエーシーは独立系のITサービス企業として、50年以上の歴史を持ち、創業以来、証券システム構築を特化事業領域の1つとし、証券会社および信託銀行の証券業務を支え続けています。昨今では証券ビジネスに対する高い変革要求により証券システムの範囲も拡大する中にあって、システム構築の期間も短縮化が求められるようにもなっており、証券システムを構築するシステムエンジニアにとって、証券業務全体を把握できるような知識を得にくくなっているのも事実です。

　そのような時勢に鑑み、証券業務全体を俯瞰し体系的にまとめることを目的に本書を出版することとしました。本書は、現在および将来、証券システム構築にかかわる、若手・中堅のシステムエンジニアをおもな読者として想定していますが、証券業務の入門書として、システムエンジニア以外の若手・中堅層にも役立つように記述しています。また、証券業務だけでなく、証券システム構築のうえで重要なバックグラウンドとなる会計についても詳述しています。実際のシステム構成については個社ごとに大きく異なるため、簡潔な記述にとどめています。

　当社は、2009年に『図解で学ぶSEのための企業年金入門』、2014年に『図解で学ぶ銀行三大業務入門』、2017年に『SEのための金融実務キーワード事

典』を出版しています。いずれも、それぞれの業務システムにかかわるシステムエンジニアにとって、業務を体系的に学べる書として高い評価を得ております。証券業務をテーマに同様の目的を持って出版した本書が、少しでも証券業務に携わる皆さまのお役に立てば幸甚です。

2019年2月

株式会社シーエーシー
業務担当執行役員
金融ビジネスユニット長

佐別當　宏友

本書の刊行にあたって

『図解で学ぶSEのための銀行三大業務入門（第2版）』『SEのための金融実務キーワード事典』では、銀行の主要業務について詳述しましたが、今回、証券業務を解説する『図解で学ぶSEのための証券業務入門』を刊行いたします。

銀行業務が銀行などに限定されるのに対して、証券業務は証券会社をはじめとして、信託銀行、銀行、投資信託運用会社など、複数の業態で行われており、それらの担う業務も業態により重複する部分もあれば、固有の部分もあります。

ほとんどの有価証券がペーパーレスになっているとはいえ、電子化された現物の売買と、それにともなう資金の授受があるゆえに取引当事者なども多岐にわたり、単純な資金の運用・調達よりも複雑な取引が行われています。また、債券、株式、投資信託といったカテゴリにおいて、取り扱われている商品や分類も多数存在し、それらの概観は容易ではないと考えたことも本書を執筆した所以です。

序章ではイントロダクションとして、債券、株式、投資信託について概説しています。第1章では国債、地方債、社債などの債券について言及し、債券価格や利回りなどの計算などについて例示しました。第2章では株式そのものだけではなく、株主の権利や株式市場への上場基準、株式指数、株式指標などについても解説しています。第3章では、投資信託の種類や仕組みなどについて説明しています。

第4章では、第1章から第3章を横断するようなテーマを取り扱っています。1節で証券の照合・清算・決済について述べ、2節では現先取引、貸借取引、信用取引などを図説しています。3節では業態別の証券業務について、4節では資金の運用・調達と資産管理について言及しています。5節で

は証券取引の会計について、決算処理を含めて説明していますが、決算の概観や単一会計と多通貨会計など外貨の取扱については、別著で既述であることや紙幅の関係もあり、割愛しています。6節では証券業務システムについて記述しているものの、システム構成や取扱範囲は業態や個社、規模などによって大きく異なるため、簡潔に述べるにとどめました。最後の7節ではNISAやiDeCoといった各種制度を取り上げています。

前著、前々著同様に本書も「SEのための」という文言を付していますが、前述のとおり、個社の証券システムには大きな差異があることが多いことから、システム部分については現場で学ぶことが最良と考え、システムの記述は抑えました。その分、SEが理解しておいた方がよいと思われる業務内容、商品、会計、制度、各種機関など本書のほとんどを業務的な説明に費やしています。切り口は異なりますが、前々著『図解で学ぶSEのための銀行三大業務入門（第2版）』と発想は同じです。

若手・中堅SEを想定し、平易にかつ幅広く説明するよう心がけました。本書が証券業務を学ぼうとするSEの皆様にとって、わずかでもお役に立てれば幸いです。

最後に本書の執筆に際し、多くのご助力と適切なアドバイスをいただいた方々に御礼申し上げます。特段のご支援と助言をいただいた、中里沙希氏、堀田由佳氏、楊睿萍氏、New Yorkから洋書を送ることなどで叱咤激励してくださった玉川純子氏には、あらためて御礼申し上げます。

また、きんざいの堀内駿氏には企画・編集・校正の各段階で各種のアドバイスを頂戴しました。この場を借りて、厚く御礼申し上げます。

2019年2月

　　　　　　　　　株式会社シーエーシー
　　　　　　　　　　ビジネス統括本部 金融ビジネスユニット
　　　　　　　　　　シニア・システム・エンジニア

　　　　　　　　　　　　　　　　　　室　　　勝

【著者所属企業概要】

株式会社シーエーシー

日本で最初の独立系ソフトウェア専門会社として1966年に発足。CAC Holdings（東証一部上場）を持株会社とするCACグループの中核企業。金融、医薬分野などのシステム開発・運用を国内外で展開し、近年は、デジタルテクノロジーを用いて社会やビジネスのイノベーションに寄与する価値あるソリューションの提供に注力している。
URL：https://www.cac.co.jp/

【著者紹介】

室　　勝（むろ　まさる）

ビジネス統括本部　金融ビジネスユニット
シニア・システム・エンジニア
1990年シーエーシー入社　証券システム経験12年
主な業務経歴　開発システム名称（担当工程、役割）
　　A証券約定システム（詳細設計～統合テスト、業務SE）
　　B銀行証券システム（詳細設計～総合テスト、業務SE）
　　C銀行外国証券システム（詳細設計～統合テスト、業務SE）
　　D銀行外国証券システム（保守、PM・業務SE）
　　E銀行外国証券システム（保守、PM・業務SE）

注）　SE＝システム・エンジニア、PM＝プロジェクト・マネージャー

【本書の構成について】

本書での項番は、以下のとおりとしています。
　　1章→1節→1項→1→(1)→①→(i)

目　次

序　章　証券と証券業務

1節　証券とは ……………………………………………………………… 2
2節　証券の目的 …………………………………………………………… 3
3節　債　券 ………………………………………………………………… 5
　1項　債券とは …………………………………………………………… 5
　2項　債券のメリットとリスク ………………………………………… 6
　3項　債券の分類 ………………………………………………………… 7
　4項　債券市場 …………………………………………………………… 8
　5項　債券の購入から売却・償還まで ………………………………… 8
4節　株　式 ………………………………………………………………… 9
　1項　株式とは …………………………………………………………… 9
　2項　株式のメリットとリスク ………………………………………… 10
　3項　株主の権利 ………………………………………………………… 11
　4項　株式の分類 ………………………………………………………… 11
　5項　株式市場 …………………………………………………………… 12
　6項　株式の購入と売却 ………………………………………………… 12
5節　投資信託 ……………………………………………………………… 13
　1項　投資信託とは ……………………………………………………… 13
　2項　投資信託のメリットとリスク …………………………………… 14
　3項　投資信託の分類 …………………………………………………… 15
　4項　投資信託の仕組み ………………………………………………… 18
　5項　投資信託の購入から解約・償還まで …………………………… 19

第1章　債　券

- 1節　債券とは …………………………………………………… 22
  - 1項　概　要 …………………………………………………… 22
  - 2項　発行条件と券面 ………………………………………… 23
- 2節　債券の特徴 ………………………………………………… 24
  - 1項　債券の特徴 ……………………………………………… 24
  - 2項　債券のメリットとリスク ……………………………… 25
- 3節　債券の種類 ………………………………………………… 27
  - 1項　発行体による分類 ……………………………………… 27
  - 2項　利払方法による分類 …………………………………… 28
  - 3項　債券が発行済か否かによる分類 ……………………… 29
  - 4項　募集方法による分類 …………………………………… 29
  - 5項　担保などの有無による分類 …………………………… 30
  - 6項　償還期限までの期間による分類 ……………………… 30
  - 7項　債券の券面が発行されているか否かによる分類 …… 31
  - 8項　発行体、市場、通貨が国内か否かによる分類 ……… 32
  - 9項　外国債の分類 …………………………………………… 32
  - 10項　債券の通貨による分類 ………………………………… 32
  - 11項　国債の分類 ……………………………………………… 34
  - 12項　記名か否かによる分類 ………………………………… 35
  - 13項　その他の債券 …………………………………………… 35
- 4節　債券市場 …………………………………………………… 50
  - 1項　債券市場とは …………………………………………… 50
  - 2項　発行市場 ………………………………………………… 50
  - 3項　流通市場 ………………………………………………… 52
- 5節　債券の購入から売却・償還まで ………………………… 53

1項　新　発　債 …………………………………………… 53
　　2項　既　発　債 …………………………………………… 54
　　3項　日付など ……………………………………………… 54
　　4項　発行方法 ……………………………………………… 55
　　5項　発行方式 ……………………………………………… 56
　　6項　発行条件 ……………………………………………… 62
　　7項　各種書類 ……………………………………………… 65
　　8項　手　数　料 …………………………………………… 65
　6節　債券の価格、利回りなど ………………………………… 66
　　1項　債券価格の変動要因 ………………………………… 66
　　2項　債券価格と金利の関係 ……………………………… 70
　　3項　債券の利回り ………………………………………… 73
　　4項　債券の約定単価（債券価格）……………………… 83
　　5項　債券の経過利子 ……………………………………… 85
　　6項　債券の格付け ………………………………………… 88

第2章　株　式

1節　株式とは ……………………………………………………… 94
　　1項　概　　要 ……………………………………………… 94
　　2項　募集事項と券面 ……………………………………… 95
2節　株式の特徴 …………………………………………………… 96
　　1項　株式の特徴 …………………………………………… 96
　　2項　株式のメリットとリスク …………………………… 97
3節　株主の権利など ……………………………………………… 99
　　1項　株主の権利とは ……………………………………… 99
　　2項　自　益　権 …………………………………………… 99

3項　共　益　権 ……………………………………………… 100
　　4項　少数株主権と議決権 ………………………………… 101
　　5項　そ の 他 …………………………………………………… 102
　　6項　株主の義務 ………………………………………………… 102
　4節　株式の分類 ………………………………………………………… 102
　　1項　優先株式 …………………………………………………… 104
　　2項　普通株式 …………………………………………………… 104
　　3項　劣後株式 …………………………………………………… 105
　　4項　混合株式 …………………………………………………… 105
　　5項　議決権制限株式 …………………………………………… 105
　　6項　取得請求権付株式 ………………………………………… 106
　　7項　取得条項付株式 …………………………………………… 107
　　8項　譲渡制限株式 ……………………………………………… 107
　　9項　全部取得条項付株式 ……………………………………… 107
　　10項　黄　金　株 ………………………………………………… 108
　　11項　役員選任権付株式 ………………………………………… 108
　　12項　複数議決権株式 …………………………………………… 108
　　13項　元本保証型株式 …………………………………………… 109
　　14項　額面株式 …………………………………………………… 109
　　15項　無額面株式 ………………………………………………… 109
　　16項　記名株式と無記名株式 …………………………………… 110
　　17項　功　労　株 ………………………………………………… 110
　　18項　新株予約権証券 …………………………………………… 110
　　19項　預託証券 …………………………………………………… 111
　　20項　優先出資証券 ……………………………………………… 111
　5節　株式市場 …………………………………………………………… 112
　　1項　株式市場とは ……………………………………………… 112

2項　発行市場 ………………………………………………… 113
　　3項　流通市場 ………………………………………………… 116
　　4項　証券取引所と株式市場 ………………………………… 119
　6節　株式の購入と売却 ………………………………………… 119
　　1項　単 元 株 ………………………………………………… 120
　　2項　新　　株 ………………………………………………… 121
　　3項　既 存 株 ………………………………………………… 121
　　4項　発行の種類 ……………………………………………… 123
　　5項　その他の種類 …………………………………………… 129
　　6項　募集事項 ………………………………………………… 132
　　7項　各種書類 ………………………………………………… 134
　　8項　手 数 料 ………………………………………………… 134
　7節　株価の変動要因、指数など ……………………………… 135
　　1項　株価の変動要因 ………………………………………… 135
　　2項　株式指数 ………………………………………………… 140
　　3項　株式指標 ………………………………………………… 144
　　4項　株価の決定方法 ………………………………………… 149

第3章　投資信託

1節　投資信託とは ………………………………………………… 156
　　1項　概　　要 ………………………………………………… 156
　　2項　受益証券と券面など …………………………………… 157
2節　投資信託の特徴 ……………………………………………… 157
　　1項　投資信託の特徴 ………………………………………… 158
　　2項　投資信託のメリットとリスク ………………………… 159
3節　投資信託の種類 ……………………………………………… 161

1項　商品設計上の分類 …………………………………… 161
　　2項　投資対象、投資方針別の分類 ……………………… 165
　　3項　リスクとリターンによる分類 ……………………… 169
　　4項　その他の分類 ………………………………………… 169
4節　投資信託の仕組み ………………………………………… 174
　　1項　投　資　家 …………………………………………… 174
　　2項　販売会社 ……………………………………………… 175
　　3項　委　託　者 …………………………………………… 175
　　4項　受　託　者 …………………………………………… 176
5節　投資信託の購入から解約・償還まで …………………… 176
　　1項　概　　　要 …………………………………………… 176
　　2項　各種書類 ……………………………………………… 177
　　3項　各種手数料 …………………………………………… 180
　　4項　基準価額など ………………………………………… 182

第4章　証券業務

1節　証券の売買から決済まで ………………………………… 196
　　1項　概　　　要 …………………………………………… 196
　　2項　詳　　　細 …………………………………………… 197
2節　証券取引の種類 …………………………………………… 222
　　1項　概　　　要 …………………………………………… 222
　　2項　債券貸借取引 ………………………………………… 223
　　3項　現先取引 ……………………………………………… 227
　　4項　株券貸借取引 ………………………………………… 231
　　5項　信用取引 ……………………………………………… 232
3節　業態別の証券業務 ………………………………………… 240

1項	概　要	240
2項	証券会社の証券業務	241
3項	信託銀行の証券業務	243
4項	普通銀行の証券業務	246

4節　資金の運用・調達と資産管理 248
- 1項　資金の運用・調達 248
- 2項　資産管理 253

5節　証券取引の会計 255
- 1項　債　券 255
- 2項　株　式 271
- 3項　投資信託 291
- 4項　決　算 297

6節　証券業務システムの概要 307
- 1項　概　要 308
- 2項　詳　細 308

7節　各種制度 319
- 1項　少額投資非課税制度（NISA） 320
- 2項　つみたてNISA 322
- 3項　ジュニアNISA 323
- 4項　個人型確定拠出年金（iDeCo） 323
- 5項　投資者保護基金 327

参考文献・参考ホームページ 329
事項索引 331

序　章

証券と証券業務

1節　証券とは

証券とは、一般に財産に関する権利・義務を証明する文書を指し、証拠証券と有価証券に大別されます。このうち、有価証券は、3つに細分されます（図表0-1-1参照）。

本書では、有価証券（以降、通常は証券と表記します）のうち、国債、社債、株式といった証券、証券の発行や売買などを行う証券業務、証券取引を行う際の会計処理、ならびに証券業務を行う証券システムなどについて、次章以降で記述します。

「有価証券」の定義は、ここでは金融商品取引法（第2条の1〜21）(*1)、および金融商品取引法施行令（第1条）が掲げているものを抜粋して、説明します（図表0-1-2参照）。

図表0-1-1　証券の分類

分類1	説明	分類2	説明・具体例
証拠証券	証券そのものには価値がない文書	—	借用証書、預り証、保険証券、預金証書、領収書など
有価証券	証券そのものに価値がある文書	貨幣証券	貨幣に対する請求権を表章する証券。具体的には、小切手、約束手形、為替手形など
		商品証券	商品に対する請求権を表章する証券。具体的には、船荷証券、倉庫証券など
		資本証券	資本、配当、利子などに対する請求権を表章する証券。具体的には、株式、国債、社債など

(*1)　同法は、「国民経済の健全な発展及び投資者の保護のために、有価証券の発行及び金融商品等の取引等を公正にし、有価証券の流通を円滑にする」ことを意図して定められた法律です。

図表0-1-2　金融商品取引法における「有価証券」の定義（抜粋）

種類	説明
国債証券（国債）	国の発行する債券
地方債証券（地方債）	都道府県など地方公共団体が発行する債券
特別の法律により法人の発行する債券（特殊債）	政府関係機関などが、特別の法律に基づいて発行する債券
社債券（社債）	株式会社や相互会社などが発行する債券
株券または新株予約権証券	株式会社が発行する株式（株券）、または株式を一定の価格で定められた期間内に取得できる権利を持つ証券
CP（コマーシャル・ペーパー）	株式会社などが短期の資金調達のために振り出す無担保の約束手形
CD（譲渡性預金）	外国法人の発行する譲渡性預金。内国法人の発行する譲渡性預金は、金融商品取引法上の有価証券に該当しない（金融商品取引法施行令（第1条））

2節　証券の目的

　国債、社債、株式といった証券を発行する側にとって、その目的は、資金を調達することです。国債は歳入不足を埋め合わせるなどの資金を調達するために国が発行します。企業が設備投資などのために多額の資金を調達する場合、社債を発行することもあります（図表0-2-1参照）。また、株式会社であれば、資金調達のために株式を発行します（図表0-2-2参照）。国債や社債の場合、返済期日には調達した資金を返済しなくてはなりませんが、株式には、返済期日は存在せず、調達した資金を返済する必要はありません。

　債券や株式を発行し、資金調達する方法は、直接金融といわれます。直接金融では、資金運用を行う投資家は、資金調達を行う国や企業などから債券

図表0-2-1　国債や社債による資金調達

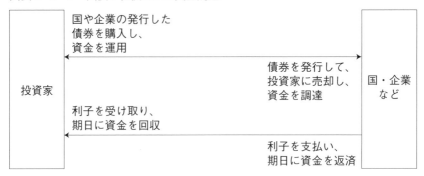

図表0-2-2　株式による資金調達

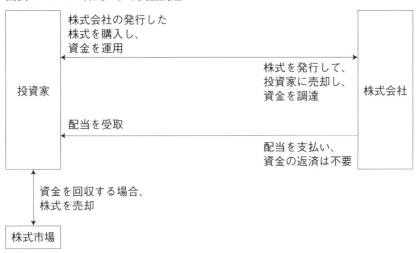

や株式を直接購入するため（実際には、証券会社が取引の仲介を行うことが一般的）、「直接」金融といわれます。後述する間接金融と異なり、資金を企業などが返済できない場合、資金を運用している投資家がその損失を被ります。

　これに対して、銀行など金融機関（以下、銀行とします）から借入する場合もありますが、これは間接金融といわれます。間接金融では、銀行が預金

図表0-2-3　銀行からの貸付による資金調達

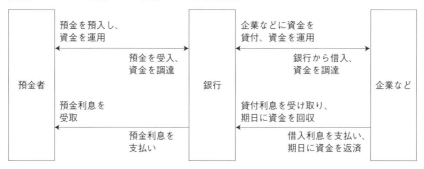

者から預金を集めることで資金を調達し、この資金を必要とする個人や企業などに貸し付けます（図表0-2-3参照）。この資金調達方法は、銀行なしでは成り立たず、資金運用を行う預金者と資金調達を行う企業などの間に、銀行が必ず介在するために「間接」金融といわれます。なお、貸付した資金を企業などが返済できなくても、その損失は銀行が負うのみで、間接的に資金を運用している預金者が損失を被ることはありません。

3節　債　券

ここでは、国債や社債などの債券の概要、メリット、リスク、市場などについて、その内容を簡単に述べます。詳細は第1章を参照してください。

1項　債券とは

債券とは、証券（資本証券）の一種であり、おもなものに国債、地方債、特殊債、社債（図表0-1-2参照）などがあります。これらは、国や企業など(*2)が投資家から資金を調達するために発行する債券であり、発行時に利率（クーポン・レート）、期間、償還期限（資金を投資家に返済する期日）、

利払方法(利払日、利払サイクルなど)などを決定したうえで発行され、投資家に売却されます。発行後の債券は市場で売買されます。通常、償還期限に元本が投資家に返済されるので、元本割れすることはありません。ただし、償還前に債券を売却する場合に市場動向などによっては、元本割れすることや国の債務不履行や企業の倒産などで、元本や利子が支払われないこともあります。

2項　債券のメリットとリスク

投資家から見て、債券には、図表0-3-1に示すメリットとリスクがあります。

企業などの発行体から見れば、債券を発行した後、一定サイクルで利子を支払えば、償還期限までは元本の返済は不要というメリットがあります。また、発行体にとって、債券発行にともなうリスクはありません。

図表0-3-1　債券のメリットとリスク

メリット	リスク
・収益性:利子を受け取ることができ(インカム・ゲイン)、売却して利益が出る(キャピタル・ゲイン)など ・安全性:償還期限が到来すれば、元本が返済される ・流動性:流動性が高い(現金化しやすい)	・信用リスク:企業倒産などで元利金が支払われないなど ・価格変動リスク:金利動向により債券価格が変動し、損失が生じる(キャピタル・ロス)など ・カントリー・リスク:外国の債券の場合、経済危機や紛争などで元利金が支払われないなど ・流動性リスク:国債以外は流動性が高くない(現金化しにくい)

(*2)　債券を発行するのは、国や地方公共団体、特殊法人、企業など、さまざまですが、これらを総称して、発行体(発行主体)などといいます。

3項 債券の分類

詳細は第1章で記述しますが、債券には、さまざまな分類があります。代表的なものをあげると、以下のとおりです。

1 発行体による分類

債券を発行する発行体により、大きく分類すると、図表0-3-2のとおりです。公共債と民間債を総称して、公社債ということもあります。

2 利払方法による分類

資金を提供した投資家に対して払う利子[*3]をどのように支払うか、その利払方法により、債券を分類すると、図表0-3-3のとおりです。

3 債券が発行済か否かによる分類

債券がこれから発行されるのか、すでに発行済であるのかにより、債券を

図表0-3-2 発行体による分類

分類	発行体	具体例
公共債	国（政府）	国債
	地方公共団体（都道府県市など）	地方債
	政府関係機関、独立行政法人	特殊債（政府関係機関債、特別債）
	地方公共団体が設立した公社	地方公社債
民間債	株式会社など	社債（事業債）
	商工組合中央金庫、農林中央金庫、信金中央金庫	金融債

(*3) 発行体が債券を発行し、投資家から資金調達した場合に、投資家に支払う利子は、利金またはクーポンといいます。

図表0-3-3　利払方法による分類

分類	内容
利付債	債券を購入した投資家に、発行体が一定サイクルで利金を支払う債券
割引債 （ゼロクーポン債）	債券を購入した投資家に、利金は支払わず、その代わりに、債券の発行時の価格＜債券の償還時(注1)の金額(注2)で発行され、この差額が利付債の利金に相当する債券

(注1)　あらかじめ定めた期日（償還日）に債券発行によって、調達した資金を投資家に返済することを償還といいます。借入金の返済に相当します。
(注2)　償還時には、債券の券面に記載された額面金額（元本に相当）で償還されます。利金（クーポン）の支払がないため、ゼロクーポン債ともいわれます。

図表0-3-4　債券が発行済か否かによる分類

分類	内容
新発債	これから新規に発行される債券
既発債	すでに発行されていて、市場で流通している債券

分類すると、図表0-3-4のとおりです。

4項　債券市場

　債券を売買する市場には、新発債を取り扱う発行市場と、既発債を取り扱う流通市場の2つがあります（図表0-3-5参照）。

5項　債券の購入から売却・償還まで

　図表0-3-6に、債券が購入されてから償還されるまでの取引の流れを、新発債と既発債に分けて示します。

図表0-3-5　債券の市場

市場	内容
発行市場	発行体が発行する債券（新発債）を、発行体から直接または証券会社の仲介により、投資家が購入する市場で、起債市場、一次市場、プライマリー・マーケット（Primary Market）とも呼ばれる
流通市場	すでに発行されている債券（既発債）を売買する市場で、流通市場、二次市場、セカンダリー・マーケット（Secondary Market）とも呼ばれる

図表0-3-6　債券の購入から償還まで

4節　株　式

ここでは、株式の概要、メリット、リスク、市場などについて、その内容を簡単に述べます。詳細は第2章を参照してください。

1項　株式とは

株式は、株式会社が事業を行うための資金（資本金）を調達するために発行するものです。株式会社が設立される際には、必ず株式が発行されますし、その後も必要に応じて、追加で株式が発行（増資）されることもあります。債券と異なり、調達した資金を返済する必要はありませんし、利子を支払う必要もありません。反面、会社が得た利益の一部を配当金として、株式

を保有する株主（出資者、投資家）に支払いますが、業績が悪ければ、配当を支払わないこともあります。

　株式を発行する場合、調達する資金（資本金）の金額と発行する株式数、株式1株をいくらで売り出すかなどを決定したうえで発行し、投資家に売却されます。発行後の株式は、市場で売買されます。前述のとおり、元本が投資家に返済されないため、投資家が資金を回収するには株式を売却するしかありませんが、株価が下落していれば、元本割れします。

2項　株式のメリットとリスク

　投資家から見て、株式には、図表0-4-1に示すメリットとリスクがあります。

　株式を発行する株式会社から見れば、株式発行後は、調達した資金を株主に返済（*4）する必要はないというメリットがあります。また、株式会社にとって、株式発行にともなうリスクは通常はありませんが、場合によっては敵対的買収などを仕掛けられる可能性はあります。

図表0-4-1　株式のメリットとリスク

メリット	リスク
・収益性：通常、年1～2回、配当金を受け取ることができ（インカム・ゲイン）、業績好調などにより株価が上昇し、売却すれば利益が出る（キャピタル・ゲイン）など	・信用リスク：業績の悪化により、配当金が支払われない、倒産などで株式が無価値になるなど ・株価変動リスク：業績の悪化などにより株価が下落し、売却すれば損失が生じる（キャピタル・ロス）など ・カントリー・リスク：外国の株式の場合、経済危機や紛争などで配当金が支払われない、売買できないなど

（*4）　調達した資金を株主に返済するのは、当該会社を解散するときのみです。

3項 株主の権利

債券の場合、債券を購入することは、元利金を受け取る権利を得るだけであるのに対して、投資家は株式を購入（出資）することにより、株主となり、図表0-4-2にあげる権利を得ます。

権利に対して義務もありますが、株式を一定価格で購入（出資）する場合、会社が倒産などしても、株式が無価値になるだけです。株主がそれ以上の義務を負うことはありません。

4項 株式の分類

株式には、いくつかの分類があります。代表的な分類をあげると、以下のとおりです。

1 配当などの受取の優劣による分類

配当や会社解散時の残余資産を分配する際の優劣による分類は、図表0-4-3のとおりです。

図表0-4-2 おもな株主の権利

権利	内容
経営参加権	会社の経営方針等の重要事項を決定する株主総会に参加し、決議に参加できる権利
剰余金配当請求権	会社の利益の分配を配当として受け取ることができる権利
残余財産分配請求権	会社が解散する際に負債をすべて返済したうえで、財産が余る場合、株主は残余財産の分配を受けることができる権利

図表0-4-3　配当などの受取の優劣による分類

分類	内容
優先株式	配当を、ほかの株式よりも優先的に受けることができる株式。また、会社が解散する際に負債をすべて返済したうえで、財産が余る場合、株主は残余財産の分配を受けることができる。この際にも優先的に分配を受けることができる。ただし、経営参加権については制限がある場合もある
劣後株式	優先株とは対照的に、配当も残余財産の分配もほかの株式よりも劣後して行われる株式。後配株式ともいわれる
普通株式	配当や残余財産の分配について、優先も劣後もされない株式。株式といえば、通常は、この普通株式を指す。大半の株式が普通株式に該当する

2　株式が発行済か否かによる分類

株式が新規に発行されるのか、すでに発行済であるのかにより株式を分類すると、図表0-4-4のとおりです。

5項 ｜ 株式市場

株式を売買する市場には、債券と同様に新株を取り扱う発行市場と、既存株を取り扱う流通市場の2つがあります（図表0-4-5参照）。

6項 ｜ 株式の購入と売却

図表0-4-6に、株式が購入されてから売却されるまでの流れを、新株と

図表0-4-4　株式が発行済か否かによる分類

分類	内容
新株	これから新規に発行される株式
既存株	すでに発行されていて、市場で流通している株式

図表0-4-5　株式の市場

市場	内容
発行市場	株式会社が発行する新株を、当該会社から直接または証券会社の仲介により、投資家が購入する市場
流通市場	すでに発行されている既存株を売買する市場

図表0-4-6　株式の購入から売却まで

既存株に分けて示します。

5節　投資信託

ここでは、投資信託の概要、メリット、リスクなどについて、その内容を簡単に述べます。詳細は第3章を参照してください。

1項　投資信託とは

投資信託（ファンドともいいます）は、投資信託を購入した投資家から得た資金を一つにまとめて、運用を専門とする投資信託運用会社が債券や株式などに投資・運用する商品で、運用の成果を投資家の投資額に応じて、分配する商品です（図表0-5-1参照）。運用の成果によっては、元本割れの可能性もあります。

図表0-5-1　投資信託の概要

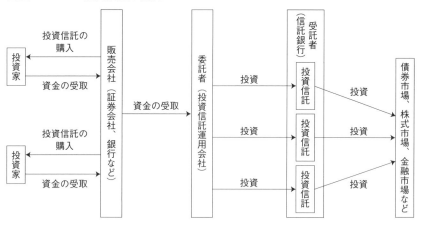

　投資信託の販売会社（証券会社や銀行など）は、自身の顧客（投資家）に投資信託を販売し、資金を受領します。受領した資金は、購入された投資信託ごとに一つにまとめられ、投資信託の運用会社が受領します。運用会社は投資信託ごとに決められている債券、株式などや短期の金融商品に投資し、運用します。運用により生じた利益（または損失）は、各投資家の投資額に応じて、分配されます。

2項　投資信託のメリットとリスク

　投資家から見て、投資信託には、図表0-5-2に示すメリットとリスクがあります。

　メリットとしては、投資家が債券や株式を購入する場合、まとまった金額が必要ですが、投資信託は投資が容易にできるように少額（通常は1万円程度）から購入可能です。投資信託運用会社の投資・運用の専門家（ファンド・マネージャー）が投資信託ごとに、集まった資金を個人投資家に代わって投資・運用するため、個人投資家が単独で投資・運用するよりも高い収益（分配金）が期待できます。投資する商品も1つではなく、複数の債券や株

図表0-5-2　投資信託のメリットとリスク

メリット	リスク
・少額でも投資が可能 ・投資家に代わって、運用の専門家が投資・運用 ・債券や株式など、複数の商品に投資（分散投資）することで、リスクも分散、緩和される ・さまざまな種類があり、目的や期間に応じて投資することができる	・投資対象の価額が下落することによって、収益が得られないなどのリスクがある ・金利の変動により、投資対象の価額が下落し、収益が得られない、あるいは元本が減少するリスクがある ・手数料などが掛かるため、価額の下落とあわせて、元本割れのリスクがある ・外貨建の投資信託の場合、為替変動リスクによって、収益が得られないリスクがある

式などに分散投資（何に投資するかは投資信託により、さまざま）するため、リスクも分散・緩和され、単独で単一の債券や株式に投資するよりも、損失を軽減できる可能性が高まります。投資信託には、さまざまな種類があるので、目的や期間に応じて投資することができます。

　リスクとしては、投資資金の流出などの理由で投資信託の価額が下落することがあります。金利の変動や為替相場の変動などによって、投資信託の価額が下落することもあります。また、投資信託は購入時や売却時、保有期間中に手数料などが掛かるため、運用実績が低調などである場合、分配金が少ない、または元本割れする可能性もあります。

3項　投資信託の分類

　投資信託には、さまざまな分類があります。代表的なものをあげると、以下のとおりです。

1 投資対象による分類

何に投資・運用するかによる分類は、図表0-5-3のとおりです。

2 購入期間による分類

購入できる期間が限定されているか否かによる分類は、図表0-5-4のとおりです。

3 購入対象による分類

購入対象を公募とするか否かによる分類は、図表0-5-5のとおりです。

図表0-5-3　投資対象による分類

分類	内容
公社債	おもに国債、社債などの債券と短期金融商品（CD、CPなど）に投資・運用するもの
株式	おもに株式に投資・運用するもの
不動産	おもに不動産に投資・運用するもの。リート（REITまたはJ-REIT）と呼ばれる
その他	おもに上記以外に投資・運用するもの
資産複合	おもに上記の複数に投資・運用するもの

図表0-5-4　購入期間による分類

分類	内容
追加型（オープン型）	いつでも購入または換金ができ、信託期間（償還期限）が定められていない、または定められていても10年以上の長期のもの
単位型（ユニット型）	信託期間（償還期限）が定められており、募集期間のみ購入でき、募集期間後の購入はできないもの

図表0-5-5 購入対象による分類

分類	内容
公募型	購入対象を限定せず、広く一般投資家を対象とするもの
私募型	購入対象を金融機関などに限定するもの

4　収益分配の有無による分類

　投資・運用の結果、得られた収益を分配するか否かによる分類は、図表0-5-6のとおりです。

5　中途換金の可否による分類

　中途換金できるか否かによる分類は、図表0-5-7のとおりです。

6　その他

　上記分類以外で、一般的な投資信託を示すと、図表0-5-8のとおりです。

図表0-5-6 収益分配の有無による分類

分類	内容
分配型	収益分配金を定期的（決算期）に受け取ることができるもの
無分配型	当初の1～2年は分配を行わない、または信託期間中は収益を分配せず、償還期限や中途換金時に一括して受け取ることができるもの

図表0-5-7 中途換金の可否による分類

分類	内容
オープン・エンド型	随時、換金が可能なもの。投資信託のほとんどが該当
クローズド・エンド型	中途換金が不可のもの

図表 0-5-8　一般的な投資信託

分類	内容
MMF	おもに国内外の公社債と短期金融商品によって、運用されている投資信託。MMFは、Money Management Fundの略称。日銀のマイナス金利政策の影響により、現在は販売されていない
MRF	高格付けで残存期間の短い公社債と短期金融商品で運用されている投資信託。証券総合口座に一時滞留する資金を運用するための投資信託。MRFは、Money Reserve Fundの略称
ETF	日経平均株価や東証株価指数（TOPIX）といった株価指数に連動するように運用される投資信託。証券取引所に上場されているため、上場投資信託ともいわれる。ETFは、Exchange Traded Fundsの略称
REIT（J-REIT）	投資家から集めた資金などで不動産を保有し、賃料や売却益を投資家に配当する投資信託。REITは不動産投資信託、J-REITは日本版不動産投資信託ともいわれる。REITは、Real Estate Investment Trustの略称

4項　投資信託の仕組み

　投資家（受益者）は投資信託の販売会社（証券会社、銀行など）から投資信託を購入します。このとき、投資家は受益証券(*5)を受領します。

　投資家から受領した資金は販売会社から投資信託運用会社（委託者）に引き渡されます。投資信託運用会社（委託者）は投資家（受益者）の利益のために、信託契約を締結した信託銀行（受託者）に運用の指示を行い、資金の運用を委託します。投資信託運用会社（委託者）の指図により、信託銀行（受託者）は公社債、株式などの売買、資金決済などを行います。これらを

(*5)　投資信託を購入した投資家の権利（受益権）を表章する証券を指します。投資信託運用会社（委託者）が発行し、販売会社が販売していましたが、2007年1月から電子化（ペーパーレス化）されていて、電子的に管理されています。

図表 0-5-9　投資信託の仕組み

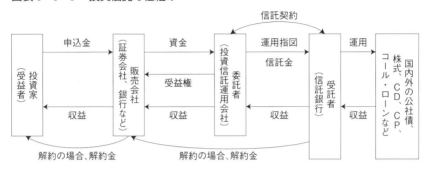

図解すると、図表 0-5-9 のとおりです。

5 項　投資信託の購入から解約・償還まで

　以下では、投資信託が購入されてから、解約または償還されるまでを説明します。投資信託には、さまざまな分類がありますが、そのうちのいくつかをあげて、図表 0-5-10 で説明します。

　追加型の場合、投資信託は随時購入できますが、単位型の場合は、購入は募集期間中に限られます。購入後、分配型の場合には、運用の成果である収益分配金を定期的に受け取ることができますが、無分配型の場合、当初の一定期間か中途換金または償還期限まで収益分配金を受け取ることはできませ

図表 0-5-10　投資信託の購入から解約・償還まで

ん。その後は単位型の場合、償還期限に償還されますが、追加型の場合、償還期限がないため、必要に応じて解約することにより、投資資金を回収します。

第 1 章

債　券

1節　債券とは

ここでは有価証券の1つである債券の概要、発行条件などについて、説明します。

1項　概　要

債券とは、有価証券であり、元利金に対する請求権を表わす資本証券の一種です。おもなものに国債、地方債、特殊債、社債などがあります。これらは、国や企業といった発行体が投資家から資金を調達するために発行する債券であり、借用書ということもできます。投資家から見れば、国や企業といった発行体が発行する債券を購入することで、資金を運用し、利子を得ることができます（図表1-1-1参照）。

債券の発行時には、利率（クーポン・レート）、期間、償還期限（資金を投資家に返済する期日）、利払方法（利払日、利払サイクルなど）などといった発行条件を決定したうえで発行し、投資家に売却されます。発行後、利払日に利子を投資家に支払い（ただし、利付債の場合）、償還期限が到来したら、元本を投資家に返済します。

図表1-1-1　債券による資金調達・運用

2項 発行条件と券面

2003年1月に国債、2003年3月に短期社債(*1)、2006年1月に社債、地方債などが電子化(ペーパーレス化)されているため、現在では、紙媒体(*2)の債券を見ることは基本的にありませんが、かつては紙に印刷された債券(券面)上に、償還期限(返済期日)、額面金額(償還期限に返済する金額、元本に相当)、利率(クーポン・レート)などの発行条件が記載されていました。これは電子化されても、論理的には変わっていません。

国債などでは、同じ種類の債券を繰り返して発行するため、第何回といった回数(回号と呼ばれます)を付して、それぞれを区別しています(この区分を銘柄と呼ぶこともあります)。国債を例に利付債と割引債の紙の券面のイメージを図表1-1-2に示します。

図表1-1-2 利付債と割引債のイメージ

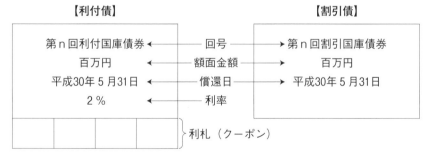

(*1) 償還期限が1年未満であり、社債の金額が1億円を下回らない社債(電子CP:電子化されたコマーシャル・ペーパー)を指します。
(*2) 電子化以前は、各種債券は紙に印刷されていた(紙幣に準じた偽造防止の細かい模様も施されていた)ため、債券の用語には、紙時代に由来するものがあります。たとえば、利付債の利札(クーポン)は各利払日に利札を切り取り、それを銀行などに持ち込んで、利子を現金化していました。利付債の利率をクーポン・レートというのは、そのときの名残です。

第1章 債 券 23

2節　債券の特徴

ここでは、投資家と発行体から見た債券の特徴、メリットとリスクについて、説明します。

1項　債券の特徴

国債や社債といった債券には、おもに投資家から見て、図表1-2-1に示す特徴があります。

収益性の点では、株式が企業の業績によっては配当金が減額（減配）または支払われない（無配）ことがあるのに対して、債券は企業倒産などの場合を除いて、利子は必ず支払われます。

流動性の点では、代表的な債券である国債などは特に売買が容易であり、すぐに現金化することができるため（ただし、売却価格によっては、損失が発生することもあります）、短期の運用に利用できます。

安全性の点では、企業倒産などの場合を除いて、償還期限を迎えれば、必ず元本が支払われるため、安全に資金を運用することができます。

多様性という点では、償還期限までの期間があまり残っていない短期のものから、償還期限まで数十年ある超長期のものまで多様な債券が発行されて

図表1-2-1　債券の特徴

特徴	説明
収益性	利付債の場合、定期的に利子を受け取ることができる
安全性	償還期限まで保有すれば、元本を受け取ることができる
流動性	償還期限まで保有しなくても、売却することができる
多様性	多種多様な債券が発行されていて、目的や期間に応じた運用をすることができる

いるため、資金の目的や期間に応じた運用が可能です。

また、債券を発行する発行体から見ると、償還期限まで定期的に利子を支払えば、長期にわたって元本を返済しなくてもよいため、工場の建設といった設備投資などに活用することができます。

2項 債券のメリットとリスク

前述の債券の特徴は、そのままメリットとリスクということもできます。投資家から見た、その内容は図表1-2-2のとおりです。メリットには、収益性、安全性、流動性があり、リスクには、信用リスク、価格変動リスク、カントリー・リスク、流動性リスクがあります。

1 投資家のメリット

(1) 収益性

債券を購入すれば、利子（利付債の場合は定期的に受け取ることができる利金、割引債の場合は購入時の価格と額面金額の差額）を受け取ることができます（インカム・ゲイン）。また、債券の市場価格によっては、債券を売却する

図表1-2-2 債券のメリットとリスク

メリット	リスク
・収益性：利子を受け取ることができ（インカム・ゲイン）、売却して利益が出る（キャピタル・ゲイン）など ・安全性：償還期限が到来すれば、元本が返済される ・流動性：流動性が高い（現金化しやすい）	・信用リスク：企業倒産などで元利金が支払われないなど ・価格変動リスク：金利動向により債券価格が変動し、損失が生じる（キャピタル・ロス）など ・カントリー・リスク：外国の債券の場合、経済危機や紛争などで元利金が支払われないなど ・流動性リスク：国債以外は流動性が高くない（現金化しにくい）

ことで、利益を得ることができます（キャピタル・ゲイン）。

(2) 安全性

償還期限が到来すれば、元本に相当する額面金額が支払われるので、通常、元本割れを起こすことはなく、安全な商品ということができます。

(3) 流動性

一般に債券の売買は活発に行われており、売り手も買い手も多数いることから、償還期限前に債券を売却し、現金化は容易です。

2　投資家のリスク

(1) 信用リスク

債券を発行した企業などが倒産、債務不履行などにより、元利金の一部または全部が支払われないことがあります。

(2) 価格変動リスク

金利動向により債券価格が変動（金利が上昇すると債券価格は値下がりし、金利が低下すると債券価格は値上がりします）し、売却すると損失が生じることがあります（キャピタル・ロス）。

(3) カントリー・リスク

外国政府や外国企業の発行する債券の場合、経済危機や紛争などで元利金の支払が行われない、あるいは支払が遅延することがあります。

(4) 流動性リスク

毎年大量に発行されている国債以外は売却しようとしても、相対的に買い手が多くなく、すぐに売却できない（流動性が高くない）ことが多く、国債に比べて現金化しにくいのが実状です。

3　発行体のメリットとリスク

発行体から見た債券のメリットとリスクは図表1-2-3に示すとおりです。

図表1-2-3　債券のメリットとリスク

メリット	リスク
定期的に利子を支払えば、償還期限までは元本の返済は不要	特になし

　定期的に利子を債券所有者に支払えば、償還期限までは元本の返済は不要であるため、長期の資金、たとえば設備投資などの資金調達に使われます。債券を発行することによる発行体のリスクはありません。

3節　債券の種類

　債券の分類には発行体によるもの、利払方法によるもの、債券が発行されているか否かによるもの、募集方法によるもの、担保などの有無によるもの、償還期限までの期間によるものなど、さまざまな分類があります。以下では、これらについて、説明します。

1項　発行体による分類

　債券を発行する発行体により分類すると、図表1-3-1のとおりです。公共債と民間債を総称して、公社債ということもあります。
　公共債は、国（政府）や地方公共団体が発行する債券です。発行体が国である債券は、国債と呼ばれます。以下同様に、地方公共団体が発行する債券は地方債、政府関係機関や独立行政法人[*3]などの特殊法人が発行する債券は特殊債（政府関係機関債、特別債）、地方公共団体が設立した公社が発行する債券は地方公社債とそれぞれ呼称されます。

（*3）　日本政策金融公庫、都市再生機構などが該当します。

図表1-3-1　発行体による分類

分類	発行体	具体例
公共債	国（政府）	国債
	地方公共団体（都道府県市など）	地方債
	政府関係機関、独立行政法人	特殊債（政府関係機関債、特別債）
	地方公共団体が設立した公社	地方公社債
民間債	株式会社など	社債（事業債）
	商工組合中央金庫、農林中央金庫、信金中央金庫	金融債

　民間債は、企業が発行する債券です。発行体が株式会社や相互会社である債券は、社債（事業債）と呼ばれます。商工組合中央金庫、農林中央金庫、信金中央金庫が発行する債券は、特別な法律を根拠として発行される特殊債ですが、一般に金融債(*4)と呼ばれます。

2項　利払方法による分類

　資金を提供した投資家に対して払う利子(*5)をどのように支払うか、その利払方法により、債券を分類すると、図表1-3-2のとおりです。

　金融債にも利付債と割引債があり、利付債は利付金融債、割引債を割引金融債と呼ばれます。

(*4)　かつては、日本興業銀行（現みずほ銀行）、日本長期信用銀行（現新生銀行）、日本債券信用銀行（現あおぞら銀行）の長期信用銀行と唯一の外国為替専門銀行であった東京銀行（現三菱UFJ銀行）の4行も金融債を発行していましたが、現在では各行とも発行を停止しています。
(*5)　発行体が債券を発行し、投資家から資金調達した場合に、投資家に支払う利子は、利金またはクーポンといいます。

図表 1-3-2　利払方法による分類

分類	内容
利付債	債券を購入した投資家に、発行体が一定サイクルで利金を支払う債券
割引債（ゼロクーポン債）	債券を購入した投資家に、利金は支払わず、その代わりに、債券の発行時の価格＜債券の償還時(注1)の金額(注2)で発行され、この差額が利付債の利金に相当する債券

(注1)　あらかじめ定めた期日（償還日）に債券発行によって、調達した資金を投資家に返済することを償還といいます。借入金の返済に相当します。
(注2)　償還時には、債券の券面に記載された額面金額（元本に相当）で償還されます。利子（クーポン）の支払がないため、ゼロクーポン債ともいわれます。

3項　債券が発行済か否かによる分類

債券がこれから発行されるのか、すでに発行済であるのかにより、債券を分類すると、図表1-3-3のとおりです。新規に発行される債券などの売買の勧誘を行うことを募集ということから、新発債を募集債、すでに発行されている債券などの売買の勧誘を行うことを売出しということから、既発債を売出債ということもあります。

4項　募集方法による分類

債券を幅広く一般から募集するか否かにより、債券を分類すると、図表1-3-4のとおりです。

図表 1-3-3　債券が発行済か否かによる分類

分類	内容
新発債（募集債）	これから新規に発行される債券
既発債（売出債）	すでに発行されていて、市場で流通している債券

図表1-3-4　募集方法による分類

分類	内容
公募債	幅広く一般の投資家を対象に発行される債券。地方公共団体が発行する地方債の場合、公募地方債と呼ばれる
私募債（非公募債、縁故債）	一般の投資家ではなく、特定の関係者（縁故者）を対象に発行される債券。地方公共団体が発行する地方債の場合、銀行等引受債（かつての縁故地方債）と呼ばれる

5項　担保などの有無による分類

担保や保証の有無により、債券を分類すると、図表1-3-5のとおりです。

ここで、政府関係機関や独立行政法人などが発行する特殊債を、保証の有無などにより分類すると、図表1-3-6のとおりです。

6項　償還期限までの期間による分類

償還期限までの期間により、債券を分類すると、図表1-3-7のとおりです。

図表1-3-5　担保などの有無による分類

分類	内容
担保付債券	元利金の支払を保証するために、担保が付けられている債券。物上担保付債券と一般担保付債券とがあり、物上担保付債券は、元利金の支払を確約するために、物的担保を付けた債券であり、一般担保付債券は、発行体の財産から優先して元利金の支払が行われることが保証されている債券
保証付債券	政府、銀行などの金融機関、親会社などが元利金の支払を保証している債券
無担保債券	元利金の支払について、担保も保証もない債券

図表1-3-6　保証の有無などによる特殊債の分類

分類	内容
政府保証債	元利金の支払を政府が保証して発行される債券
非政府保証債	元利金の支払を政府が保証せず、特定の金融機関などに直接、引き受けてもらい、非公募で発行される債券
財投機関債	元利金の支払を政府が保証せず、公募で発行する債券

図表1-3-7　償還期限までの期間による債券の分類

分類	内容
短期債	債券の発行から3年未満で償還される債券
中期債	債券の発行から3年以上、7年未満で償還される債券
長期債	債券の発行から7年以上、11年未満で償還される債券
超長期債	債券の発行から11年以上で償還される債券
永久債（注）	定期的な利子の支払はあるものの、元本の償還期限の定めがない債券。発行体が償還を決定すれば、償還されるが、債券を購入した投資家からは償還を請求することができない。永久債以外の債券は、有期債と総称される

（注）　永久債は、定期的な利子の支払を行えば、元本の償還は永遠に行わなくてよいという点で株式に似ています。株式の場合、業績に応じて配当金を支払えばよく、株式を売却して得た資金を会社が株主に返済する必要はありません。株式を増資する場合、株数が増えることで株式の価値が希薄化して、当該株式の株価の下落を招くことがあります。この下落を防ぐために増資ではなく、社債を永久債として発行すれば、返済する必要のない資金を調達することができます。ただし、永久債の発行には通常の社債に比べて、より高い利率と高い信用力が求められます。一方、投資家にとっては、発行体が将来にわたって問題ないのであれば、通常の債券よりも高い利率を享受することができます。

7項　債券の券面が発行されているか否かによる分類

　債券の券面（紙媒体）が発行されているか否かで、債券を分類すると、図表1-3-8のとおりです。

図表1-3-8　保証の有無などによる特殊債の分類

分類	内容
現物債	実際に券面（紙媒体）が発行されている債券
登録債	券面（紙媒体）が発行されず、登録機関に債券所有者の名義などが登録される債券
振替債	券面（紙媒体）が発行されず、証券会社などの口座管理機関に債券所有者の名義などが登録される債券。社債、株式等の振替に関する法律によって、国債、地方債、社債、上場株式などは振替債とされている

8項　発行体、市場、通貨が国内か否かによる分類

債券が国内で完結しているか否かで、債券を分類すると、図表1-3-9のとおりです。

9項　外国債の分類

前述の外国債（外債）を細かく分類すると、図表1-3-10のとおりです。

10項　債券の通貨による分類

債券の元利金の通貨により、債券を分類すると、図表1-3-11のとおりです。

図表1-3-9　発行体、市場、通貨が国内か否かによる分類

分類	内容
内国債	発行体が国内企業、発行市場が国内で、債券通貨が円である債券
外国債（外債）	内国債以外の債券。外国の政府、地方公共団体、公社などや外国企業、国際機関などが発行する債券。国内企業などが外貨建や海外市場で発行する債券も外国債に含まれる

図表1-3-10　外国債の分類

分類	内容
円建外債	外国の政府、地方公共団体、企業などが日本国内において円建で発行する債券。サムライ債ともいわれる。日本の投資家にとって、為替変動リスクはない
ユーロ円債	ユーロ円市場(注1)においてユーロ円建で発行される債券。発行は外国の政府、地方公共団体、企業などの非居住者(注2)だけでなく、日本企業などの居住者も可能
外貨建外国債	外国の政府、地方公共団体、企業などが日本以外の国・地域において外貨建で発行する債券。日本の投資家にとって、為替変動リスクがある
外貨建国内債	日本国内において外貨建で発行される債券。非居住者(注2)が発行する場合には、ショーグン債ともいわれる

(注1)　第二次大戦後、欧州復興資金として大量のドルが欧州に流入し、おもにロンドンで米本国の規制が及ばない独自のドル市場が形成されました。この市場のドルを米本国のドルと区別して、ユーロダラー（欧州にあるドルの意）と呼ぶようになりました。これから転じて、当該通貨発行国以外の市場にある通貨に「ユーロ」を冠するのが一般化しました。たとえば、海外の市場にある日本円は「ユーロ円」と呼ばれ、その市場は「ユーロ円市場」と呼ばれます。
(注2)　非居住者とは、外国為替及び外国貿易法（外為法）上の概念で、たとえば、外国にある法人を指します。

図表1-3-11　債券の通貨による分類

分類	内容
円建債	元本の払込、利子の支払、償還とも円で行われる債券。為替変動リスクはない。円債とも呼ばれる
外貨建債	元本の払込、利子の支払、償還とも外貨で行われる債券。為替変動リスクがある
二重通貨建債（デュアル・カレンシー債）	元本の払込、利子の支払が同じ通貨で、償還は別の通貨で行われる債券。外貨部分には為替変動リスクがある
逆二重通貨建債（リバース・デュアル・カレンシー債）	元本の払込、償還が同じ通貨で、利子の支払は別の通貨で行われる債券。外貨部分には為替変動リスクがある

11項 | 国債の分類

国債には、さまざまな分類があります。その内容は図表1-3-12のとおりです。

図表1-3-12 国債の分類

分類	内容
国庫短期証券	・2009年2月に割引短期国債（TB：Treasury Bills）と政府短期証券（FB：Financing Bills）が統合されたもの ・2カ月、3カ月、6カ月、1年の4種類がある ・T-Bill、TDB（Treasury Discount Bills）と略される ・固定金利 ・割引国債
中期国債	・2年、5年の2種類 ・固定金利 ・利付国債
長期国債	・10年の1種類 ・固定金利 ・利付国債
超長期国債	・20年、30年、40年の3種類 ・固定金利 ・利付国債
変動利付債	・15年の1種類 ・変動金利 ・利付国債
個人向け国債 （固定金利）	・3年、5年の2種類 ・固定金利 ・利付国債
個人向け国債 （変動金利）	・10年の1種類 ・変動金利 ・利付国債

物価連動国債	・10年の1種類 ・物価が上昇すれば、元本が増加し、物価が下落すれば、元本が減少 ・利付国債
分離適格振替国債	・ストリップス国債とも呼ばれる ・利付債の元本部分と利札（クーポン）部分を分離し、それぞれを割引債とすることができるもの ・元本部分は分離元本振替国債、利札部分は分離利息振替国債といわれる

12項　記名か否かによる分類

　債券の券面（紙媒体）に債券所有者の名義が記載（記名）されているか否かで、債券を分類すると、図表1-3-13のとおりです。

　無記名債は、売買の都度、債券所有者の名義を書き換える事務負担をなくし、債券の流通を促進するために考案されました。しかし実際には脱税や資金洗浄などに悪用されることが多く、従来から批判されていましたが、記名が前提の債券のペーパーレス化が実施されたこともあって、現在購入することはできません。

13項　その他の債券

　ここでは、前述までの分類では、その特色を十分に説明できない債券について、個別に説明します。

図表1-3-13　記名か否かによる分類

分類	内容
記名債	債券の券面（紙媒体）または登録簿などに債券所有者の名義が記載されている債券
無記名債	債券の券面（紙媒体）に債券所有者の名義が記載されていない債券

1　資産担保証券（ABS：Asset Backed Securities）

　資産担保証券は、住宅ローンなどの各種ローン、クレジット、リースなどの債権や不動産などの資産から生じるキャッシュ・フローを裏付けに発行される証券（債券）(＊6)です。証券化の（資産や債権を裏付けとする証券を発行する）方法には、2種類あります（図表1-3-14参照）。1つは、企業などが特別目的会社（SPC：Special Purpose Company）を設立し、資産または債権を譲渡し、特別目的会社は譲渡された資産または債権から生じるキャッシュ・フローを裏付けにして、資産担保証券(＊7)を発行する方法です。もう1つは企業などが信託銀行と信託契約を結び、資産または債権を信託譲渡

図表1-3-14　資産担保証券の発行

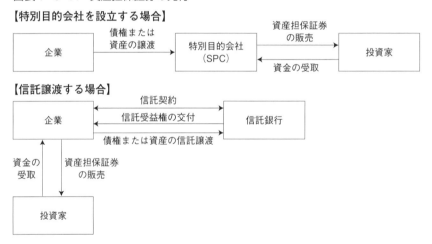

(＊6)　ホテルやオフィスビルなどの商業用不動産についての不動産ローンを担保とした証券を商業不動産担保証券（CMBS：Commercial Mortgage Backed Security）といい、おもに住宅ローンを担保とした証券を住宅ローン担保証券（RMBS：Residential Mortgage Backed Securities）といいます。
(＊7)　「資産の流動化に関する法律」に規定された特定目的会社が発行する資産担保証券を特定社債ということもあります。

し、引き換えに得た信託受益権を裏付けにして、資産担保証券を発行する方法です（この場合も証券の裏付けは、資産または債権から生じるキャッシュ・フローであることに変わりはありません）。

2　転換社債型新株予約権付社債（CB：Convertible Bond）

　転換社債型新株予約権付社債（以下、転換社債）は、事前に決められた転換価格で株式と交換する権利が付いた社債です。転換社債を購入した投資家にとって、株式への転換価格よりも実際の株価が上回れば、株式に転換(*8)して、株式の売却益を得ることができます。反対に株式への転換価格よりも実際の株価が下回ったままであれば、転換社債のまま保有し利子を受け取って、償還期限に額面金額（元本）の償還を受けることができます。転換社債は通常の社債（普通社債(*9)）とは違って、株式へ転換する権利が付き、市況によっては株式の売却益が期待できることから、その利率は通常の社債よりも低く設定されます。

　後述するように債券の取引価格は、金利が上昇すれば債券価格が下落し、金利が低下すれば債券価格が上昇するという、逆相関の関係にありますが、転換社債は社債と株式の両方の性質を併せ持つため、その取引価格の形成は通常の債券のそれとは異なります（図表1-3-15参照）。

　仮に額面100円、転換価格1,000円で転換社債が発行されたとします。この後、転換できる株式の株価が、1,500円に値上がりしたとすると、転換社債を保有する投資家は転換価格1,000円で転換社債を株式に転換して、その株式を1,500円で売ることができます（売却益は1株当たり500円）。この場合、

(*8)　株式への転換を求められた場合、発行体である株式会社は、新株を発行するか、自身が取得・保有する自社の株式（自己株式、金庫株）を交付します。金庫株とは自己株式と同義です。市場などで自社株買いを行い、保有して、新株として発行することができます。発行済株式数を減らす目的で自社株買いを行い、消却することもあります。

(*9)　株式に転換できない普通社債のことを、SB（Straight Bond）ともいいます。

図表1-3-15　転換社債の取引価格と株価の関係
【株価上昇時の株価と転換社債の取引価格の関係】

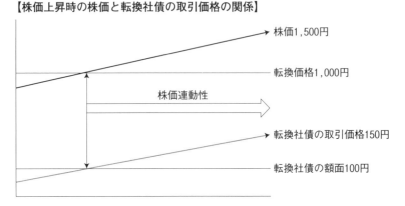

【株価下落時の株価と転換社債の取引価格の関係】

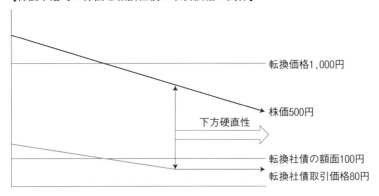

　株価上昇前の転換社債の取引価格が100円だとすると、株価上昇後の取引価格は150円に上昇します。転換後の株価が1.5倍に上昇しているので、連動して転換社債の取引価格も1.5倍に上昇します。これを転換社債の株価連動性といいます。

　逆に転換できる株式の株価が、800円に値下がりしたとすると、転換社債を保有する投資家は株式に転換せず、転換社債のまま保有し利子を受け取ります。ここでさらに株価が値下がりしても、転換社債は一定利率の利子を受

け取ることができるだけではなく、通常、償還期限に額面金額（元本）を受け取ることができるため、転換社債の取引価格が一定以下に下落すると、償還される額面金額と転換社債を購入した取引価格の差額（償還損益）が増加します。この結果、転換社債の購入者が増えるため、転換社債の取引価格は、一定範囲を超えると下落する株価と連動しにくいという特性があります。これを転換社債の価格の下方硬直性といい、株価上昇時の株価連動性とあわせて、通常の債券にはない性質です。なお、今までの説明は金利の大幅な上昇や低下、発行体の格付けの大きな変更がないなどといった前提に立っています。

3　新株引受権付社債（ワラント債：Bond with Warrant）

前述の転換社債は転換権を行使すると、社債が株式に変わりますが、新株引受権付社債は通常の社債部分に、一定の価格（行使価格）で一定の株数を購入する権利（新株引受権）があることを示す証書（ワラント）が付いている社債です。社債部分は保有したまま、新株を購入することができます[*10]。新株引受権（ワラント）部分と社債部分を分離して売買できる分離型ワラント債と、新株引受権部分と社債部分を分離できず一体でなくては売買できない非分離型ワラント債（新株予約権付社債ともいわれます）があります。

ここで、転換社債型新株予約権付社債、新株予約権付社債（非分離型ワラント債）、新株引受権付社債（分離型ワラント債）の違いを簡単にまとめると、図表1-3-16のとおりです。

新株引受権付社債（分離型ワラント債）の社債部分と新株引受権（ワラント）部分を分離する前のものをカムワラントといい、分離後の新株引受権部

(*10)　転換社債の場合、株式に転換する際に株式の購入には社債を購入した資金が充当されますが（非分離型ワラント債も同様です）、新株引受権付社債では、別途株式を購入する資金が必要です。また、新株引受権には行使できる期間（行使期間）が決まっていて、その期間を過ぎると新株引受権は行使できなくなることに注意が必要です。

図表1-3-16　新株予約権付社債と新株引受権付社債の違い

種類	社債と権利	株式購入資金	株式購入後の社債
転換社債型新株予約権付社債	新株予約権付社債（分離不能）	不要（社債資金を充当）	社債はなくなり、株式が残る
新株予約権付社債（非分離型ワラント債）	新株予約権付社債（分離不能）	不要（社債資金を充当）	社債はなくなり、株式が残る
新株引受権付社債（分離型ワラント債）	社債＋新株引受権（分離可能）	要（社債資金は充当されない、別途資金が必要）	社債と株式の両方を保有

分は新株予約権証書といわれ、いずれも証券市場で取引されます。また新株引受権部分を分離した後の社債部分をエクスワラント、またはポンカス債といい、店頭市場で取引されます。

　なお、転換社債の一種に、銀行などの金融機関が自己資本の増強のために発行する偶発転換社債（CoCo債：Contingent Convertible Bonds）があります。これは偶発的な事態によって、自己資本比率が一定割合を下回ったなど、事前に定めた条件に触れた場合に、強制的に株式に転換される、あるいは額面金額（元本）の一部または全額が償還されないというものです。投資家にとって不利な条件で発されるため、通常の転換社債よりも高い利率が設定されます。

4　仕 組 債

　仕組債は、債券にスワップやオプションなどのデリバティブ（金融派生商品）を組み合わせることで、通常の債券にはない特性を持たせた債券です。

（1）　コーラブル債（Callable Bond）

　コーラブル債は、あらかじめ定めた特定日に債券を投資家から発行体が買い戻し、繰上償還することができる債券です。投資家から見れば、償還期限

以前に繰上償還されるリスクがあるため、通常の債券よりも高い利率[*11]が設定されます。

　発行体から見れば、金利が上昇し、コーラブル債の利率が相対的に低くなった場合には、繰上償還せず、当初の償還期限まで償還しません。金利が低下して、コーラブル債の利率が相対的に高くなった場合には、繰上償還して、別途低い利率で資金を調達します（図表1-3-17参照）。投資家から見れば、金利が上昇し、コーラブル債の利率が相対的に低くなった場合には、発行体は繰上償還しないため、当初の償還期限まで金利上昇の恩恵を得ることができません。金利が低下して、コーラブル債の利率が相対的に高くなった場合には、発行体が繰上償還してしまうため、当初予定した利率での運用ができません。

　繰上償還が可能なタイミングが、償還期日までに1回のみのヨーロピアン・コーラブル（ワン・タイム・コール）と、利子の支払（利払）ごとであるバミューダン・コーラブル（マルチ・コーラブル債ともいいます）の2つがあ

図表1-3-17　金利上昇時と低下時のコーラブル債

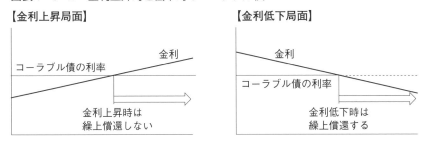

（＊11）　投資家が発行体にコーラブル・スワップ（注）のオプションを売却することによって得たとみなして、オプション料（プレミアム）を利率に上乗せすることで高い利率を実現しています。
　　（注）　コーラブル・スワップとは、通常の金利スワップをあらかじめ定めた特定日に終了させるオプション（権利）が付いた金利スワップをいい、キャンセラブル・スワップともいわれます。オプションの買い手（ここでは発行体）はオプション料を払って、金利スワップを終了させる権利をオプションの売り手（ここでは投資家）から得ます。

ります。

(2) ステップ・アップ債（Step-up Bond）

変動金利の債券は市場金利の上昇・低下に連動して、その利率も上昇・低下しますが、ステップ・アップ債は利率が段階的に上昇（ステップ・アップ）する債券です。利率の上昇は、償還期限までに１回のものもあれば、２回以上、あるいは毎年上昇するものもあります。利率が上昇するタイミングで繰上償還するか否かを発行体が選択できる債券もあり、これはステップ・アップ・コーラブル債と呼ばれます。

投資家から見れば、利率が段階的に上昇する債券であるため、ステップ・アップ債の利率の上昇ほどには市場金利が上昇しない、あるいは金利が低下すると予想する場合に投資する債券で、発行体から見れば、ステップ・アップ債の利率の上昇以上に市場金利が上昇すると予想する場合に発行する債券です。

(3) ステップ・ダウン債（Step-down Bond）

ステップ・アップ債とは反対に、利率が段階的に低下（ステップ・ダウン）する債券です。投資家から見れば、利率が段階的に低下する債券であるため、ステップ・ダウン債の利率の低下よりも市場金利が低下すると予想する場合に投資する債券で、発行体から見れば、ステップ・ダウン債の利率の低下よりも市場金利は低下しない、あるいは市場金利が上昇すると予想する場合に発行する債券です。

(4) 他社株転換可能債（Exchangeable Bond）

一定の条件を満たさなければ、通常の債券と同じく額面金額が償還されますが、一定の条件を満たすと、債券の発行体以外の特定の会社の株式（他社株）で償還されるのが他社株転換可能債です。EB債ともいわれます。ノックイン(*12)債の一種です。

他社株転換可能債の発行後、特定期間（観察期間）内に転換対象としている他社の株価が一定の水準（ノックイン判定水準）に達し、かつ他社の株価

（後述の当初価格）が一定価格（後述の転換価格）を下回った場合には額面金額（現金）ではなく、他社株をもって償還が行われます。反対に他社の株価が一定の水準（ノックイン判定水準）に達しなかった場合、または一定の水準（ノックイン判定水準）に達しても他社の株価が一定価格を下回らなかった場合には、通常の債券と同様に額面金額（現金）で償還されます。利子（利金）については、一定の水準に達したか否かなどに関係なく、現金で支払われます。他社株の株価によっては、株価の下落した他社株で償還されるリスクがあることから、通常の債券よりも高い利率が設定されます。

　他社株転換可能債は、通常の債券の発行条件（発行価格、利率、期間、償還期限、利払方法など）のほかに、償還を株式で行うか現金で行うかの判定を行う償還方法決定日、償還を株式で行うか現金で行うかの判定を行うノックイン判定水準、ノックイン判定水準と比較する当初価格、他社株で償還する際の他社株の株数などが加わります。こうした発行条件の例を示すと、図表1－3－18のとおりです。

　図表1－3－18で示した例で、他社株の当初価格が1,000円だとすると、ノックイン判定水準は650円、転換価格は1,000円です。したがって、観察期間中に1回でも終値が650円以下であると、ノックインがあったとされ、転換する権利が発生し、償還方法決定日の他社株の終値が1,000円未満であれば、他社株で償還されます。ノックインがあっても、償還方法決定日の他社

（＊12）　ノックインとは、オプションにおいて、対象である原資産の相場、金利、株価、債券価格などがノックイン判定水準に達した（ノックイン条項を満たした、ノックインした）場合に、権利（オプション）が発生することをいいます。他社株転換可能債では、発行体が他社株の株価がノックイン判定水準に達した場合に、当該債券を他社株に転換する権利を発行体が投資家から買っており、発生した権利を他社株の株価に応じて行使し、債券を他社株に転換します。このとき、投資家は他社株への転換を拒否することはできません。
　　　ノックインに対して、ノックアウトとは、オプションにおいて、対象である原資産の相場、金利、株価、債券価格などがノックアウト判定水準に達した（ノックアウト条項を満たした、ノックアウトした）場合に、権利（オプション）が消滅することをいいます。

図表 1 - 3 -18　他社株転換可能債の発行条件の例

発行条件	内容
発行体	おもに海外の政府、地方公共団体、公社、公団、企業など
発行日	2018年5月21日
額面金額	100万円
発行価格	額面金額の100％（100万円）
利率	5.0％
利払日	2月、5月、8月、11月の各21日（利払日が非営業日の場合は、翌営業日に利払）
償還期限（満期）	2021年5月21日（期間3年）
対象株式	東京証券取引所第一部の特定の一企業の株式
当初価格	2018年5月21日の対象株式の終日の売買高加重平均価格（VWAP（注1））（小数点以下第5位を四捨五入）
償還方法決定日	償還期限（2021年5月21日）の10予定取引所営業日（注2）前の日
ノックイン判定水準	当初価格の65％（円未満は四捨五入）
観察期間	発行日の翌予定取引所営業日から償還方法決定日まで
転換価格	当初価格の100％（円未満は四捨五入）
確定株式数	額面金額÷転換価格（小数点以下第8位を四捨五入）
交付株式数	確定株式数以下で、対象株式の単元株式数（注3）の最大整数倍の株式数
現金調整額	（確定株式数－交付株式数）×償還方法決定日の対象株式の終値（円未満四捨五入）
単元株式数	100株
償還方法	1．観察期間中の他社株の終値が一度もノックイン判定水準を下回らなかったとき 　（1）額面金額の100％で償還 2．観察期間中の他社株の終値が一度でもノックイン判定水準を下回ったとき 　（1）償還方法決定日の他社株の終値≧転換価格以上のと

	き、額面金額の100％で償還
	(2) 償還方法決定日の他社株の終値＜転換価格未満のとき、1額面当たり、交付株式数の他社株の交付と現金調整額の支払で償還

(注1) 売買高加重平均価（VWAP：Volume Weighted Average Price）＝売買代金÷売買高。
(注2) 予定取引日とは、取引所が通常の取引を予定している日、営業日のことをいいます。
(注3) 単元株式数とは、通常の株式取引で売買される売買単位のことをいいます。この単元株式は、株式の銘柄によって異なっていましたが、現在では100株に統一されています。単元株式数が100株の場合、その整数倍の単位（100株、200株、300株、…、1,000株、…）でのみ売買でき、たとえば、250株のように整数倍以外の株数を売買することはできません。

株の終値が1,000円以上であれば、額面金額（現金）で償還されます。また、観察期間中に1回も終値が650円以下であることがないと、ノックインがなかったとされ、転換する権利は発生せず、償還方法決定日の他社株の終値がいくらであっても、他社株ではなく額面金額（現金）で償還されます。

　他社株転換可能債についてのこれまでの説明を図解すると、図表1－3－19のとおりです。

(5) 日経平均株価リンク債

　一定の条件を満たさなければ、通常の債券と同じく額面金額が償還されますが、一定の条件を満たすと、償還金額が変動する、あるいは利率が変動する債券です。ノックイン債の一種です。

　日経平均株価リンク債の発行後、特定期間（観察期間）内に日経平均株価（*13）が一定の水準（ノックイン判定水準）に達した場合には償還金額が額面金額（現金）ではなく、日経平均株価に連動した金額、または日経平均株価に連動した利率とされます。反対に日経平均株価が一定の水準（ノックイン

(＊13) 日経平均、日経225とも呼ばれます。日本の株式の代表的な指標の1つで東京証券取引所第一部に上場する株式のうち、取引が多く行われている流動性の高い225銘柄を対象とし、基本的にそれら銘柄の株価を単純平均したものです。

図表 1 - 3 -19　他社株転換可能債の図解

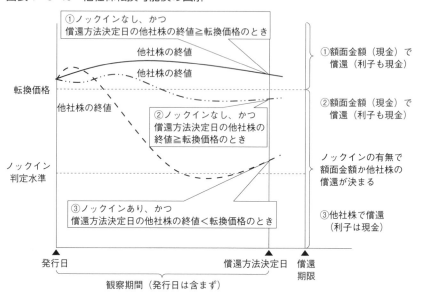

判定水準）に達しなかった場合には、通常の債券と同様に額面金額（現金）で償還されます。日経平均株価によっては、償還金額が減少、または利率が低下するリスクがあることから、通常の債券よりも高い利率が設定されますが、日経平均株価が一定水準に達した場合には、早期償還される早期償還条項が付加されていることが多いようです。

　日経平均株価リンク債は、通常の債券の発行条件（発行価格、利率、期間、償還期限、利払方法など）のほかに、償還を額面金額で行うか日経平均株価に連動した金額で行うかの判定を行う観察期間、償還を額面金額で行うか日経平均株価に連動した金額で行うかの判定を行うノックイン判定水準、ノックイン判定水準と比較する当初日経平均株価、日経平均株価に連動した償還金額を算出するための最終日経平均株価などが加わります。さらに早期償還を行う場合には、早期償還を行うか否かの判定を行う早期償還判定水準、早期償還を行うか否かの判定を行う早期償還評価日などがさらに加わります。

図表1-3-20　日経平均株価リンク債の発行条件の例

発行条件	内容
発行体	おもに海外の政府、地方公共団体、公社、公団、企業など
発行日	2018年5月21日
額面金額	100万円
発行価格	額面金額の100％（100万円）
利率	5.0％
利払日	5月、11月の各21日（利払日が非営業日の場合は、前営業日に利払）
償還期限（満期）	2020年5月21日（期間2年）
当初日経平均株価	条件設定日（発行日の翌予定取引所営業日）の日経平均株価終値
早期償還判定水準	当初日経平均株価の105％に相当する円貨額（小数点以下第3位を四捨五入）
早期償還評価日	各利払日の5予定取引所営業日前（償還期限（満期）を除く）
ノックイン判定水準	当初日経平均株価の75％に相当する円貨額（小数点以下第3位を四捨五入）
観察期間	条件設定日（発行日の翌予定取引所営業日）から最終評価日（償還期限（満期）の5予定取引所営業日前）まで
最終日経平均株価	最終評価日（償還期限（満期）の5予定取引所営業日前）の日経平均株価終値
償還方法	1．観察期間中の日経平均株価終値が一度もノックイン判定水準を下回らなかったとき 　（1）　額面金額の100％で償還 2．観察期間中の日経平均株価終値が一度でもノックイン判定水準を下回ったとき 　（1）　償還期限（満期）に、額面100万円当たり以下の算式で計算される金額で償還 　　償還金額＝額面100万円×最終日経平均株価÷当初日経平均株価（円未満四捨五入）

こうした発行条件の例を示すと、図表1-3-20のとおりです。なお、この例では償還金額が日経平均株価に連動し、早期償還があるものとします。

図表1-3-20で示した例で、当初日経平均株価が20,000円だとすると、早期償還評価日の日経平均株価の終値が早期償還判定水準である21,000円以上のとき、直後の利払日に額面金額と利子（利金）が支払われて、早期償還されます。早期償還評価日の日経平均株価の終値が早期償還判定水準である21,000円未満のときには、早期償還はされません。また、ノックイン判定水準は、15,000円なので、条件設定日から最終評価日までの観察期間中に日経平均株価終値が一度でも、15,000円未満を付けたときには、ノックインがあったとされ、最終日経平均株価が、18,000円だとすると、償還期限には、900,000円（＝1,000,000円×(18,000円÷20,000円)）が償還（満期償還）されます。条件設定日から最終評価日までの観察期間中に日経平均株価終値が一度も、15,000円未満を付けなかったときには、ノックインがなかったとされて、償還期限には額面金額である1,000,000円が償還（満期償還）されます。

図表1-3-21　日経平均株価リンク債の図解

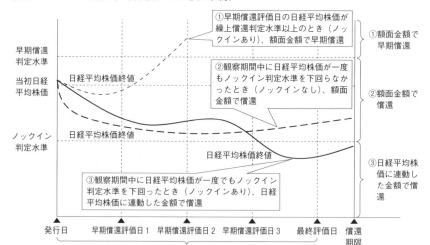

日経平均株価リンク債についてのこれまでの説明を図解すると、図表1‐3‐21のとおりです。

(6) リパッケージ債（Repackage Bond）

特別目的会社（SPC：Special Purpose Company）を設立し、有価証券（既発債など）を担保にして、デリバティブなどを使って、そのキャッシュ・フローを新しく組み替えたものがリパッケージ債です。

リパッケージ債の発行を目的に特別目的会社を設立し、投資家からリパッケージ債の購入資金を得ます。その資金を、リパッケージ債の裏付け（担保）である既発債の購入に充当します。既発債からは定期的に利子（利金）を得ることができ、最終的には元本が償還されますが、利子と元本をスワップなどにより、新しいキャッシュ・フローに組み替えて、それらをリパッケージ債の利子と元本とします（図表1‐3‐22参照）。

たとえば、年利2％（固定金利）のドル建債券（既発債）があるとします。同等の債券の年利が3％に上昇していたとすると、この既発債は投資家に

図表1‐3‐22 リパッケージ債の仕組み

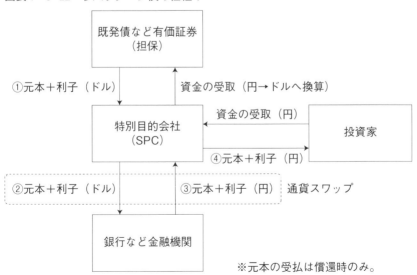

とって魅力的な投資対象ではありません。しかし、この債券を特別目的会社が購入し、銀行と通貨スワップ（銀行＝円の支払・ドルの受取、特別目的会社の円の受取・ドルの支払）を使い、ドル建債券の利子を支払って、円の利子を受け取ることにすれば、ドルの利子が円の利子に組み替えられます。リパッケージ債を円建債券とし、年利2％で発行したとして、リパッケージ債と同条件の円建債券の年利が1％程度であれば、このリパッケージ債は魅力的な投資対象と判断されます。

4節　債券市場

ここでは、債券を取り扱う市場について、説明します。

1項　債券市場とは

債券を売買する市場には、新発債を取り扱う発行市場と、既発債を取り扱う流通市場の2つがあります（図表1-4-1参照）。

2項　発行市場

発行市場は、債券を発行することで資金調達を行う発行体、債券を購入す

図表1-4-1　債券の市場

市場	内容
発行市場	発行体が発行する債券（新発債）を、発行体から直接または証券会社の仲介により、投資家が購入する市場で、起債市場、一次市場、プライマリー・マーケット（Primary Market）とも呼ばれる
流通市場	すでに発行されている債券（既発債）を売買する市場で、流通市場、二次市場、セカンダリー・マーケット（Secondary Market）とも呼ばれる

図表1-4-2　発行市場の構成

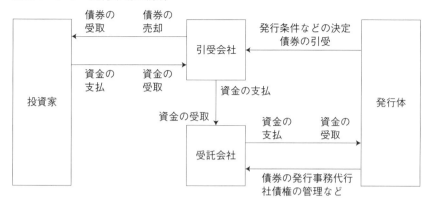

ることで資金を運用する投資家のほかに、債券の発行に関わる起債関係者である引受会社、受託会社などから構成されています（図表1-4-2参照）。

　発行体は債券の発行にあたって、引受会社を選び、発行条件（利率（クーポン・レート）、期間、償還期限、償還方法、利払方法など）を引受会社と取り決めます。引受会社は新発債の募集(*14)を引き受けて、投資家に広く販売します。引受会社が投資家から受領した資金（払込金）は受託会社経由で発行体が受領します。受託会社は発行体からの委託を受けて、契約書の作成、資金の授受、社債原簿の管理などといった債券の発行事務を代行し、担保付社債の場合には社債権の管理も行います。引受会社(*15)は通常、証券会社が、受託会社(*16)は通常、銀行、信託銀行などが務めます。

(*14)　発行額が大きい場合、1社で引受するにはリスクも大きいため、複数の証券会社などが集まって共同して、引受、販売などを行います。この集団を引受シンジケート団（引受シ団）といいます。引受シ団には取りまとめ役の幹事証券会社がおり、幹事証券会社が複数の場合には主幹事証券会社1社と副幹事証券会社に分かれます。

(*15)　引受業務を行うことができるのは証券会社などの第一種金融商品取引業を行うものに限られます。ただし、国債など一部の公共債については、銀行などの登録金融機関も引受業務を行うことができます。

(*16)　担保付社債の場合、受託業務を行えるのは銀行、信託銀行、担保付社債信託法による免許を受けた会社に限られます。

3項 流通市場

　流通市場では、既発債の売買が行われ、債券の流動性（現金化しやすさ）を高めています。

　この流通市場には、店頭市場と取引所市場があり、投資家、証券会社や銀行などの金融機関、取引所から構成されます（図表1-4-3参照）。

　店頭市場で行われる取引は、店頭取引といわれます。店頭取引は、売り手と買い手が1対1で相対（あいたい）取引を行い、売買価格なども両者の合意で自由に決められます。買い手または売り手が投資家であり、もう一方は証券会社などです。

　これに対して、取引所市場で行われる取引所取引は、取引所に上場されている債券について、買い手または売り手が取引所に注文し、不特定多数の投資家と取引するものです。ただ、債券には、数万の種類があること、新たに発行される債券もあれば、償還を迎える債券もあり、常に入れ替わっていることなどから、すべての債券を取引所に上場することは行われていません。このため、上場されている債券が機関投資家により取引所取引で一部取引さ

図表1-4-3　流通市場の構成

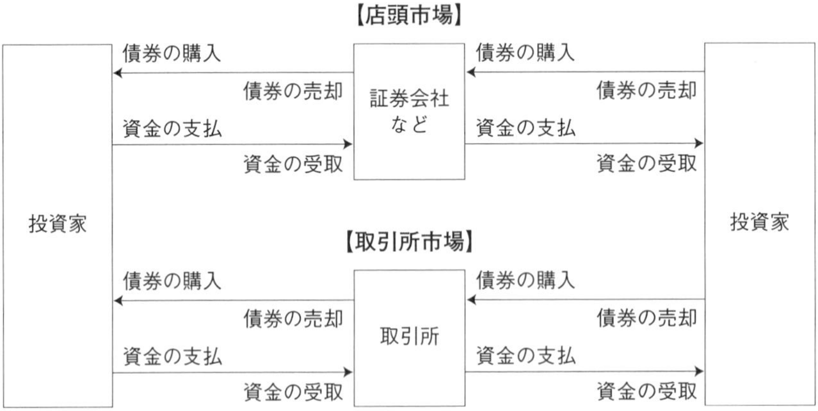

図表1-4-4　取引所取引と店頭市場

項目	店頭取引	取引所取引
取引相手	買い手と売り手が1対1の相対	不特定多数の買い手と売り手
取引価格	買い手と売り手が合意した価格（注1）	取引所への売り注文と買い注文により形成された価格
取扱債券	多くの債券（注2）	取引所に上場されている債券のみ
取扱量	ほとんどが店頭取引	取引所取引は少ない
手数料	取引価格に含まれるため、不要	取引価格に含まれないため、別途支払が必要

（注1）　価格の参考には、上場価格や公社債店頭売買参考統計値（注3）が利用されます。
（注2）　債券によっては、店頭取引ができない場合もあります。
（注3）　公社債店頭市場において売買の参考にする価格、利回りのことです。指定報告協会員からの報告値の平均値、中央値、最高値、最低値の4つの値があります。

れる程度で、債券取引のほとんどは、店頭取引で行われています。取引所取引と店頭取引の違いをまとめると、図表1-4-4のとおりです。

　なお、上場されている債券を取引所取引で売買するか、店頭取引で売買するかは投資家の判断によります。

5節　債券の購入から売却・償還まで

　以下では、債券が発行、購入されてから、償還されるまでの取引の流れを新発債と既発債に分けて、説明します（図表1-5-1参照）。3項以降では、新発債の発行方法、発行条件について説明します。

1項　新発債

　新発債は、債券の発行時に決められた発行価格で購入され、償還日を待た

図表1-5-1　債券の発行から償還まで

ずに途中で現金化する場合には、市場価格で売却されます。償還日まで債券を保有している場合、額面金額で償還されます。利付債の場合は、一定のサイクル（通常は半年ごと）で利金を受け取ります。

2項　既発債

既発債は発行済の債券であり、市場で流通しているため、市場価格で購入されます。以降は、新発債と同様です。利付債の場合、利金の受取があるのも新発債と同様です。

3項　日付など

債券取引を行う際の日付について、図表1-5-2に説明します。

図表1-5-2　債券取引を行う際の日付

日付	内容
約定日	債券の売買の注文が成立する日
受渡日	債券の売買の資金決済を行う日。新発債の場合、債券の発行日が受渡日。国債を除く既発債の場合、約定日から起算して4営業日目（注）が受渡日。たとえば、月曜日が約定日だとすると、受渡日は木曜日（ただし、当該期間中、休祝日はないものとする）。国債の既発債の場合、約定日の翌営業日（T＋1）が受渡日

（注）　T＋3と表現されることもあります。Tは、Trade Date（約定日）で、T＋3は、約定日の翌営業日から3営業日目が決済日であることを意味します。

4項 発行方法

　発行体自身が仲介者を介さずに発行事務や募集を行う直接発行と、発行体が証券会社などの仲介者を使って債券を発行、募集する間接発行の2つに大別されます。

1　直接発行

　直接発行は発行体自身が仲介者を介さずに発行事務や募集を行います。直接募集と売出発行の2つに細分されます。

⑴　直接募集

　直接募集は、発行体自身が引受会社や受託会社といった仲介者を介さずに発行事務を行い、投資家から債券の購入を募集する方法です。この方法ではあらかじめ決めた発行総額に応募額が達しない場合には、債券の発行が不成立とされます。このため、通常は発行総額が大きい債券の募集には適しておらず、発行総額が比較的少額で、かつ特定の関係者を募集対象とする私募債の発行に向いている方法とされます。

⑵　売出発行

　売出発行は、発行体自身が発行事務や募集を行うのは直接募集と同じですが、発行総額はあらかじめ決めずに、売出期間を定めて、直接、投資家に債券の売出を行い、当該期間中に売り出した総額を発行総額とする方法です。通常の社債には認められていませんが、金融機関の発行する金融債には認められています。

2　間接発行

　間接発行は、発行体が仲介者を介して発行事務や募集を行います。委託募集、引受募集、総額引受の3つに細分されます。

(1) 委託募集

委託募集は、発行体が仲介者に債券の募集を委託する方法です。証券会社などの募集を受託した仲介者（募集の受託会社）には、応募が発行総額に満たなかった場合に不足額を引き受ける責任はないため、応募が不足すると債券の発行が不成立とされます。引受募集と組み合わせて募集されることが多いのが実状です。

(2) 引受募集

引受募集は、発行体が仲介者に債券の募集を委託するのは委託募集と同じですが、証券会社などの募集を受託した仲介者（引受会社）には、応募が発行総額に満たなかった場合に不足額を引き受ける責任がある方法です。このため、応募が不足しても債券の発行が不成立とされることはありません。公社債のほとんどが、この方法で発行されています。請負募集、残額引受方式ともいわれます。

(3) 総額引受

総額引受は、発行体が証券会社などの仲介者に債券を一括して売却することで、債券の発行を成立させる方法です。この方法には、引受会社が投資目的で行うものと、引受会社が引き受けた債券を売り出す目的で行うものがあります。銀行などの金融機関には、投資家への販売を目的とする公共債以外の引受が禁じられているため、自身の投資を目的とした債券の総額引受しか認められていません。

これまでに述べてきた発行方法を比較すると、図表1-5-3のとおりです。

5項 発行方式

国債、地方債、社債などの発行価格がどのように決定されて、発行されるかについて、説明します。

図表1-5-3　直接発行と間接発行の比較

	発行方法	仲介者の有無	応募不足時	備考
直接発行	直接募集	なし	債券の発行は不成立	調達額が比較的少額の私募債に向いている
直接発行	売出発行		募集期間中の発行額を発行総額とするため、応募の不足はなく、債券の発行は成立	金融機関の発行する金融債に限定
間接発行	委託募集	あり	仲介者に応募不足額を引き受ける責任がないため、債券の発行は不成立	引受募集と組み合わせて使われることが多い
間接発行	引受募集		仲介者に応募不足額を引き受ける責任があるため、債券の発行は成立	公社債の大半がこの方式で発行されている
間接発行	総額引受		仲介者が債券全額を一括して引き受けるため、債券の発行は成立	銀行などの金融機関は自身の投資目的のみ可能

1　国　　債

日本政府が発行する債券です。債券の中でもっとも多く発行され、債券市場の大半を国債が占めています。

(1)　国債市場特別参加者制度

従来は、証券会社、都市銀行、地方銀行、信託銀行などから成る国債引受シンジケート団（引受シ団）が、シ団引受方式（前述の引受募集）により国債を引き受けるのが主流でしたが、徐々に公募入札方式に代替され、2006年3月末に引受シ団制度は廃止されました。これに代わって登場したのが、国債市場特別参加者制度です。これは欧米主要国で国債の安定消化促進、国債市場の流動性維持・向上などを図る仕組みとして導入されている、プライマリー・ディーラー制度を参考とした制度です。国債入札への積極的な参加な

ど、国債管理政策上、重要な責任を果たす一定の入札参加者に対し、国債発行当局が国債市場特別参加者として特別な資格を付与することにより、国債の安定的な消化の促進、国債市場の流動性の維持・向上などを図ることを目的としています。この国債市場特別参加者に指定されているのは、内外の証券会社と銀行です。この国債市場特別参加者には、以下の特別な資格が与えられており、それにともなう以下の責任もあります。

① **国債市場特別参加者の特別な資格**

(i) 国債市場特別参加者会合への参加

財務省が開催する特別参加者との会合（国債市場特別参加者会合）に参加し、財務省と意見交換などを行うことができます。

(ii) 買入消却入札への参加

買入消却のための入札に参加できます。

(iii) 分離適格振替国債（ストリップス債）の分離・統合

分離適格振替国債（ストリップス債）の分離・統合の申請を行うことができます。

(iv) 第Ⅰ非価格競争入札及び第Ⅱ非価格競争入札への参加

通常の競争入札と同時に行われる第Ⅰ非価格競争入札および競争入札後に行われる第Ⅱ非価格競争入札に参加できます（ともに、過去の落札実績（第Ⅰ）・応札実績（第Ⅱ）などに基づき、各社ごとに定められた限度額内で、競争入札の加重平均価格により国債を取得できる入札です）。

(v) 流動性供給入札への参加

国債市場の流動性の維持・向上等を目的として実施される流動性供給入札に参加できます。

(vi) 金利スワップ取引への優先的な参加

財務省が実施する金利スワップ取引の優先的な取引相手となることができます。

② 国債市場特別参加者の責任

(i) 応札責任

すべての国債の入札で、相応な価格で発行予定額の5％以上の相応の額を応札すること。

(ii) 落札責任

直近2四半期中の入札で、短期・中期・長期・超長期の各ゾーンについて、発行予定額の一定割合（原則短期ゾーン0.5％、短期以外のゾーンは1％）以上の額の落札を行うこと。

(iii) 流通市場における責任

国債流通市場に十分な流動性を提供すること。

(iv) 情報提供

財務省に対して、国債の取引動向などに関する情報を提供すること。

(2) 発行方式

現在の国債市場特別参加者制度においては、以下の3つの入札により国債の入札、発行が行われています。

① 価格競争入札コンベンショナル方式

国債発行当局は国債の年利率（クーポン・レート）を決めておき、応募者は価格を決めて入札に応募します。より高い応募価格で入札した応募者から、その応募数量で順に国債を割り当て、応募額の累計が発行予定額に到達するまで落札とします。この方式では、応募者が落札できれば、自身が決めた発行価格で国債を取得することが可能です。

② イールド競争入札ダッチ方式

国債発行当局は国債の年利率を決定するものの、応募者には開示せず、応募者は価格ではなく、利回り（イールド）を決めて入札に応募します。より低い利回りで入札した応募者から、その入札数量で順に国債を割り当て、応募額の累計が発行予定額に到達するまで落札とします。ただし、落札された中で、もっとも高い利回りを発行利回りとして、落札者に一律に適用しま

す。この方式では、落札者は自身が決めた利回りではなく、一律に発行利回りが適用されます。

③　定率公募入札

価格などについて競争入札を行わない（非競争入札）方式です。国債発行当局は年利率（クーポン）とともに価格を決めておき、応募者に金額のみを入札させます。応募額と発行予定額の按分によって落札額を割り当てます。

④　第Ⅰ非価格競争入札

価格などについて競争入札を行わない（非競争入札）方式です。価格は、価格競争入札における加重平均価格で、国債発行当局が特別参加者ごとに設定する応募限度額まで応募することができます。競争入札と同時に行われます。

⑤　第Ⅱ非価格競争入札

価格などについて競争入札を行わない（非競争入札）方式です。価格は、価格競争入札における加重平均価格（イールド競争入札ダッチ方式で入札が実施される国債については、その発行価格）で、国債発行当局が特別参加者ごとに設定する応募限度額まで応募することができます。競争入札後に行われます。

2　地方債

都道府県市などの地方公共団体が発行する債券です。かつては統一された条件をもとに発行されていましたが、現在では地方公共団体ごとに発行条件を決める個別発行へ移行し、地方公共団体の財政状態に応じた発行条件が適用されています。おもな発行方式は以下のとおりです。

(1)　シンジケート団引受方式

シ団引受方式と略されます。地方公共団体が希望する発行条件をもとに、発行条件を引受シンジケート団（引受シ団）と取り決める方式です。残額の出ないように前述の引受募集で発行されます。

(2) 主幹事方式

主幹事が投資家からの需要を積み上げて、発行条件を決定します。手間は掛かりますが、投資家からもっとも多くの情報を集めることができる方式です。後述の社債も参照してください。

(3) イールドダッチ方式

入札方式のため、発行条件の決定過程が客観的です。事務コストも前述の2つよりも少なく済みます。前述の国債のイールド競争入札ダッチ方式も参照してください。

3　政府保証債

政府関係機関や独立行政法人などが発行する特殊債のうち、元利金の支払を政府が保証して発行されるのが政府保証債です。発行方式は以下の2つです。

(1) ナショナル・シンジケート団方式

ナショナル・シ団方式と略されます。地方債のシンジケート団引受方式を参照してください。

(2) 個別発行方式

競争入札により発行条件や主幹事証券会社を決定する方式です。

4　社　　債

株式会社などが設備投資などの長期資金を調達するために発行する債券で、発行方式は以下の2つです。

(1) プロポーザル方式

発行体は、複数の引受金融機関に、発行額、発行価格、利率などの発行条件を提示（Proposal）させて、販売力や相場の判断力などを勘案し、もっとも発行体に有利な条件を提示した証券会社などを主幹事会社とする方式です。発行体と主幹事会社の間で最終的な発行条件を決定します。

(2) 均一価格販売方式

　発行体が主幹事となる金融機関を選定しますが、発行条件を決定するにあたって、引受シンジケート団（引受シ団）を構成する各金融機関に投資家のニーズの調査を依頼し、その結果を踏まえて発行条件を決定します。社債の募集期間中は、決定された発行価格による販売しか認めないため、過度の販売競争を避けることができ、社債市場の透明性を確保する方式です。昨今では、この均一価格販売方式が主流とされています。

6項　発行条件

　新発債の場合、その発行条件が決められて発行されます。発行方法が直接発行のときは発行体自身が決定し、間接発行のときは証券会社などの引受会社と取り決めます。以下では、発行条件のおもな項目について、説明します。

1　発行総額

　発行総額（発行額、発行予定額）は債券を全部でどのくらい発行して、調達するかの金額です。基本的に発行体の意向によって決めますが、発行体や債券市場の状況などによっては、債券の発行に応募が足りず発行が不成立とされ、資金を調達することができないこともあります。

2　利　　率

　利率は、クーポン、クーポン・レートともいいます。債券の購入者に支払う利子額を決めるもので、額面金額に対する年利率です。大半の債券では、発行から償還まで利率は固定（固定金利）されていますが、市場金利に連動して、利率が変動する変動利付債(*17)もあります。

3　額　　面

　額面は、かつては債券の券面上に記載されている金額を指しましたが、債券の電子化により紙の債券がなくなったため、昨今では各債券の金額として定められている金額（通常、償還期限に償還される金額）といわれます。取引できる最低の金額、最低額面金額が定められており、債券の種類によって、その金額は異なります。

4　発行価格

　発行価格は、新発債を投資家が購入する際の価格です。額面100円当たりで表わされます。発行価格は額面をもとに決められますが、その関係は、図表1-5-4に示した3つに分類されます。

5　償還期限と償還方法

　発行体が債券により調達した資金（元本、額面）を、債券を保有する投資

図表1-5-4　発行価格と額面の関係の分類

分類	内容
オーバーパー	額面＜発行価格であるため、償還時に額面で償還されると、償還差損が発生する
パー	額面＝発行価格であるため、償還時に額面で償還されると、償還差損も償還差益も発生しない
アンダーパー	額面＞発行価格であるため、償還時に額面で償還されると、償還差益が発生する。割引債もこれに該当する

（*17）　変動金利の変動割引債はありません。これは割引債が発行価格と償還期限に償還される額面金額との差額を、投資家が受け取る利子としているために、発行時に利率が固定されており、事後に利率を変動させることができないためです。通常、割引債の年限（発行から償還までの期間）が1年以下とされるのも、それ以上の年限では利率が変動する可能性が高くなると本質的に考えられるためです。

図表1-5-5　償還の種類

償還の種類		内容
満期償還		満期日である最終の償還期限に償還
途中償還	早期償還	債券発行後、一定期間経過後に債券の全額または一部を償還
	定時償還	債券発行後、一定期間経過後に一定金額を定期的に分割して償還
	買入消却	発行日の翌営業日以降に流通市場で自身の債券を購入して消却

家に返済する期限（期日）です。あわせて最終の利子も支払われます。通常は額面100円に対して、100円が償還されます。償還期日、償還日、満期日などともいわれます。

　満期日である最終の償還期限に償還することを満期償還といい、償還期限以前に償還することを途中償還、期中償還などといいます。途中償還は早期償還、定時償還、買入消却の3つに分かれます。早期償還は期限前償還、繰上償還、任意償還ともいわれ、債券発行後、一定期間経過後に債券の全額または一部を償還(*18)することです。定時償還は分割償還ともいわれ、債券発行後、一定期間経過後に一定金額を定期的に分割して償還(*19)していき、償還期限に残額を償還します。買入消却は発行日の翌営業日以降に流通市場で自身の債券を購入して消却します（図表1-5-5参照）。

　また、債券の発行から償還までの期間を新発債の場合は年限、既発債の場合は残存年数（残存年限、残存期間）といいます。

6　利払方法

　割引債は、発行価格が償還金額よりも低く設定されており、これが利子に相当するため、利払はありません。利付債は年2回（半年に1回）の利払で

(*18)　一部償還の場合、抽選で対象を選んで償還します。
(*19)　定時償還の場合、抽選で償還するか、流通市場で自身の債券を購入して消却します。

あることが一般的です。ただし、利払が年1回のものや利払が毎月あるものもあります。利払日は償還期限と同じ日（年2回の利払で償還日が2020年5月21日であれば、毎年5月21日と11月21日が利払日）とするのが一般的です。

7項 各種書類

金融商品取引法により交付が義務づけられている契約締結前交付書面があります。具体的には、上場有価証券等書面、金銭・有価証券の預託、記帳および振替に関する契約の説明、円貨建債券の契約締結前交付書面、外貨建債券の契約締結前交付書面、個人向け国債の契約締結前交付書面などがありますが、具体的な説明は割愛します。

8項 手数料

新発債、既発債を問わず、購入時に別途、手数料が掛かることはありません。ただし、個人向け国債を中途換金する場合には、中途換金調整額が掛かります。また、取引所市場で債券を売買する場合には、売買委託手数料が掛かります。

1 新発債

額面100円の新発債の場合、証券会社は発行体から、100円未満で購入し、額面100円で投資家に売却します。たとえば、証券会社は発行体から新発債を99円で購入し、その新発債を額面100円で投資家に売却することにより収益（1円の差額）を得ます。

ただし、個人向け国債は、発行から1年経過すれば、いつでも中途換金（解約）することができますが、直近の2回分の税引前利子の79.685％（残りの20.315％は税金として徴収済）の金額を受取金額から差し引かれます。

2　既発債

　既発債を購入、売却する場合も別途、手数料を支払う必要はありませんが、これは購入や売却する際の価格に証券会社の収益が含まれているためです。たとえば、証券会社は債券市場で既発債を97円で購入し、その既発債を98円で投資家に売却することにより、収益（1円の差額）を得ます。また、証券会社は96円で投資家から既発債を購入し、債券市場で、その既発債を97円で売却することにより、収益（1円の差額）を得ます。

6節　債券の価格、利回りなど

　債券の売買は債券価格によって左右されます。ここでは債券価格に影響する変動要因、債券価格と金利の関係、債券売買の判断基準である債券の利回り・価格、債券の売買にともなって発生する経過利子、債券の格付けなどについて、以下に説明します。

1項　債券価格の変動要因

　債券価格の変動要因には、金利、景気、物価などいくつかの要因があります。

1　金　　利

　債券を売買する際の債券価格は、金利（市中金利）の変動によって変化します。具体的には金利が上昇すると債券価格は下落（利回りは上昇）し、金利が低下すると債券価格は上昇（利回りは低下）します。その理由は後述します。

2　海外金利

　日本の債券価格は海外の金利、特に米国の金利動向の影響を強く受けます。たとえば、米国の金利が上昇し、日米の金利差が拡大した場合に、日本の投資家は金利の上昇により債券価格が下落した米国債券への投資を積極的に行うことから、日本国内の債券需要が減退し、国内債券価格は下落（利回りは上昇）する可能性が高まります。

　反対に米国の金利が低下し、日米の金利差が縮小した場合に、日本の投資家は金利の低下により債券価格が上昇した米国債券への投資を消極化することから、日本国内の債券需要が増大し、国内債券価格は上昇（利回りは低下）する可能性が高まります。

3　景　　気

　一般に好況時には経済活動が活発化して、個人も賃金など所得の上昇により、消費を拡大させます。この結果、企業は在庫投資や設備投資のための資金需要を増加させます。同時に個人も住宅などの耐久消費財の購入のための資金需要を増やす傾向にあることから、全体の資金需要も増加して金利が上昇します。この金利上昇を受けて、債券価格は下落（利回りは上昇）します。

　逆に不況時には、経済活動が停滞または低下して、企業は在庫投資や設備投資を抑制します。同時に個人も賃金など所得の低下により、消費を控えます。この結果、企業は在庫投資や設備投資のための資金需要を減少させ、個人も住宅などの耐久消費財の購入のための資金需要を減らす傾向にあることから、全体の資金需要も減少して金利が低下します。この金利低下を受けて、債券価格は上昇（利回りは低下）します。

4　物　　価

　一般に景気が過熱して物価の上昇が進むと、インフレを抑制するために金

融引締政策が実施されるため、金利は上昇します。この結果、債券価格は下落（利回りは上昇）します。

反対に景気が悪化して相対的に物価の下落が進むと、インフレを抑制する必要がなくなり、金融緩和政策の実施により、金利は低下します。この結果、債券価格は上昇（利回りは低下）します。

5　需給関係

(1)　金融政策

日本銀行の目的の1つは物価の安定を図ることです。物価の安定は金融政策によって行われ、その一環として市中の資金量を調節するために債券市場で国債などの債券の売買を行います。この売買取引によって、債券の利回りが変動します。債券市場で資金を市中に供給する債券を買う買いオペレーションを行った場合、債券の需要と資金の供給が増えるため、債券価格は上昇（利回りは低下）します。

債券市場で資金を市中から吸収する債券を売る売りオペレーションを行った場合、債券の供給と資金の需要が増えるため、債券価格は下落（利回りは上昇）します。

(2)　新発債の消化状況

新発債が順調に売れて消化されている場合には、発行量や発行条件が需要に対して適切であり、問題ありませんが、発行量が過大である、あるいは発行条件が需要に対して過少である場合には、債券に対する需要が減少するため、債券価格は下落（利回りは上昇）します。

逆に発行量が過少である、あるいは発行条件が需要に対して過剰である場合には、債券に対する需要が増大するため、債券価格は上昇（利回りは低下）します。

(3)　投資家の動向

債券のおもな投資家は、銀行（信託銀行含む）、生命保険会社、損害保険会

社、投資信託、海外の投資家などの機関投資家であり、その動向は債券市場に大きな影響を与えます。株式に代表されるリスク資産の価格の下落や信用危機においては、リスク回避の姿勢を鮮明にすることから（リスクオフ）、安全資産とされる債券への投資が積極的に行われます。この結果、債券価格は上昇（利回りは低下）します。

反対に好況時などにおいては、リスク選好の姿勢を強めることから（リスクオン）、リスク資産への投資が増加し、安全資産とされる債券への投資は減少します。この結果、債券価格は下落（利回りは上昇）します。

これまでに述べてきた債券価格の変動要因を列挙すると、図表1-6-1のとおりです。

図表1-6-1　債券価格の変動要因

要因	要因の状況	債券価格	利回り
金利	上昇	下落	上昇
	低下	上昇	低下
海外金利	上昇	下落	上昇
	低下	上昇	低下
景気	好況	下落	上昇
	不況	上昇	低下
物価	物価の上昇	下落	上昇
	物価の（相対的な）下落	上昇	低下
需給関係・金融政策	売りオペレーション	下落	上昇
	買いオペレーション	上昇	低下
需給関係・新発債の消化状況	発行量が過大など	下落	上昇
	発行量が過少など	上昇	低下
需給関係・投資家の動向	リスクオン	下落	上昇
	リスクオフ	上昇	低下

2項 債券価格と金利の関係

前述のとおり、金利が上昇すると債券価格は下落し、金利が低下すると債券価格は上昇するという逆相関の関係がありますが、その理由を以下に説明します。

1　金利が上昇・債券価格は下落のケース

1年後に1万円の利子が付いて償還される債券があり、金利1％から2％へ上昇したとします。この状況では、債券を保有していても、利子は1万円しか受け取れませんが、上昇後の金利で運用すれば、利子を2万円受け取ることができます。

図表1-6-2の債券を保有していて、何らかの事情で売却しようとする場合、債券の価格が100万円のままでは売却できません。100万円を運用して、1年後に2万円を受け取れるのに、1万円しか受け取れない債券をあえて買うことは通常しないからです。買い手がいないため、債券価格を下げます[*20]が、どこまで下げるかを示すと以下のとおりです。

債券を購入し、償還時に元利金101万円を得たときに、その利回りが2％になるように債券価格（p）が下がります。償還時の元利101万円と債券価

図表1-6-2　金利の上昇と債券価格の下落例

```
                    1年
売却日                                          償還日
 ▼                                              ▼
市場金利＝2％ ─────────────────────── ▶利子＝2万円

元本＝100万円 ────────────────────── ▶利子＝1万円
利率＝1％
```

（*20）　債券の金利は大半が固定金利であり、事後に変更できないので、債券価格の下落（変動）により調整されます。

格（p）との差額を、債券価格（p）で割ったもの（利回り）が、2％になればよいのです。実際に計算してみると、以下のとおりです。

$0.02(2\%) = (1,010,000 - p) \div p$

$0.02 \times p = (1,010,000 - p) \div p \times p$

$0.02 \times p = 1,010,000 - p$

$0.02 \times p + p = 1,010,000 - p + p$

$0.02 \times p + p = 1,010,000$

$(0.02 + 1) \times p = 1,010,000$

$1.02 \times p = 1,010,000$

$p = 1,010,000 \div 1.02$

$p = 990,196.07843\cdots \fallingdotseq 990,196$（円未満切捨）

したがって、計算上の債券価格は、99万196円と求められます。この価格で購入して、償還時に101万円を得た場合に、利回りが2％になるか検算すると以下のとおり、上昇後の金利とほぼ一致します。

$(1,010,000 - 990,196) \div 990,196 = 0.020000080792\cdots$

なお、この債券価格は計算上のもので、時々刻々変化する金利の動向（上昇・下落）や経済状況、市場参加者の思惑など、さまざまな要因に左右されますので、現実の売買価格と完全に一致するわけではありません。

2　金利が低下・債券価格は上昇のケース

1年後に2万円の利子が付いて、償還される債券があり、金利2％から1％へ低下したとします。この状況では、債券を保有していれば、利子を2万円受け取ることができます。これに対して、低下後の金利で運用すれば、利子は1万円しか受け取ることができません。

図表1－6－3の債券を保有していて、何らかの事情で売却しようとする場合、債券の価格が100万円のままでは売却しません。市場で運用しても、1年後に1万円しか受け取れない状況であれば、2万円を受け取れる債券は価

図表1-6-3　金利の低下と債券価格の上昇例

```
                    1年
売却日                              償還日
 ▼                                  ▼
市場金利＝1％ ─────────────────────▶ 利子＝1万円

元本＝100万円 ────────────────────▶ 利子＝2万円
利率＝2％
```

格が100万円を超えても売れるはずです。そこで債券価格を上げます(*21)が、どこまで上げるかを示すと以下のとおりです。

　債券を購入し、償還時に元利金102万円を得たときに、その利回りが1％になるように債券価格（p）が上がります。償還時の元利102万円と債券価格（p）との差額を、債券価格（p）で割ったもの（利回り）が、1％になればよいのです。実際に計算してみると、以下のとおりです。

$$0.01（1\%）=（1,020,000-p）\div p$$
$$0.01 \times p =（1,020,000-p）\div p \times p$$
$$0.01 \times p = 1,020,000 - p$$
$$0.01 \times p + p = 1,020,000 - p + p$$
$$0.01 \times p + p = 1,020,000$$
$$(0.01 + 1) \times p = 1,020,000$$
$$1.01 \times p = 1,020,000$$
$$p = 1,020,000 \div 1.01$$
$$p = 1,009,900.990099\cdots \fallingdotseq 1,009,900（円未満切捨）$$

したがって、計算上の債券価格は、100万9,900円と求められます。この価格で購入して、償還時に102万円を得た場合に、利回りが1％になるか検算すると以下のとおり、低下後の金利とほぼ一致します。

───────────
(*21)　債券の金利は大半が固定金利であり、事後に変更できないので、債券価格の上昇（変動）により調整されます。

$(1{,}020{,}000 - 1{,}009{,}900) \div 1{,}009{,}900 = 0.010000990197\cdots$

3項　債券の利回り

1　概　要

債券市場には、利率（クーポン）、残存年数（残存期間）、価格など、条件が異なる債券が多数あります。債券を投資対象とする場合、債券を評価するには、債券価格ではなく、本項で説明する利回り[*22]を使うことが一般的です。

なお、利回りには、直利、単利、複利の3つがあります。直利は、元本に対して利子（年利率）をいくら得られるかを表わしています。これに対して、単利は、元本に対して利子（年利率）に加えて、売却損益または償還損益をいくら得られたかを表わします。複利は、元本に対して利子（年利率）と売却損益または償還損益に加えて、利子（年利率）の再投資収益をいくら得られたかを表わします。図表1-6-4では、各種利回りとその種類を示します。

図表1-6-4　各種利回りとその種類

種類	利回り	備考
直利（直利利回り）	直接利回り	利付債
単利（単利利回り）	応募者利回り、所有期間利回り、最終利回り	利付債
	割引債の単利利回り	割引債
複利（複利利回り）	利付債の複利利回り	利付債
	割引債の複利利回り	割引債

(*22)　インカム・ゲイン（利子）とキャピタル・ゲイン（売却損益、または償還損益）を合わせたものが債券の収益ですが、投資金額（投資元本）が1年間でどのくらいの収益をあげるか、そのパーセンテージを利回りといい、投資効率を判断する重要な指標です。

図表1-6-5　直接利回りの計算式

$$\text{直接利回り}(\%) = \frac{\text{年利率}(\%)}{\text{購入価格}} \times 100$$

（小数点以下第4位切捨）

図表1-6-6　直接利回りの計算例

$$\text{直接利回り}(\%) = \frac{1.5}{97.00} \times 100 = 1.5463917\cdots = 1.546\%$$

（小数点以下第4位切捨）

2　直接利回り

　直接利回りは直利ともいわれ、償還差益などは考慮に入れず、購入価格（元本）に対する利子（年利率）の割合、収益率を表わすものです。その計算式は、図表1-6-5のとおりです。

　ここで、年利率＝1.50％、購入価格＝97.00円の直接利回りを求めると、図表1-6-6のとおりです。

3　新発債の応募者利回りと所有期間利回り

　ここでは、新発債を発行日から償還期限まで保有した場合と、発行日から

図表1-6-7　新発債の利回り
【新発債の場合】

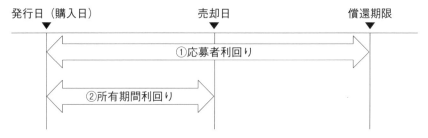

償還期限を待たずに売却日に売却した場合の(図表1-6-7参照)、それぞれの利回りの計算式について、説明します。

(1) **新発債の応募者利回りの計算式**

発行日から償還期限まで保有した場合の利回りは、応募者利回り、または最終利回りといわれ、その計算式は、図表1-6-8のとおりです。

ここで、発行日から償還日までの年限(期間)=2年、年利率=1.00%、額面=100円、発行価格=99.00円の応募者利回りを求めると、図表1-6-9のとおりです。

(2) **新発債の所有期間利回りの計算式**

発行日から償還期限を待たずに途中で売却した場合の利回りは、所有期間利回りといわれ、その計算式は、図表1-6-10のとおりです。

ここで、発行日から売却日までの年限(期間)=3年、年利率=2.00%、

図表1-6-8 応募者利回りの計算式

$$応募者利回り(\%) = \frac{年利率(\%) + \dfrac{額面金額 - 発行価格}{年限(期間)}}{発行価格} \times 100$$

(小数点以下第4位切捨)

図表1-6-9 応募者利回りの計算例

$$応募者利回り(\%) = \frac{1.00 + \dfrac{100.00 - 99.00}{2}}{99.00} \times 100 = 1.5151515\cdots = 1.515\%$$

(小数点以下第4位切捨)

図表1-6-10 所有期間利回りの計算式

$$所有期間利回り(\%) = \frac{年利率(\%) + \dfrac{売却価格 - 購入価格}{年限(期間)}}{発行価格} \times 100$$

(小数点以下第4位切捨)

図表 1 - 6 -11　所有期間利回りの計算例

$$\text{所有期間利回り}(\%) = \frac{2.00 + \dfrac{99.00 - 102.00}{3}}{102.00} \times 100 = 0.9803921\cdots = 0.980\%$$

（小数点以下第 4 位切捨）

購入価格＝102円、売却価格＝99.00円の応募者利回りを求めると、図表 1 - 6 -11のとおりです。

(3) 年限（期間）の計算方法

新発債の場合、発行日から償還期限までの年数を年限といい、たとえば、3 年ものの債券で、発行日が2018年 5 月28日（月）であれば、償還期限が2021年 5 月28日（金）の場合、年限は 3 年です。ただし、償還期限が営業日でない場合、償還期限の n 年後の応当日ではなく、翌営業日などにずれることがあります。このときは、後述する残存年数と同様に年数を求めます。

4　既発債の最終利回りと所有期間利回り

ここでは、既発債を発行日以降の購入日から償還期限まで保有した場合と、発行日以降の購入日から償還期限を待たずに売却日に売却した場合の（図表 1 - 6 -12参照）、それぞれの利回りの計算式について説明します。

図表 1 - 6 -12　既発債の利回り

【既発債の場合】

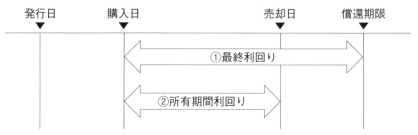

図表1-6-13　最終利回りの計算式

$$\text{最終利回り}(\%) = \frac{\text{年利率}(\%) + \dfrac{\text{額面金額} - \text{購入価格}}{\text{残存年数(残存期間)}}}{\text{購入価格}} \times 100$$

（小数点以下第4位切捨）

図表1-6-14　最終利回りの計算例

$$\text{最終利回り}(\%) = \frac{2.00 + \dfrac{100.00 - 99.00}{3}}{99.00} \times 100 = 2.356902\cdots = 2.356\%$$

（小数点以下第4位切捨）

(1)　既発債の最終利回りの計算式

発行日以降の購入日から償還期限まで保有した場合の利回りは、最終利回りといわれ、その計算式は、図表1-6-13のとおりです。

ここで、発行日以降の購入日から償還日までの残存年数（残存期間）＝3年、年利率＝2.00％、額面＝100円、購入価格＝99.00円の最終利回りを求めると、図表1-6-14のとおりです。

(2)　既発債の所有期間利回りの計算式

発行日以降の購入日から償還期限を待たずに途中で売却した場合の利回りは、所有期間利回りといわれ、その計算式は、図表1-6-15のとおりです。

ここで、発行日以降の購入日から売却日までの残存年数（残存期間）＝2年、年利率＝1.00％、購入価格＝99.70円、売却価格＝99.00円の応募者利回りを求めると、図表1-6-16のとおりです。

図表1-6-15　所有期間利回りの計算式

$$\text{所有期間利回り}(\%) = \frac{\text{年利率}(\%) + \dfrac{\text{売却価格} - \text{購入価格}}{\text{残存年数(残存期間)}}}{\text{購入価格}} \times 100$$

（小数点以下第4位切捨）

第1章　債　券

図表 1 - 6 -16　所有期間利回りの計算例

$$\text{所有期間利回り（\%）} = \frac{1.00 + \dfrac{99.00 - 99.70}{2}}{99.70} \times 100 = 0.6519558\cdots = 0.651\%$$

（小数点以下第 4 位切捨）

(3) 残存年数の計算方法

　既発債の場合には、残存年数（残存期間）といい、債券の売買取引の決済が行われる受渡日から償還期限までの期間を指します。受渡日の 1 年後応当日を求めて償還期限と比較し、受渡日の 1 年後応当日＞償還期限のとき、残存年数は 1 年未満と判断し、そうでない（受渡日の 1 年後応当日≦償還期限）とき、残存年数は 1 年以上と判断します。

　残存年数が 1 年未満のとき、受渡日から償還期限までの日数(＊23)(＊24)を365日で割ることにより年数を求めます。たとえば、受渡日が2020年 1 月27日（月）で、償還期限が2020年 3 月27日（金）とすると日数の60日（片落し、片落ち）を365で割り、残存年数は0.164383561…＝0.1643835（小数点以下第 8 位切捨）です。

　残存年数が 1 年以上のとき、受渡日から償還期限直前の受渡日の応当日までの年数を求め、その後に残存年数 1 年未満の際と同様に、償還期限直前の受渡日の応当日から償還期限までの日数を365で割り、求めた年数を加えます。たとえば、受渡日が2018年 2 月 1 日（木）で、償還期限が2020年 4 月 1

(＊23)　受渡日を含めない片落しで計算します。債券の日数計算は、片落しが原則です。両端入れで日数計算するのは、割引債、国庫短期証券の価格計算を行う場合などに限られます。2018年 6 月 1 日から 6 月29日の日数を片落しで計算すると28日であり、両端入れで計算すると29日です。

(＊24)　残存年数が 1 年未満のとき、閏年の 2 月29日も 1 日と数えますが、残存年数が 1 年以上のとき、閏年の 2 月29日を 1 日と数えません。閏年の 2 月29日を 1 日と数えるのは、発行から償還までの年限が 1 年以内の債券（割引債など）の未経過日数の計算、残存年数 1 年未満の利付債の未経過日数の計算、経過利子の経過日数の計算などが該当します。なお、受渡日など基準とする日が 2 月29日に該当するときには、 2 月28日に読み替えて応当日を求めます。

日（水）とすると償還期限直前の受渡日の応当日は、2020年2月1日（土）で、年数は2年です。さらに2020年2月1日（土）から2020年4月1日（水）までの日数の、59日（片落し、2月29日は1日に数えません）を求め365で割ると、年数は0.161643835…＝0.1616438（小数点以下第8位切捨）であり、残存年数は、2.1616438年です。

5　割引債の利回り

割引債のうち、1年以内のものの利回りは単利で計算し、1年超のものの利回りは複利で計算します。

(1)　割引債の単利利回り

1年以内の割引債の単利利回りの計算式は、図表1-6-17のとおりです。この計算式の購入価格を割引債の発行時の購入価格に置き換えれば、応募者利回りであり、既発の割引債の購入価格に置き換えれば、最終利回りです。また、以下の計算式の額面金額を売却金額に置き換えれば、所有期間利回りです。

ここで、未経過日数＝180日、額面金額＝100.00円、購入価格＝98.00円の単利利回りを求めると、図表1-6-18のとおりです。

図表1-6-17　割引債の単利利回りの計算式

$$単利利回り(\%) = \frac{(額面金額 - 購入価格)}{購入価格} \times \frac{365}{未経過日数} \times 100$$
（小数点以下第4位切捨）

図表1-6-18　割引債の単利利回りの計算例

$$単利利回り(\%) = \frac{(100.00 - 98.00)}{98.00} \times \frac{365}{180} \times 100 = 4.13832\cdots = 4.138\%$$
（小数点以下第4位切捨）

図表 1-6-19　割引債の複利利回りの計算式

$$\text{複利利回り}(\%) = \left(\sqrt[\text{残存年数}]{\text{額面金額または売却価格} \div \text{購入価格}} - 1 \right) \times 100$$
（小数点以下第 4 位切捨）

図表 1-6-20　割引債の複利利回りの計算例

$$\text{複利利回り}(\%) = \left(\sqrt[5]{100.00 \div 95.00} - 1 \right) \times 100 = 1.03114\cdots = 1.031\%$$
（小数点以下第 4 位切捨）

(2)　割引債の複利利回り

　1 年超の割引債の複利利回りの計算式は、図表 1-6-19 のとおりです。残存年数とルート記号は、「べき根」を表わします。

　ここで、残存年数＝ 5 年、償還価格＝ 100.00 円、購入価格＝ 95.00 円の単利利回りを求めると、図表 1-6-20 のとおりです。

6　利付債の利回り（利付債の複利利回り）

　利付債のうち、単利利回りの計算方法は、新発債の応募者利回りと所有期間利回り、既発債の所有期間利回りと最終利回りで説明済です。ここでは利付債の複利利回りについて説明します。

(1)　将来価値から計算する方法

　債券を購入した金額（元本）を複利計算して得られた元本と利子の合計の

図表 1-6-21　利付債の複利利回りの計算式（将来価値分）

$$\text{購入金額} \times (1+\text{利回り})^n = \sum_{t=1}^{n-1} \text{利子額} \times (1+\text{利回り})^t + (\text{利子額} + \text{額面金額}(=100))$$

※右辺の Σ 記号の順序数が、$n-1$ であるのは、右辺の最終項である「利子額＋額面金額」の利子額が、償還時（＝ n）の利払であるため。

将来価値と、償還時までに受け取る利子（クーポン）と償還時に受け取る元本の合計の将来価値は一致するので、図表1-6-21の計算式で表わせます。利払は年1回とします。

ここで、年限＝2年、償還価格＝100.00円、購入価格＝98.00円、年利率＝3.00％の複利利回りを求めると、図表1-6-22のとおりです。

(2) 現在価値から計算する方法

債券を購入した金額（元本）の現在価値と償還時までに受け取る利子（クーポン）と償還時に受け取る元本の合計の現在価値は一致するので、図表1-6-23の計算式で表わせます。利払は年1回とします。

ここで、年限＝2年、償還価格＝100.00円、購入価格＝98.00円、年利率＝3.00％の複利利回り（将来価値の計算例と同一条件）を求めると、図表1-

図表1-6-22　利付債の複利利回りの計算例（将来価値分）

$98.00 \times (1+r)^2 = 3 \times (1+r) + (3+100)$　　利回り＝rとする。
$98.00 \times (1+r)^2 - 3 \times (1+r) - (3+100) = 3 \times (1+r) + (3+100) - 3 \times (1+r) - (3+100)$
$98.00 \times (1+r)^2 - 3 \times (1+r) - (3+100) = 0$
　ここで便宜的に、$(1+r)$をxとすると
$98x^2 - 3x - 103 = 0$
　これを2次方程式の解の公式に代入すると
$$x = \frac{-(-3) + \sqrt{3 \times 3 - (4 \times 98 \times (-103))}}{2 \times 98} = 1.0406132\cdots$$
　ここで$(1+r)$をxとしていたので、xから1を引いてrとし、100を掛け、小数点以下第4位で切捨。
r（複利利回り）＝4.061％

図表1-6-23　利付債の複利利回りの計算式（現在価値分）

$$購入金額 = \sum_{t=1}^{n} \frac{利子額}{(1+利回り)^t} + \frac{額面金額(=100)}{(1+利回り)^n}$$

※右辺のΣ記号の順序数が、nであるのは、将来価値の計算式と異なり、償還時（＝n）を考慮しているため。

図表1-6-24　利付債の複利利回りの計算例（現在価値分）

$$98.00 = \frac{3}{(1+r)} + \frac{3+100}{(1+r)^2} \qquad 利回り = r とする。$$
$$98.00 \times (1+r)^2 = \frac{3}{(1+r)} \times (1+r)^2 + \frac{3+100}{(1+r)^2} \times (1+r)^2$$
$$98.00 \times (1+r)^2 = 3 \times (1+r) + (3+100)$$
$$98.00 \times (1+r)^2 - 3 \times (1+r) - (3+100) = 3 \times (1+r) + (3+100) - 3 \times (1+r) - (3+100)$$
$$98.00 \times (1+r)^2 - 3 \times (1+r) - (3+100) = 0$$

以降は、将来価値の計算式と同じであるため、記述は省略。

6-24のとおりです。

(3) 元本と元利合計から計算する方法

① 計算式を解く方法

債券を購入した金額（元本）と、償還時までに受け取る利子の合計と償還時に受け取る元本（元利合計）の値がそれぞれ明らかな場合、両者には図表1-6-25の計算式が成り立ちます。

ここで、年限＝3年、元本＝1,000,000円、元利合計＝1,092,727円の場合の複利利回りを求めると、図表1-6-26のとおりです。

図表1-6-25　元本と元利合計の計算式

$$元本 \times (1+利回り)^n = 元利合計$$

図表1-6-26　複利利回りの計算例

$$1,000,000円 \times (1+r)^3 = 1,092,727円$$
$$1,000,000円 \times (1+r)^3 \div 1,000,000円 = 1,092,727円 \div 1,000,000円$$
$$(1+r)^3 = 1,092,727円 \div 1,000,000円 = 1.092727$$
$$(1+r) = 1.03$$
$$r = 1.03 - 1 = 0.03$$
$$r = 0.03 \times 100 = 3\%$$

図表1-6-27 利回りの推定方法

$$1,000,000円 \times (1+0.04)^3 = 1,013,159円 \rightarrow 4\%では大きい$$
$$1,000,000円 \times (1+0.02)^3 = 1,006,622円 \rightarrow 2\%では小さい$$
$$1,000,000円 \times (1+0.03)^3 = 1,092,727円 \rightarrow 3\%が複利利回りの値$$

② 利回りを推定する方法

　債券を購入した金額（元本）と、償還時までに受け取る利子の合計と償還時に受け取る元本（元利合計）の値がそれぞれ明らかな場合、両者には前述の図表1-6-25の計算式が成り立ちます。この計算式の利回りにその推定値を代入し、その結果から徐々に利回りのとる値を絞り込んで、最終的に利回りの値を特定します。

　ここで、年限＝3年、元本＝1,000,000円、元利合計＝1,092,727円の場合（計算式を解く方法と同条件）の複利利回りを推定で求めると、図表1-6-27のとおりです。

4項　債券の約定単価（債券価格）

　債券を売買する場合、単利利回りか単価(*25)のいずれかにより約定(*26)金額を算出します。

　単価ではなく、単利利回りを使って約定金額を求める場合には、まず単価（＝約定単価）を計算する必要がありますが、利付債と割引債では計算式が異なりますので、以下に示します。

1　利付債の約定単価

　利付債の約定単価の計算式は、図表1-6-28のとおりです。

(*25) 額面100円に対する金額（たとえば、額面100円に対して単価は98.70円）で表わされます。
(*26) 約定とは、売買取引が成立することをいいます。約定金額は債券の売買金額です。この後、受渡により購入金額の決済と債券の受渡が行われます。

図表1-6-28　利付債の約定単価の計算式

$$\text{約定単価（額面100円当たり）} = \frac{100(\text{額面}) + \text{年利率}(\%) \times \text{残存年数}}{1 + \dfrac{\text{単利利回り}(\%) \times \text{残存年数}}{100}}$$

（小数点以下第4位切捨）

図表1-6-29　利付債の約定単価の計算例

$$\text{約定単価（額面100円当たり）} = \frac{100 + 1.00 \times 3}{1 + \dfrac{0.80 \times 3}{100}} = 100.5859375 = 100.585\text{円}$$

（小数点以下第4位切捨）

ここで、年利率＝1.0％、残存年数＝3年、単利利回り＝0.80％である場合の約定単価を求めると、図表1-6-29のとおりです。

2　割引債の約定単価

次に、割引債の約定単価の計算式は、図表1-6-30のとおりです。利付債の計算式では年利率（％）[*27]と残存年数とから利子の合計を求めているのに対して、割引債は利払がないため、100円という額面のみに置き換わっています。それ以外に計算式に違いはありません。

ここで、年利率＝1.0％、残存年数＝3年、単利利回り＝0.88％である場合の約定単価（利付債の計算例と同一条件）を求めると、図表1-6-31のとお

図表1-6-30　割引債の約定単価の計算式

$$\text{約定単価（額面100円当たり）} = \frac{100(\text{額面})}{1 + \dfrac{\text{単利利回り}(\%) \times \text{残存年数}}{100}}$$

（小数点以下第4位切捨）

（*27）　年利率（％）は比率であって金額ではありませんが、額面100円当たりですので、利子の金額とも一致しており、読み替えることができます。

図表1-6-31 割引債の約定単価の計算例

$$約定単価（額面100円当たり） = \frac{100}{1 + \frac{0.88 \times 3}{100}} = 97.42790 = 97.427円$$

（小数点以下第4位切捨）

りです。

3 約定金額

単価が決まっている場合には単価を使って、約定金額を求めます。単利利回りで約定金額を求める場合には、前述のとおりに求めた単価から約定金額を求めます。いずれの場合も単価から約定金額を求める計算式は以下のとおりです。

約定金額＝約定単価×額面金額÷100

たとえば、単価＝100.585円、額面が100万円の利付債を購入する場合の約定金額は、以下のとおりです。

約定金額＝100.585円×1,000,000円÷100＝1,005,850円

また、単価＝97.656円、額面が100万円の割引債を購入する場合の約定金額は、以下のとおりです。

約定金額＝97.656円×1,000,000円÷100＝976,560円

5項 債券の経過利子

利付債を売買し、受渡日[*28]が利払日[*29]と異なる場合、債券の前回利払日の翌日から受渡日までの利子相当分を購入者が売却者に支払います。この利子相当分を経過利子、または経過利息といいます。

(*28) 受渡日に購入金額の決済と債券の受渡が行われます。これに先立って、約定取引（売買取引）が購入者と売却者の間で成立しています。
(*29) 利払日に当該利付債の所有者へ利子が支払われます。

図表1-6-32 経過利子

利付債を売却者（A）が購入者（B）に売却

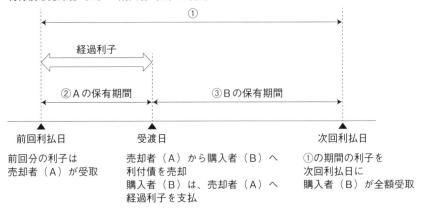

1 経過利子とは

経過利子について説明すると、図表1-6-32のとおりです。

受渡日に売却者であるAが購入者であるBに利付債を売却します。次回利払日には当該利付債の保有者であるBが①の利子を全額受け取ります。しかし、前回利払日から受渡日までは売却者であるAが、その期間の利子相当分を受け取るべきであるので、購入者であるBは売却者であるAに経過利子を支払います。この経過利子は、まず経過利子の単価を計算して、その単価を額面金額に乗じることによって求めます。

2 経過利子単価

経過利子単価の計算式は、図表1-6-33のとおりです。経過日数は、前回利払日の翌日から受渡日までの日数（片落し）で計算します。国債などで年2回の利払がある場合で、かつ経過日数が183日以上のときは、単純に（年利率÷2）を経過利子単価とします。

年利率＝2.0%、経過日数＝75日である場合の経過利子単価を求めると、

図表1-6-33　経過利子単価の計算式

$$\begin{array}{c}\text{経過利子単価} \\ \text{（額面100円当たり）} \\ \text{（小数点以下第8位切捨）}\end{array} = \frac{\text{年利率（％）} \times \text{経過日数}}{365}$$

図表1-6-34　経過利子単価の計算例

$$\begin{array}{c}\text{経過利子単価} \\ \text{（額面100円当たり）}\end{array} = \frac{2.00 \times 75}{365} = 0.4109589041\cdots = 0.4109589円$$

（小数点以下第8位切捨）

図表1-6-34のとおりです。

3　経過利子の算出

経過利子単価は求められたので、支払うべき経過利子の金額を算出します。経過利子単価から経過利子の計算式は、以下のとおりです。

経過利子＝経過利子単価×額面金額÷100

ここで、前述の経過利子単価の計算例の結果を使って、額面金額＝100万円の場合の経過利子は、以下のとおりです。

経過利子＝0.4109589円（小数点以下第8位切捨）×1,000,000円÷100＝4,109円

4　受渡金額

約定金額に経過利子を加えた金額を受渡金額といいますが、この受渡金額が購入者から売却者に支払うべき（売却者から見れば、受け取るべき）金額の合計です。受渡金額の計算式は以下のとおりです。

受渡金額＝約定金額＋経過利子

単利利回りから利付債の約定単価を算出し、約定単価から約定金額を求めた前述の例（図表1-6-28、図表1-6-29参照）では、受渡金額は以下のとお

りです。

受渡金額＝1,005,850円＋4,109円＝1,009,959円

6項　債券の格付け

債券には、発行体、利率（クーポン）、残存年数（残存期間）、価格、利回りなど、条件が異なるものが多数あります。債券を比較するおもな指標として、前項では利回りをあげましたが、債券の格付けも重要です。

1　概　　要

債券の格付けは、元本と利息が予定どおりに支払われる確実性を民間の格付会社が評価したものです。この格付会社は、債券の発行体などと利害関係のない第三者であり、保証や保険、その他の信用補完の提供者の信用力、およびその債券の通貨、債券の契約条項などのほか、発行体の信用力（財務内容、収益力、企業規模、資産価値など）も考慮して、債券の格付けを決定します。

2　格付会社

代表的な格付機関としては、格付投資情報センター（R&I）、日本格付研究所（JCR）、ムーディーズ・インベスターズ・サービス（Moody's）、スタンダード・アンド・プアーズ（S&P）、フィッチ・レーティングスなどがあげられます。

3　格付けと債券

一般に格付けが高いほど、元本と利息が予定どおりに支払われる確実性が高いため、利率を低く（発行体にとって有利に）設定できます。反対に格付けが低いほど、元本と利息が予定どおりに支払われる確実性が低い（債務不履行（デフォルト）の可能性が相対的に高い）ため、利率は高く（発行体にとっては不利に）設定されます。

これは、債券の格付けが高ければ、利率などの条件が投資家に相対的に不利な条件であっても、当該債券は消化されやすく、逆に債券の格付けが低ければ、利率などの条件を投資家に相対的に有利に設定しないと、当該債券は消化されにくいからです。

4　格付けの具体例

　ここでは格付けの定義を、スタンダード・アンド・プアーズ（以下、S&P）の長期個別債務格付けを例にして示します。

図表1-6-35　S&Pの長期個別債務格付けの定義

カテゴリー（注）	定義
AAA	当該金融債務を履行する債務者の能力は極めて高い。S&Pの最上位の個別債務格付け
AA	当該金融債務を履行する債務者の能力は非常に高く、最上位の格付け（「AAA」）との差は小さい
A	当該金融債務を履行する債務者の能力は高いが、上位2つの格付けに比べ、事業環境や経済状況の悪化の影響をやや受けやすい
BBB	当該金融債務履行のための財務内容は適切であるが、事業環境や経済状況の悪化によって当該債務を履行する能力が低下する可能性がより高い
BB、B、CCC、CC、C	「BB」、「B」、「CCC」、「CC」、「C」に格付けされた債務は投機的要素が大きいとみなされる。この中で「BB」は投機的要素がもっとも小さく、「C」は投機的要素がもっとも大きいことを示す。これらの債務は、ある程度の質と債権者保護の要素を備えている場合もあるが、その効果は、不確実性の高さや事業環境悪化に対する脆弱さに打ち消されてしまう可能性がある
BB	ほかの「投機的」格付けに比べて当該債務が不履行になる蓋然性は低いが、債務者は高い不確実性や、事業環境、金融情勢、または経済状況の悪化に対する脆弱性を有しており、状況によっては当該金融債務を履行する能力が不十分となる可

		能性がある
B		債務者は現時点では当該金融債務を履行する能力を有しているが、当該債務が不履行になる蓋然性は「BB」に格付けされた債務よりも高い。事業環境、金融情勢、または経済状況が悪化した場合には、当該債務を履行する能力や意思が損なわれやすい
CCC		当該債務が不履行になる蓋然性は現時点で高く、債務の履行は、良好な事業環境、金融情勢、および経済状況に依存している。事業環境、金融情勢、または経済状況が悪化した場合に、債務者が当該債務を履行する能力を失う可能性が高い
CC		当該債務が不履行になる蓋然性は現時点で非常に高い。不履行はまだ発生していないものの、不履行となるまでの期間にかかわりなく、S&Pが不履行は事実上確実と予想する場合に「CC」の格付けが用いられる
C		当該債務は、不履行になる蓋然性が現時点で非常に高いうえに、より高い格付けの債務に比べて優先順位が低い、または最終的な回収見通しが低いと予想される
D		当該債務の支払が行われていないか、S&Pが想定した約束に違反があることを示す。ハイブリッド資本証券以外の債務については、その支払が期日どおり行われない場合、猶予期間の定めがなければ5営業日以内に、猶予期間の定めがあれば猶予期間内か30暦日以内のいずれか早い方に支払が行われるとS&Pが判断する場合を除いて、「D」が用いられる。また、倒産申請あるいはそれに類似した手続がとられ、たとえば自動的停止によって債務不履行が事実上確実である場合にも用いられる。経営難にともなう債務交換（ディストレスト・エクスチェンジ）が実施された場合も、当該債務の格付けは「D」に引き下げられる

（注）「AA」から「CCC」までの格付けには、プラス記号またはマイナス記号が付されることがあり、それぞれ、各格付カテゴリーの中での相対的な強さを表わすとされています。
（出所）S&Pグローバル・レーティング

図表1-6-35の格付けでは、BBB以上の格付けを「投資適格格付け」、BB以下を「投機的格付け」といいます。BB以下の「投機的格付け」の債券を、ハイ・イールド(*30)債（ハイ・イールド・ボンド）、ジャンク債（ジャンク・ボンド）ということがあります。ただし、債券の格付けが「投資適格格付け」であっても、債務不履行の可能性がゼロというわけではありませんし、「投機的格付け」であっても、投資すべきではないということではなく、あくまでも債券に投資をする際の一つの尺度に過ぎません。

(*30)　イールド（Yield）とは、利回りを指します。一般に期間が短い方が金利は低く、期間が長い方が金利は高い傾向があります。これは期間が長いほど、金利変動のリスクが高いことや、現金化までの期間が長い（償還期限がより未来の債券は、元本を回収するまでに、より多くの時間が掛かる）からとされます。横軸に期間、縦軸に金利としてグラフを作ると、図表1-6-36のように、右上がりの曲線で表わされます。

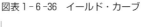

　これとは逆に短期の金利＞長期の金利（金利の長短逆転現象）の場合には、右下がりの曲線（逆イールド・カーブ、逆イールド）で表わされます（図表1-6-37参照）。現在は金利が高いものの、将来にわたって金利が低下していく場合に起こる現象です。

第 2 章

株　式

1節　株式とは

株式とは、有価証券の1つで、株式会社が発行し、事業などに必要な資金を調達するものです。債券と異なり、調達した資金を返済する必要はありません。株式の概要について、以下に説明します。

1項　概　要

株式とは、有価証券であり、資本金、配当に対する請求権を表象する資本証券の一種です。債券は、株式会社だけではなく国や地方公共団体なども発行できますが、株式(*1)を発行できるのは株式会社(*2)だけです。

株式会社が資金を調達するおもな方法には、株式を発行する、社債を発行する、銀行などの金融機関から資金を借入する、の3つがあります。このうち、社債と借入は利子を払い、最終的には元本を返済しなければなりません。これに対して、株式は元本を返済する必要はありませんが、業績に応じて、配当金を株式の保有者（株主）に支払う必要があります。ただし、業績が悪化し、利益がないなどの場合には、配当を支払わないこともあります。

株式を購入する投資家から見れば、株式を購入し、その株式会社に出資することにより、資金を運用し配当を得ることができます。ただし、株式には債券のように償還期限がないため、投資家が出資した資金を回収するには、株式市場で株式を売却するしかありません（図表2-1-1参照）。売却時の株価が購入時の株価よりも下がっていれば、元本割れします。

(*1)　株式に類似する証券に優先出資証券や預託証券（DR）がありますが、後述します。
(*2)　会社法では会社の種類を株式会社、合名会社、合資会社、合同会社の4つに分けていますが、国税庁の会社標本調査結果によれば、その9割以上を株式会社が占めています。株式会社には、2006年5月以降、会社法の施行にともない根拠法である有限会社法が廃止されたことにより、設立できなくなった有限会社（株式会社として存続）を含みます。

図表 2-1-1　株式による資金調達・運用

　株式は、発行株数、発行価格、申込期間、募集方法などといった募集事項（発行条件）を決定したうえで発行され、投資家に売却されます。発行後、通常は年1回（本決算後）、または年2回（中間決算後と本決算後）、配当金を投資家に支払います。ただし、業績の悪化により利益がないなどの場合には、配当金を支払わないこともあり、これを無配当、無配などといいます。

2項　募集事項と券面

　2003年1月に国債、2003年3月に短期社債(*3)、2006年1月に社債、地方債などに続いて、2009年1月に上場会社の株券も電子化（ペーパーレス化）されました。このため、現在では上場会社の紙媒体の株券を目にすることはありませんが、かつては紙に印刷された株券の券面上に、株券発行会社の名称（商号）、株券に係る株式の数（株券1枚当たりで何株に相当するか）、会社の設立年月日、株券の発行年月日、株主の名称(*4) などが記載されていま

(*3)　償還期限が1年未満であり、社債の金額が1億円を下回らない社債（電子CP：電子化されたコマーシャル・ペーパー）を指します。

図表 2-1-2　株券のイメージ

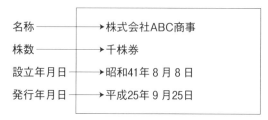

した。株式の募集事項は、株式発行の都度、決定されるため、券面上には記載されませんでした。これらは電子化されても基本的に変わっていません。

株券のイメージを図表 2-1-2 に示します。債券と同様に、株券には紙幣に準じた偽造防止の細かい模様も施されていました。

2節　株式の特徴

ここでは、投資家と発行体である株式会社から見た株式の特徴、メリットとリスクについて説明します。

1項　株式の特徴

株式には、おもに投資家から見て、図表 2-2-1 に示す特徴があります。

図表 2-2-1　株式の特徴

特徴	説明
収益性	業績に問題がなければ、年1～2回、配当金を受け取ることができる。株価が上昇すれば、売却することで利益を得ることができる

（＊4）　株主の名称または氏名は、株券の裏面に記載されていました。

収益性の点では、業績が好調であれば配当金が増えて（増配）、高い収益が期待できます。同時に株価が上昇するため、その時点で株式を売却すれば売却益も得ることができます。反対に、業績が悪化すれば配当金が減る（減配）、あるいは配当金がなくなる（無配）こともあります。この場合には株価が下落するため、その時点で株式を売却すると売却損が生じます。

　また、株式を発行した会社から見ると、株式は債券のように償還期限に資金を返済する必要がない(*5)ため、株式を発行することにより調達した資金をさまざまな目的に使うことができます。

2項　株式のメリットとリスク

　前述の株式の特徴は、そのままメリットとリスクということもできます。投資家から見たその内容は、図表2-2-2のとおりです。メリットには収益性があり、リスクには信用リスク、株価変動リスク、カントリー・リスクがあります。

図表2-2-2　株式のメリットとリスク

メリット	リスク
・収益性：通常、年1～2回、配当金を受け取ることができ（インカム・ゲイン）、業績好調などにより株価が上昇し、売却すれば利益が出る（キャピタル・ゲイン）など	・信用リスク：業績の悪化により配当金が支払われない、倒産などで株式が無価値になるなど ・株価変動リスク：業績の悪化などにより株価が下落し、売却すれば損失が生じる（キャピタル・ロス）など ・カントリー・リスク：外国の株式の場合、経済危機や紛争などで配当金が支払われない、売買できないなど

(*5)　調達した資金を株主に返済するのは、当該会社を解散するときのみです。

1　投資家のメリット

(1) 収益性

株式を購入すれば、業績に連動して、通常は年1～2回、配当金を受け取ることができます（インカム・ゲイン）。また、株価によっては、株式を売却することで利益（売却益）を得ることができます（キャピタル・ゲイン）。また、配当のように現金が支払われるわけではありませんが、自社の製品やサービスを無料で提供する、あるいは優待券や割引券などを配布するなどの株主優待を行っている会社も一部にあります。

2　投資家のリスク

(1) 信用リスク

株式を発行した会社が倒産などして上場廃止になり、株式が無価値になる場合があります。

(2) 株価変動リスク

会社の業績などにより株価が下落した場合に、株式を売却すると損失が生じることがあります（キャピタル・ロス）。株価は後述するように、当該会社の業績だけに左右されるわけではなく、さまざまな要因によって変動し、想定以上に値下がりすることもあるので注意が必要です。

(3) カントリー・リスク

外国企業の発行する株式の場合、経済危機や紛争などで配当の支払が行われない、あるいは遅延することがあり、株式を売買できないこともあります。また、倒産などにより、株式が無価値になることもあります。

3　発行体のメリットとリスク

発行体である株式会社から見た株式のメリットとリスクは、図表2-2-3のとおりです。

図表2-2-3　株式のメリットとリスク

メリット	リスク
株式の発行により、調達した資金を株主に返済する必要はない	通常はないものの、敵対的買収（敵対的TOB(*6)）を仕掛けられる可能性がある

　株式を発行している株式会社から見れば、株式の発行により、調達した資金を株主に返済する必要はないというメリットがあります（前述のとおり、調達した資金を株主に返済するのは、当該会社を解散するときのみです）。

　反面、株式を発行する株式会社のリスクは通常はないものの、敵対的買収（敵対的TOB）を仕掛けられる可能性はゼロではありません。

3節　株主の権利など

1項　株主の権利とは

　債券の場合、債券を購入することは、元利金を受け取る権利を得るだけであるのに対して、投資家は株式を購入（出資）することにより、株主となり、以下にあげる幅広い権利（自益権と共益権）を得ます。

2項　自益権

　自益権とは、各株主自身の利益のために認められた権利であり、株式を1株（正確には後述する1単元株、以下同じ）でも保有していれば権利を行使で

(*6)　TOBはTake-Over Bidの略であり、株式公開買付ともいいます。買付を行う目的、株数、価格、期間を公告して、不特定多数の株主から株式市場を通さずに買い付ける制度です。企業の買収のために実施されることが多い手法です。

図表2-3-1　自益権とその内容

権利		内容
自益権	剰余金配当請求権	会社の利益（剰余金）の分配を配当として受け取ることができる権利
	残余財産分配請求権	会社が解散する際に負債をすべて返済したうえで、財産が余る場合、残余財産の分配を受けることができる権利
	新株引受権	会社が発行する新株を優先して引き受けることができる権利
	株式買取請求権	会社に対して、保有する株式の買取を求めることができる権利

きるものです。こうした権利を単独株主権といいます。具体的な自益権には、図表2-3-1のようなものがあります。

3項　共益権

共益権とは、会社の経営方針などの重要事項を決定する株主総会に参加し、決議に参加できる権利（経営参加権）であり、株主が権利を行使した結果、株主自身の利益ではなく、株主全体の利益になるものをいいます。具体的には、株主総会での議決権をはじめ、図表2-3-2のようなものがありま

図表2-3-2　共益権とその内容

共益権	内容
株主総会議決権	株主総会の決議に票を入れることができる権利。一般に1株に対して、1つの議決権がある
株主提案権	株主総会で議案を提出することができる権利
総会招集請求権	臨時株主総会の招集を請求することができる権利
役員解任請求権	取締役や監査役の解任を請求することができる権利
会計帳簿閲覧権	会計帳簿の閲覧を請求することができる権利

す。これらのうち、株主総会議決権以外は、議決権を一定以上保有する株主でないと権利を行使できません。こうした権利を少数株主権といいます。

4項　少数株主権と議決権

議決権を一定以上保有していないと少数株主権を行使することはできません。議決権の保有割合と少数株主権の一般的と思われる関係を示すと、図表2-3-3のとおりです。なお、普通決議は、議決権を行使することができる株主の議決権の過半数を定足数とし、出席株主の議決権の過半数によって決議します。特別決議は、議決権を行使することができる株主の議決権の過半数を定足数とし、出席株主の議決権の3分の2以上によって決議します。

図表2-3-3　議決権の保有割合と少数株主権の関係

議決権の保有割合	少数株主権
3分の2以上	株主総会の特別決議(注1)を単独で成立させることができる権利
2分の1超	株主総会の普通決議(注2)を単独で成立させることができる権利
2分の1以上	株主総会の普通決議(注2)を単独で阻止することができる権利
3分の1超	株主総会の特別決議(注1)を単独で阻止することができる権利
10分の1以上	解散請求権（株式会社の解散を請求することができる権利）
100分の3以上	総会招集請求権、役員解任請求権、会計帳簿閲覧権（いずれも図表2-3-2参照）
100分の1以上	株主提案権（図表2-3-2参照）

(注1)　特別決議には、事業の全部譲渡、定款の変更、監査役の解任などがあります。
(注2)　普通決議には、役員報酬、剰余金の配当、取締役の選任・解任、監査役の選任などがあります。

5項 その他

　これは日本固有のものですべての株式会社が行っているわけではありませんが、株主優待制度を設けている会社もあります。この株主優待制度は会社が株主に対して、配当金とは別に、所有株式数に応じてサービスや商品（金券、優待券、自社製品）などを提供するものです。

6項 株主の義務

　権利に対して義務もありますが、投資家が株式を一定価格で購入（出資）し、株主となった場合に、その会社が倒産などしても、倒産した会社の債権者から債務を履行するように求められることなどはありません。最悪、株式が無価値になるだけで、株主がそれ以上の義務を負うことはありません。

4節　株式の分類

　会社法では、公開会社（証券取引所に株式を上場している株式会社）である株式会社は「株主を、その有する株式の内容及び数に応じて、平等に取り扱わなければならない」[*7]とし、株主平等の原則を定めていますが、例外として、一定の条件と範囲において、株式の権利内容や取扱が異なる複数の株式を発行することを認めています。具体的には、配当や残余資産を分配する際の優劣、議決権の有無、譲渡の制限の有無など、さまざまな特徴を持った株式[*8]があります。以下では、これらの株式（図表2-4-1参照）につ

(*7)　公開会社でない株式会社については上記の限りではなく、株主ごとに異なる取扱を行う旨を定款で定めることができるとされています。
(*8)　1つの会社が株式の権利や取扱が異なる複数の株式を発行している場合、それぞれの株式を種類株式といいます。

図表2-4-1　さまざまな株式

株式（注）	内容
優先株式*	配当を、ほかの株式よりも優先的に受けることができる株式
普通株式*	残余財産や剰余金の分配が優先的でも劣後的でもなく、普通に行われる株式
劣後株式*	残余財産や剰余金の分配が優先株式や普通株式よりも劣後されて行われる株式
混合株式*	ある部分では優先されるものの、別の部分では劣後される株式
議決権制限株式*	株主総会での議決権の全部または一部が制限されている株式
取得請求権付株式*	株主の請求により、ほかの種類の株式に転換することができる株式
取得条項付株式*	会社の都合により、ほかの種類の株式に転換することができる株式
譲渡制限株式*	会社の承認がなければ譲渡できない株式
全部取得条項付株式*	2つ以上の種類株式を発行する会社が、そのうちの1つの種類の株式のすべてを取得することができると定款に定められている株式
黄金株（拒否権付種類株式）*	買収についての拒否権を付与した株式
役員選任権付株式*	一定数の役員を選任することができる株式
複数議決権株式	1株につき1つを超える多数の議決権が付与されている株式
元本保証型株式	元本が保証されている株式
額面株式	株券に金額が記載されている株式
無額面株式	株券に金額が記載されていない株式
記名株式	株券に株主の氏名または名称が記載されている株式
無記名株式	株券に株主の氏名または名称が記載されていない株式

功労株	会社の設立、発展などに特に功労のあった者に対して、発行される株式
以降は株式そのものではないものの、株式に関連する、または類似する証券	
新株予約権証券	新株を発行する会社に対して、新株を取得することができる権利。この権利を表章するものが新株予約権証券
預託証券	外国の株式会社が自国で発行した株式を信託銀行などに預託して、その代わりに発行する証券（代替証券）
優先出資証券	協同組織の会員以外の不特定多数の投資家から幅広く資金調達するために発行する証券

（注）　＊のあるものは、会社法に規定があるものです。

いて、説明します。

1項　優先株式

　配当を、ほかの株式よりも優先的に受けることができるのが優先株式です。また、会社が解散する際に、負債をすべて返済したうえで財産が余る場合、株主は残余財産の分配を受けることができますが、この際にも優先的に分配を受けることができます。ただし、経営参加権について制限されている場合もあります。一口に優先株式といっても、いくつかの種類に分かれます（図表2-4-2参照）。

　優先株式は、あらかじめ優先配当率が設定されていますが、後述する普通株式の配当率よりも低めに設定されることが一般的です。このため、当該会社の業績が好調な場合には、普通株式よりも非参加型優先株式の配当の方が少ないということもありえます。

2項　普通株式

　残余財産や剰余金の分配が優先的でも劣後的でもなく、普通に行われるのが普通株式です。日本で発行されている株式は、そのほとんどが普通株式で

図表2-4-2　優先株式の詳細

優先株式	内容
累積的優先株式	ある期に優先配当が受け取れなかった場合に、その未払分を翌期以降に優先的に受け取ることができる優先株式
非累積的優先株式	ある期に優先配当が受け取れなかった場合に、その未払分を翌期以降にも受け取ることができない優先株式
参加型優先株式	優先配当を行い、それでもなお配当できる剰余金がある場合に、普通株式とともに、さらに配当を受け取ることができる優先株式
非参加型優先株式	優先配当を行い、それでもなお配当できる剰余金がある場合でも、さらに配当を受け取ることができない優先株式

あるため、株式といえば普通株式を指すことが一般的です。

3項　劣後株式

　残余財産や剰余金の分配が優先株式や普通株式よりも劣後されて行われるのが劣後株式です。劣後株式は後配株式ともいわれます。優先株式や普通株式に比べて不利な株式であるため、劣後株式の発行には、既存の株主の利益を損なわずに資金調達することができるという特徴があります。

4項　混合株式

　ある部分では優先されるものの、別の部分では劣後される株式を混合株式といいます。たとえば、剰余金の配当に関しては普通株式よりも優先されるものの、残余財産の分配に関しては普通株式よりも劣後される株式などがあります。

5項　議決権制限株式

　議決権制限株式は、図表2-4-3のとおり、無議決権株式と一部議決権制

図表2-4-3　議決権制限株式の詳細

議決権制限株式	内容
無議決権株式	株主総会での議決権のすべてが制限されている、つまり議決権がない株式。たとえば、優先的に配当を受け取ることのできる優先株式が、無議決権株式として発行されることがある。議決権による会社経営への参加ではなく、配当を志向する投資家向けの株式。 この無議決権株式を発行することで、議決権の比率を変動させることなく（買収防衛策の一環として発行されることもある）資金を調達することが可能。 なお、公開会社においては、無議決権株式が発行済株式総数の半数を超えた場合には、直ちに発行済株式総数の半数以下にするための必要な措置をとらなければならないとされる。 無議決権株式は、全部議決権制限株式、完全無議決権株式などともいう。
一部議決権制限株式	株主総会での議決権の一部が制限されている株式。どの議決権を制限するのかは、定款で定める。 公開会社においては、無議決権株式と同様に、発行済株式総数の半数を超えた場合には、直ちに半数以下にする措置をとらなければならない。

限株式に分かれます。

6項　取得請求権付株式

　株主の請求によって、ある種類の株式をほかの種類の株式に転換することができる株式です。具体的には、優先株式から普通株式に転換するなどが考えられます。かつては、転換予約権付株式、転換株式といわれていました。また、株主の請求や会社の都合によって現金と交換することができる償還株式(*9)は、現在の会社法では、株主の請求による場合には取得請求権付株

(*9)　会社が一時的な資金調達のために発行し、一定の期限に当該株式を買い戻して消却するなどが考えられます。

式の一種とされ、会社の都合による場合には取得条項付株式の一種とされています。

7項 | 取得条項付株式

　会社の都合によって、ある種類の株式をほかの種類の株式に転換することができる株式です。具体的には、優先株式から普通株式に転換するなどが考えられます。取得請求権付株式と取得条項付株式はほぼ同じですが、取得請求権付株式が株主の請求によって転換されるのに対して、取得条項付株式は会社側の都合によって転換される点が大きく異なります。かつては強制転換条項付株式といわれていました。前述の償還株式が会社の都合によって償還される場合は、この取得条項付株式とされます。

8項 | 譲渡制限株式

　一般に、株式は自由に譲渡できるのが原則ですが、譲渡制限株式は会社の承認（株主総会または、取締役会の決議）がなければ譲渡できない株式です。非公開会社（株式譲渡制限会社）では、その発行する株式すべてに定款で譲渡制限が定められているのが一般的です。公開会社では、その発行する株式の一部にのみ、定款で譲渡制限を定めることができます。

9項 | 全部取得条項付株式

　2つ以上の種類株式を発行する会社が、そのうちの1つの種類の株式のすべてを取得することができる(*10)と定款に定められている種類の株式です。ある種類の株式を別の種類の株式に転換することができるため、敵対的買収（敵対的TOB）への防衛策としても活用も想定されています。

（*10）　株主総会の特別決議（議決権の過半数を定足数として、出席株主の議決権の3分の2以上の同意）が必要ですが、株主全員の同意は必要ありません。

10項　黄金株

　買収についての拒否権を付与した株式を特定の信頼できる株主に与えます。仮に敵対的買収（敵対的TOB）を仕掛けられて、普通株式の50％超を買い占められた場合でも、黄金株を保有する株主が拒否権を行使すれば、株主総会において買収についての決議事項が認められず、買収は成立しません。黄金株は、その性質上1株あればよく、同時に信頼の置けない株主に譲渡されないように、前述の譲渡制限株式とされる場合もあります。ただ、この黄金株は特定の株主に拒否権を与えており、株主平等の原則に反するものとも考えられます。このため、黄金株を株主総会の決議で無効にできるなど一定の条件を満たす場合のみ、黄金株を発行している会社の上場が認められています。なお、現在の会社法では、黄金株は拒否権付種類株式といわれます。

11項　役員選任権付株式

　一定数の役員を選任することができる株式です。この株式を保有する株主だけが参加する株主総会において、一定数の役員を選任します。ここでいう役員には、取締役のほか監査役も含まれます。この株式の発行は、公開会社には認められていません。会社の創業者が経営の第一線から退くものの会社に対して一定の影響力を残したい場合や、ベンチャー・キャピタルがベンチャー企業に出資する際に用いられます。

12項　複数議決権株式

　定款に定めがない限り、株主は1株につき1つの議決権を持ちます（1株1議決権の原則(*11)）。ただし、非公開会社においては複数議決権株式を発行することができ、1株につき1つを超える多数の議決権を与えることができます。公開会社においてはこの複数議決権株式を発行することは認められ

ていませんでしたが、現在では認められています。多議決権株式ともいわれます。

13項 元本保証型株式

株価は変動するのが常であり、一時的にでも、購入した金額を下回る（元本割れする）ことは珍しくありませんが、この元本保証型株式は、文字どおり、元本が保証されている種類株式です。元本が保証されている[*12]ということは、前述の価格変動リスクがなく、配当も期待できることから、社債に非常に近いもので、普通株式と同様に議決権もあります。

14項 額面株式

株券に金額が記載されている株式です。以前は、記載されている金額（額面金額）には20円、50円、500円、50,000円の4種類がありました。たとえば、会社設立にともなって株式を発行した場合に額面が50円であれば、投資家は1株について50円を支払って株式を購入していました。しかし、商法改正にともなって、2001年10月1日以降、額面株式は廃止され、無額面株式に統一されています。額面株式が廃止された理由としては、株式を発行する際に額面金額で発行するのではなく、時価で発行（時価発行）することが主流になったことや、額面金額に関係なく会社の業績などによって株価が変動することなどがあげられます。

15項 無額面株式

株券に金額が記載されていない株式です。かつては前述の額面株式と併存

(＊11) 前述の無議決権株式、発行会社が保有する自己株式（株式を発行する株式会社が保有する自身の株式。金庫株ともいう）、単元未満株（通常の株式の売買で取引される最低売買単位未満）などの場合には、議決権を行使できません。前述の一部議決権制限株式の場合にも、制限されている議案については議決権を行使できません。

(＊12) 発行価格での買戻を発行会社に請求できます。

していましたが、現在は無額面株式に統一されています。

16項　記名株式と無記名株式

記名株式とは、株券に株主の氏名または名称が記載されている株式です。これに対して無記名株式とは、株券に株主の氏名または名称が記載されていない株式です。無記名株式は廃止され、現在は記名株式に統一されています。株式を交付すれば株式を移転できることから、会社法では、株主の氏名または名称は株券に必須の記載事項でないとされ、無記名株式とも解釈できます。しかし、実際には株式を移転した後、株主総会での議決権の行使や配当金の受取には株主名簿の書換が必要であることから、記名株式とされています。

17項　功労株

会社の設立、発展などに特に功労のあった者に対して発行される株式のことをいいます。

以下、株式そのものではありませんが、株式に関連する、または類似する証券について記述します。

18項　新株予約権証券

新株予約権は、新株を発行する会社に対して、新株を取得することができる権利です。上場会社が新株予約権無償割当（ライツ・オファリング）により、既存の株主に無償でこの権利を割り当てます。この権利を行使すれば、行使価格（市場価格よりも低いことが一般的です）で会社の発行する新株を取得する、あるいは会社が保有する自己株式（金庫株）を取得することができます。この権利を表章するものを新株予約権証券といい、社債や株式とは別に発行することができ、証券取引所に上場することも可能です。この証券を

発行する株式会社にとっては増資の手段の1つとされています。

19項 預託証券

　外国の株式会社が自国で発行した株式を信託銀行などに預託して、その代わりに発行する証券（代替証券）です。預託証券（DR：Depositary Receipt）を他国の証券取引所に上場することにより、外国の会社は自身の株式を上場することなく、他国で資金調達することができます。この証券が上場されている国の投資家にとっては、自国の会社の株式と同様に、証券取引所を通して自国通貨建で売買することができます。また、外国で発行されている当該株式会社の株式を購入するのと同等の権利（議決権の行使や配当金の受取など）を得ることもできます。この証券でもっとも代表的なものは米国預託証券（ADR：American Depositary Receipt）であり、これは米国の証券市場において、米国以外の会社の株式を上場する代わりに当該証券を上場するものです。ニューヨーク証券取引所（NYSE）やナスダック（NASDAQ）で取引されています。

　国によって、株式についての制度、規制、取引所への上場基準などが異なり、上場することが難しい場合などに、より容易な資金調達を行う際に使われる方法です。前述の米国預託証券（ADR）のほかに欧州預託証券（EDR）、グローバル預託証券（GDR）、香港預託証券（HDR）、日本預託証券（JDR）などがあります。

20項 優先出資証券

　協同組織金融機関[*13]は株式会社ではないため、株式を発行することはできませんが、自己資本を充実させる目的で、協同組織の会員（出資者）以

（*13）　具体的には農林中央金庫、信金中央金庫、信用金庫、信用組合などが該当します。
　　　　また、特別目的会社（SPC：Special Purpose Company）の一種である特定目的会社（SPC：Specific Purpose Company）も優先出資証券を発行することができます。

外の不特定多数の投資家から幅広く資金調達するために発行するのが優先出資証券(*14)です。協同組織の会員の保有する普通出資証券（普通株式に相当）と比べて、優先出資証券（優先株式に相当）には、普通出資者総会（株主総会に相当）においての議決権がない代わりに、配当を優先して受けることができ、残余財産の分配でも優先されます。

5節　株式市場

ここでは、株式を取り扱う市場について、説明します。

1項　株式市場とは

株式を売買する市場には、債券と同様に新株を取り扱う発行市場と、既存株を取り扱う流通市場の2つがあります（図表2-5-1参照）。発行市場をプライマリー・マーケット（Primary Market）、流通市場をセカンダリー・マーケット（Secondary Market）というのは債券市場と同様です。

図表2-5-1　株式市場

市場	内容
発行市場	株式会社が発行する新株を、当該会社から直接または証券会社などの仲介により、投資家が購入する市場
流通市場	すでに発行されている既存株を売買する市場

(*14)　日本銀行は出資証券を発行しています。JASDAQ（スタンダード）に上場されており、ほかの上場株式と同様に売買できます。株主総会に相当する出資者総会は存在せず、出資者に議決権の行使は認められていません。日本銀行法により、配当率と残余財産の分配には上限が定められています。日本銀行の資本金は1億円で、出資割合は日本政府が55％、民間が45％です。

2項 発行市場

1 発行市場とは

　発行市場は、株式を発行する株式会社、株式を購入する投資家のほかに、引受会社、受託会社から構成されています（図表2-5-2参照）。

　株式会社は株式の発行にあたって、引受会社を選び、発行条件（発行する株式の株数、株式の種類、発行価格など）を引受会社と取り決めます。引受会社は新株の販売を引き受けて、投資家に広く販売します。なお、発行価格（引受会社が投資家向けに株式を売却する価格）と発行価額（引受会社が株式を発行する会社に支払う価額）の差額が引受会社の収入です。

　受託会社が投資家から受領した資金（払込金）は株式会社が受領し、株式会社からの委託を受けて、新株の発行事務を代行し、株主名簿の管理（証券代行業務）なども行います。引受会社は通常、証券会社が務め、受託会社は通常、信託銀行などが務めます。すでに株式市場に株式を上場している会社が新株を発行（増資）して資金調達する場合と、株式市場に新たに株式を上場（新規公開、株式上場、株式公開）する場合とがあります。

図表2-5-2　発行市場の構成

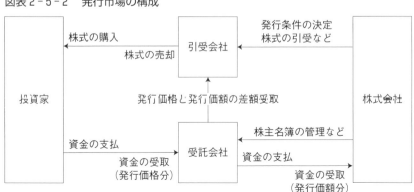

幅広く投資家に株式を売買してもらうためには、株式市場(＊15)に株式を上場しなければなりません。そのためには証券取引所の定める一定の基準（上場審査基準）(＊16)を満たし、証券取引所の承認を得て、株式を株式市場で新規に上場（公開）する必要があります。これを新規公開、株式上場、株式公開（IPO：Initial Public Offering）といい、上場される株式を新規公開株、新規上場株式などといいます。株式公開の意義については後述します。

　証券取引所の定める上場審査基準について、東京証券取引所の「市場第一部に直接上場する形式要件」「市場第二部形式要件」「マザーズ形式要件」（いずれも2019年1月現在）について、それぞれを抜粋して記述すると、図表2-5-3のとおりです。

2　株式公開の意義

　株式会社にとって、自社の株式を証券取引所に上場（新規公開、株式上場、株式公開）を行うことの最大の意義は、多額の資金を調達できることです。この調達した多額の資金はさらなる事業の拡大などに使うことができ、銀行などからの借入や社債によって調達した資金と異なり、返済する必要がありません。さらに、上場審査基準を満たして証券取引所から上場が認められたことによって、企業イメージや知名度が向上するだけではなく、新卒採用や中途採用などの人材確保の点でも競争力が増します。反面、多数の投資家や株主などに向けて、より広範な情報の開示が求められます。また、ガバナンスや内部管理体制の充実が求められ、管理部門の負担が増大します。さらに株式を公開したことにより、買収のリスクも生じます。

　また、株主にとっては、株式の上場によって、不特定多数の投資家が証券

(＊15)　一定の基準を満たし、取引資格の取得を申請して、証券取引所の承認を得た取引所会員証券会社（取引参加者）のみが証券取引所の運営する株式市場で株式を売買できます。
(＊16)　証券取引所によって異なりますし、株式を上場する各株式市場によっても異なります。

図表2-5-3　東京証券取引所の株式市場の上場審査基準（形式要件）・抜粋

項目	市場第一部（一部）	市場第二部（二部）	マザーズ
株主数（上場時見込み）	2,200人以上	800人以上	200人以上（上場時までに500単位以上の公募を行うこと）
流通株式（同上）	a．流通株式数が2万単位以上、かつ b．流通株式数（比率）が上場株券等の35％以上	a．流通株式数が4,000単位以上、かつ b．流通株式時価総額が10億円以上、かつ c．流通株式数（比率）が上場株券等の30％以上	a．流通株式数が2,000単位以上、かつ b．流通株式時価総額が5億円以上、かつ c．流通株式数（比率）が上場株券等の25％以上
時価総額（同上）	250億円以上	20億円以上	10億円以上
事業継続年数	新規上場申請日の直前事業年度の末日から起算して、3か年以前から取締役会を設置して、継続的に事業活動をしていること	同左	新規上場申請日から起算して、1年前以前から取締役会を設置して継続的に事業活動をしていること
純資産の額（上場時見込み）	連結純資産の額が10億円以上、かつ単体純資産の額が負でないこと	同左	なし
利益の額又は時価総額（利益の額については、連結経常利益金額に少数株主損益を加減）	最近2年間の利益の額の総額が5億円以上であること、または時価総額が500億円以上（最近1年間における売上高が100億円未満である場合を除く）	同左	なし
単元株式数及び株券の種類	単元株式数が、100株となる見込みのあること、かつ新規上場申請に係る株券等が、次のaからcのいずれかであること a．議決権付株式を1種類のみ発行している会社における当該議決権付株式 b．複数の種類の議決権付株式を発行している会社において、経済的利益を受ける権利の価	同左	同左

第2章　株　式　115

	額等が他のいずれかの種類の議決権付株式よりも高い種類の議決権付株式 c．無議決権株式		
株式の譲渡制限	新規上場申請に係る株式の譲渡につき制限を行っていないこと又は上場の時までに制限を行わないこととなる見込みのあること	同左	同左

会社を通して、取引所で株式を売買することで、より公正な株価が形成され、株式の流動性が高まります。

3項　流通市場

1　流通市場とは

流通市場では、既存株の売買が行われ、株式の流動性（現金化しやすさ）を高めています。この流通市場には、債券市場と同様に店頭市場と取引所市

図表2-5-4　流通市場の構成

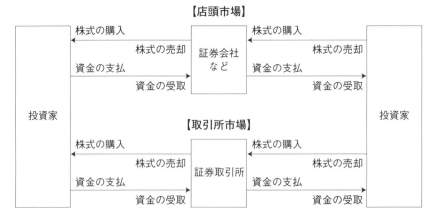

場があり、投資家、証券会社などの金融機関、証券取引所から構成されます（図表2-5-4参照）。

2　店頭市場と取引所市場

店頭市場で行われる取引は、店頭取引といわれます。店頭取引は、売り手と買い手が1対1で相対（あいたい）取引を行い、売買価格なども両者の合意で自由に決められます。買い手または売り手が投資家であり、もう一方は証券会社または投資家などです。取引所に上場されていない（非上場の）株式などが売買されます。

これに対して、取引所市場で行われる取引所取引は、証券取引所に上場されている株式について、買い手または売り手の注文が証券会社を経由し、証券取引所において、不特定多数の投資家と幅広く取引するものです。多数の投資家が参加し、株式を売買することで適正な株価が形成されるので、投資家にとっては重要な資産運用の場です。なお、債券と異なり、株式は取引所市場（特に東京証券取引所）で行われる取引が大半を占めます。

3　取引所内取引と取引所外取引

前述の取引所市場で行われる株式の売買取引には、図表2-5-5の3つが

図表2-5-5　売買取引の場所による分類

取引所	立会	内容
取引所内	立会内	売買注文が執行される証券取引所の執行時間（立会時間）(注)内に証券取引所で行われる売買取引
	立会外	上記の立会内取引の執行時間外に証券取引所で行われる売買取引
取引所外	—	証券取引所などの公開されている市場を使わず、取引所の外で行われる売買取引

（注）東京証券取引所の場合、前場（9時～11時30分）と後場（12時30分～15時）です。

図表2-5-6　各証券取引所とその運営する株式市場

証券取引所	株式市場	内容
札幌証券取引所	上場株式市場	大企業が対象（北海道との関連の有無は問わない）
	アンビシャス	北海道に関連する企業で、成長が見込まれる中小企業、安定した成長を続けている中小・中堅企業が対象
東京証券取引所	市場第一部	大企業が対象だが、市場第二部よりも上場審査基準が株主数、流通株式数、時価総額などの点で厳しい
	市場第二部	大企業が対象だが、市場第一部よりも上場審査基準が株主数、流通株式数、時価総額などの点で緩やか
	マザーズ	高い成長可能性を有していて、近い将来に市場第一部へ市場変更を目指す企業が対象。利益額や利益の有無は問われない
	JASDAQ（スタンダード）	一定の事業規模と実績を有し、事業の拡大が見込まれる企業が対象
	JASDAQ（グロース）	特色ある技術やビジネスモデルを有し、将来の成長可能性に富んだ企業が対象。利益額や利益の有無は問われない
	TOKYO PRO Market	プロ向け市場制度に基づいて設立された市場で、特定投資家（注）または非居住者のみが市場で直接売買することができる 形式基準（数値基準）はなく、上場適格性要件がある。具体的には、東京証券取引所（東証）の市場の評価を害さず、東証に上場するにふさわしい会社であること、事業を公正かつ忠実に遂行していること、コーポレート・ガバナンスおよび内部管理体制が、企業の規模や成熟度等に応じて整備され、適切に機能していること、など
名古屋証券取引所	市場第一部	大企業が対象だが、市場第二部よりも上場審査基準が株主数、流通株式数、時価総額などの点で厳

		しい
	市場第二部	大企業が対象だが、市場第一部よりも上場審査基準が株主数、流通株式数、時価総額などの点で緩やか
	セントレックス	上場時の時価総額（見込）が3億円以上で、成長事業を有する売上高がある企業が対象。利益額や利益の有無は問われず、中部地区だけではなく全国の企業が対象
福岡証券取引所	上場株式市場	大企業を対象（九州との関連の有無は問わない）
	Q-Board	上場時の時価総額（見込）が3億円以上で、成長可能事業の売上高が計上されている企業が対象。利益額や利益の有無は問われない

（注）法人の場合、国、日本銀行、適格機関投資家、上場企業、資本金5億円以上の株式会社、特定目的会社、外国法人などが該当します。個人の場合は、純資産3億円以上、投資性のある金融資産3億円以上、取引開始後1年以上経過といった条件を満たしている必要があります。

あります。

4項　証券取引所と株式市場

　株式を売買できる証券取引所は、2019年1月現在、札幌、東京、名古屋、福岡の4カ所にあり、それぞれの証券取引所が複数の株式市場を運営しています（図表2-5-6参照）。なお、大阪証券取引所の株式市場は2013年7月16日に東京証券取引所と統合されて大阪取引所と商号変更し、株式・国債の先物・オプションといったデリバティブ（金融派生商品）に特化しています。

6節　株式の購入と売却

　以下では、株式が購入されてから売却されるまでの流れを、新株と既存株に分けて説明します（図表2-6-1参照）。

図表2-6-1 株式の購入から売却まで

1項 単元株

　単元株とは、株式ごとに決められている最低の売買単位(*17)のことを指します。株式の売買は単元株の整数倍で行います。1単元の株数は、以前は最低1株から最高2,000株まで、定款によって株式(複数の種類株式を発行している場合は、種類株式ごとに)を発行する会社が決めることができました。議決権は通常、単元株ごとに与えられます。最低売買単位(1単元株の株数)を引き下げることにより、個人投資家が少額の資金で株式投資できるよう、2001年10月の商法改正で導入された制度(単元株制度)です。たとえば、1単元株＝1,000株として、株価＝100万円である会社が、1単元株を半分の500株に引き下げた場合、株価が同一であれば、投資家は50万円でその会社の株式を購入することができます。

　かつては最低売買単位が画一的に定められていました。額面(合計5万円)を1株の額面金額で割った商を1単位の株式数と定め(たとえば額面金額50円とすると、1単位の株式数は1,000株)、株式の売買や議決権の行使の最低単位としたものです。これを単位株制度といいます。前述の単元株制度の

(*17) 一般に、後述する株式分割などによって単元未満株が生じた場合、単元未満株をその株式を発行している会社に対して買取を請求することができます。また、ネット証券など証券会社によっては、単元未満株を売買できるところもあります。単元未満株の場合、議決権の行使はできませんが、配当金を受け取ることなどは可能です。

導入にともない廃止されました。

売買単位である単元株は、2007年11月から1株、10株、50株、100株、200株、500株、1,000株、2,000株の8種類に変更された後、2014年4月から100株、1,000株の2種類に変更され、さらに2018年10月から100株のみに変更されています。

2項 新　株

新株は、会社設立時や設立後の資金調達（増資）のために発行されます。発行時に決められた発行価格（時価発行）で投資家が購入し、現金化する場合には、市場価格で売却されます。一般的に債券のような償還はありません。通常は年1回～2回、利益（剰余金）の分配である配当金を受け取ることができます。この配当金は会社の業績に左右され、業績がよければ配当金が増加（増配）することがあり、業績の悪化によって配当金が減少（減配）する、または配当金がなくなる（無配）ことがあります。

3項 既存株

既存株は発行済の株式であり、市場で流通しているため、市場での価格（株価）で購入されます。以降は新株と同様です。配当金の受取があるのも新株と同様です。

利付債の場合、売却しても、その保有期間に相当する経過利子を受け取ることができますが、株式の場合は、売却するタイミングによっては、その保有期間に相当する配当金を受け取ることはできません。株式を権利確定日に保有[*18]していれば配当金を受け取る権利などを得られますが、権利付最

（*18）　権利付最終売買日までに株式を買えば、権利確定日に名義の書換が完了しているため、配当金を受け取る権利を得ることができます。株式の名義の書換に3営業日掛かるため、権利付最終売買日の翌営業日に株式を買っても権利確定日には名義の書換が完了していないため、配当金を受け取る権利を得ることができません。

終売買日の翌営業日（権利落ち日）以降に株式を買っても配当金を受け取る権利などを得ることはできません。権利付最終売買日、権利落ち日などの関係を具体的に示すと、図表2-6-2のとおりです。なお、ここでいう権利などとは、前述した株主の権利のことです。株主の権利には、配当金を受け取ること、株主総会へ参加などといったものがあります。

　権利付最終売買日（権利付最終日、権利取り日）の3営業日後が権利確定日です。権利確定日は決算期末に設定されることが多いようですが、会社によっては異なることもあります。

　権利付最終売買日（3/28）に株式を買えば、3営業日後の権利確定日（3/31）には名義の書換が完了しているので、株主の権利を得ることができます。これに対して、権利落ち日（3/29）に株式を買うと、3営業日後（4/1）である権利確定日の翌営業日に名義の書換が完了しますが、株主の権利が確定する権利確定日を過ぎてしまっているため、株主の権利を得ることはできません。

　一般に権利付最終売買日の直前の期間には株価は上昇する傾向があり、権利落ち日以降には株価は下落する傾向があります。これは、権利付最終売買日に株式を購入しておけば、権利確定日に株主であることにより、株主総会での議決権の行使や配当金の受取が可能であるだけでなく、前述の株主優待の特典を得られることもあるからです。ただ、株主優待の場合、権利付最終売買日に株式を保有していればよいというわけではなく、過去半年間は株式を保有していることなど別の条件を設定している会社もあるので、注意が必要です。

図表2-6-3　株式取引を行う際の日付

日付	内容
約定日	株式の売買の注文が成立する日
受渡日	株式の売買の資金決済を行う日。約定日から起算して4営業日目(注)が受渡日。たとえば月曜日が約定日だとすると、受渡日は木曜日(ただし、当該期間中に休祝日はないものとする)

(注)　T＋3と表現されることもあります。TはTrade Date（約定日）で、T＋3は約定日の翌営業日から3営業日目が受渡日（決済日）であることを意味します。なお、2019年7月16日（約定分）から、T＋2（約定日から起算して3営業日目が受渡日）に短縮化される予定です。

最後に株式取引を行う際の日付について、図表2-6-3で説明します。

4項　発行の種類

株式発行には、図表2-6-4のような種類があります。

図表2-6-4　株式発行の種類

種類	内容
会社設立	会社設立にともなって株式を発行する
増資	会社設立後に、資金調達のために株式を追加で発行する
株式分割	会社設立後に、自社の株式の流通量を増やし売買を活発にすることを目的として、株式を分割し、株式を発行する
転換社債型新株予約権付社債の転換	事前に決められた転換価格で株式と交換する権利が付いた社債の保有者が、社債を株式に転換することにより、株式が発行される
新株予約権の行使	株主に割り当てた新株予約権の行使により、株式が発行される
転換予約権付株式、または強制転換条項付株式の転換	転換予約権付株式または強制転換条項付株式の転換により、種類株式の1つを別の種類株式に転換することで、株式が発行される

第2章　株　式

1　会社設立

　かつては株式会社の設立には、資本金1,000万円以上で、かつ取締役3名、監査役1名の選任が必要とされていました。しかし、現在の会社法では資本金1円でも設立が可能で、取締役も1名、取締役会の設置も任意[*19]とされています。

　株式の発行は、まず株式会社の設立時に行われます。証券取引所の株式市場への上場は、その審査基準において、会社設立から最低でも1年は必要であることから（たとえば、事業継続年数が新規上場申請日から起算して、1年前以前から取締役会を設置して継続的に事業活動をしていること）、設立時から当面の間は非公開会社として事業を継続し、業容の拡大を目指します。

2　増　資

　増資とは、会社設立後に、資金調達のために株式を追加で発行（新株を発行）するものです。公開会社の場合、取締役会の決議[*20]により発行することができます。非公開会社の場合は、株主総会の特別決議が必要です。増資は、大きく有償増資と無償増資の2つに分かれます（図表2-6-5参照）。

図表2-6-5　増資の種類

種類	内容
有償増資	投資家や株主などから払込金などを受けて、株式を発行する
無償増資	投資家や株主などから払込金などを受けずに、会社のほかの資産を振り替えて、株式を発行する

(*19)　ただし、全株式に譲渡制限を付している場合に限ります。
(*20)　定款に定めている発行可能株式総数よりも多く株式を発行する場合には、定款の変更が必要であるため、株主総会の特別決議が必要です。

図表 2 - 6 - 6　有償増資の種類

種類	内容
公募増資	株式を新たに発行（新株を発行）する際に、幅広く不特定多数の投資家に対して新株の購入を募るもの。PO（Public Offering）ともいわれる
株主割当増資	前述の新株引受権を既存の株主に割り当てて、新株の購入を募るもの
第三者割当増資	既存の株主であるか否かに関係なく、第三者に新株引受権を割り当てて、新株の購入を求めるもの

(1) 有償増資

有償増資には、図表 2 - 6 - 6 の 3 つの種類があります。

① 公募増資

新株の発行時に、既存の株主など特定の投資家に対してではなく、幅広く不特定多数の投資家[21]に対してその購入を募るものです。設備投資や新規事業などを使途とする、まとまった金額の資金を調達すると同時に、流通株式量の増大や株主層の拡大をその目的とします。既存の株主の利益[22]を損なわないよう、新株の公募価格は、通常、時価よりも多少低く設定されます。

公募価格は、競争入札方式またはブック・ビルディング方式のいずれかによって決定されます。

競争入札方式では、一般投資家が希望価格を入札し、その結果に基づいて公募価格が決定されます。この方式は、投資家の意向が反映されるため、わ

---

[21]　50名未満の特定少数の投資家、または50名以上であっても適格機関投資家（「有価証券に対する投資に係る専門的知識及び経験を有する者として内閣府令で定める者」金融商品取引法第2条）の場合には、私募増資といいます。
[22]　新株の発行により、発行済株式総数が増加し、1株当たりの権利内容や価値（利益）が減少する株式の希薄化が生じます。既存の株主にとっては、保有株式の価値（たとえば1株当たりの配当金など）が減少することにより、不利益を被ります。希薄化は希釈化ともいいます。

かりやすい反面、公募価格が高騰しやすく、増資後に株価が下がりやすいとされています。

　ブック・ビルディング方式では、株価算定能力が高いとされる機関投資家などの意見をもとにして、公募増資を引受した証券会社が仮条件の価格帯（たとえば1,200円～1,500円など）を決定します。そして、その仮条件の価格帯を一般投資家に提示し、仮条件の価格帯での購入予定株数を募って一般投資家の需要を把握することによって、市場動向を踏まえた公募価格が決定されます。この方式では、競争入札方式のような公募価格の高騰が生じにくく、一般投資家の需要を反映した公募価格が決定できるものとされています。現在では、公募増資のほとんどがブック・ビルディング方式によって行われています[*23]。ブック・ビルディング方式は、需要積み上げ方式ともいわれます。

　また、公募増資には直接発行と間接発行があります。直接発行とは、新株の発行者、新株を発行する株式会社自身が新株の購入を募集するものです。自己募集ともいいます。間接発行とは、新株を発行する株式会社が証券会社などの第三者に委託して、新株の引受・募集を行うものです。委託募集ともいいます。

② **株主割当増資**

　既存の株主に、その保有株数に応じて新株引受権を割り当てて、新株の購入を募るものです。新株引受権を割り当てられた既存の株主に、新株を購入する義務はありません（所定の期間内に購入の申込みを行わない場合には、新株引受権は失効します）。資金調達が比較的容易であるのと同時に、増資後の株主構成や持株比率は大きく変化しないのが一般的です。既存の株主の利益を

[*23]　ブック・ビルディング方式による公募価格による増資は時価発行増資ともいわれます。かつて、新株の発行には時価発行、額面発行、中間発行の3つがありました。時価発行は株式を時価近傍で発行し、額面発行は株式の額面金額で発行し、中間発行は時価と額面の中間の価格で発行しました。しかし、前述のとおり額面株式が廃止されたため、現在は時価発行しかありません。

損なわないことから、通常、新株の発行価格は時価よりも低く設定されます。

③ **第三者割当増資**

既存の株主であるか否かに関係なく、特定の第三者に新株引受権を割り当てて新株の購入を求めるものです。ここでいう特定の第三者は、銀行などの取引金融機関、取引先、自社の役員などの、いわゆる縁故者であることが多いため、縁故募集ともいわれます。非上場会社では多額の資金調達のために使われることが多く、上場会社では経営再建のための資金調達や敵対的買収（敵対的TOB）への防衛策、資本提携や業務提携の一環として行われることが多いようです。

第三者割当増資は、公募増資と同様に新株の発行が行われるため、既存の株主にとっては、持株比率が下がり、株式の希薄化が起こり、不利益を被ります。このため会社法では、既存の株主の利益に配慮するよう定められています。たとえば、新株を時価よりも低い価格で発行（有利発行）する場合には、株主総会においてその理由を明示し、特別決議を得る必要があります。

(2) **無償増資**

有償増資が投資家や株主などからの払込金を受けて新株を発行するのに対して、無償増資は投資家や株主などからの払込金を受けずに会社のほかの資産を振り替えることによって新株を発行します。ほかの資産からの振替には、資本準備金や利益準備金を資本金に組み入れる場合と、その他資本剰余金やその他利益剰余金を資本金に組み入れる場合があります。具体的には、株式分割によって行われます。

3　株式分割

無償増資の際に行われる株式発行の方法です。発行済の株式を均等に分割して、資本金の金額を変えることなく発行済の株式総数を増加させるものです。株式の数を増加させるため、株式の流通量も増え、後述するように株価

図表2-6-7　株式分割のイメージ

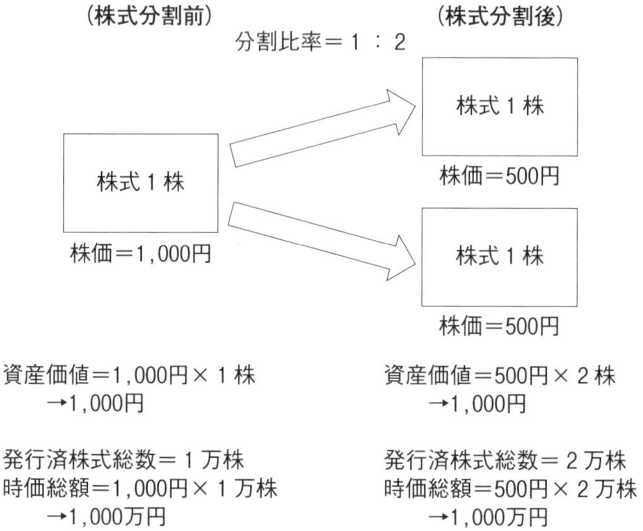

（株式分割前）　　　分割比率＝1：2　　（株式分割後）

株式1株　株価=1,000円　→　株式1株　株価=500円／株式1株　株価=500円

資産価値＝1,000円×1株　→1,000円

資産価値＝500円×2株　→1,000円

発行済株式総数＝1万株
時価総額＝1,000円×1万株
　→1,000万円

発行済株式総数＝2万株
時価総額＝500円×2万株
　→1,000万円

を投資しやすいものに引き下げる効果があります。さらに、1株当たりの配当金が据え置かれれば実質的に増配を行ったのと同じ効果があり、株主に利益を還元することができます。

　たとえば、1万株発行されている株式の1株の株価が1,000円のときに、分割比率1：2の株式分割を行ったとすると、発行済株式総数は2万株に増加し、株価は理論上500円に下がります。株主から見ると、1株の株価は500円に半減しますが株数は2倍に倍増するため、資産価値は変わりません。同様に、会社の株式の時価総額も変わりません（図表2-6-7参照）。

4　転換社債型新株予約権付社債の転換

　事前に決められた転換価格で株式と交換する権利が付いた転換社債型新株予約権付社債の保有者が、社債を株式に転換することにより株式が発行されます。なお、この社債の発行は株式そのものの発行ではありませんが、潜在的な株式の発行であるため、将来、株式の希薄化を招く可能性があります。

5　新株予約権の行使

新株予約権付社債、新株予約権証券、新株予約権証書[*24]、ストック・オプション[*25]などの行使により株式が発行されます。いずれも潜在的な株式の発行であるため、将来、株式の希薄化を招く可能性があります。

6　転換予約権付株式、または強制転換条項付株式の転換

転換予約権付株式または強制転換条項付株式の転換によって、種類株式の1つを別の種類株式に転換することで、転換後の別の種類株式が発行されます。

5項　その他の種類

1　株式売出

公募増資では新株の発行を行いますが、株式を発行している会社または当該会社の大株主などが、すでに発行されている株式を幅広く不特定多数の投資家に対して売り出すことを、株式売出[*26]といいます。株式売出ではすでに発行されている株式を売り出すため、発行済株式総数は増えることはなく、したがって、株式の希薄化も生じません。株式を購入した投資家が払い込む資金は、株式を発行している会社の保有している株式(自己株式、金庫株)について、株式売出を行った場合には株式を発行している会社の資本金などに組み入れられます。大株主が保有している株式について株式売出を

[*24]　新株引受権付社債（分離型ワラント債）の分離後の新株引受権（ワラント）部分です。
[*25]　株式会社の経営者や社員などが、一定期間内に一定の価格（行使価格）で自社の株式を購入できる権利をいいます。
[*26]　新株の発行をともなう増資の範疇ではありませんが、同列に言及されることも多いため、ここで記述します。

行った場合には、当該株式を保有していた大株主（売出人）が受け取ります。

なお、非公開会社の株式を株式市場に上場することを新規公開、株式上場、株式公開（IPO：Initial Public Offering）といいますが、この株式公開においても、大株主や株式を発行した会社が保有している自己株式を売り出すか、新株を発行するかして、新たに資金調達を行います。

2　株式併合

前述の株式分割とは反対に、複数の発行済の株式を一つにまとめることで、資本金の金額を変えることなく発行済の株式総数を減少させるものです。株式の発行総数を減少させることで、株式の管理コストを削減させることが期待できます。反面、今まで単元株以上を保有していた株主でも、その一部は単元未満株を保有しているだけにされてしまい、株主総会における議決権を失うと同時に、株式発行会社への買取請求による換金しか現金化の手段がないなど、株主の権利を侵害することにつながるため、株主総会においてその理由を明示して、特別決議を得る必要があります。

たとえば、2万株発行されている株式の1株の株価が1,000円のときに、併合比率2：1の株式併合を行ったとすると、発行済株式総数は1万株に減少し、株価は理論上2,000円に上がります。株主から見ると、1株の株価は2,000円に倍増しますが、株数は2分の1に半減するため、資産価値は変わりません。同様に、会社の株式の時価総額も変わりません（図表2-6-8参照）。

2018年10月以降、売買単位が、100株と1,000株の2種類から100株のみに統一されましたが、このとき、東京証券取引所の求める「望ましい投資単位の水準」（5万円〜50万円）という水準に移行または維持するために、会社によっては株式併合を行いました。たとえば、売買単位が1,000株で株価が300円だとすると、売買単位を100株に引き下げるだけでは最低投資金額が3万円に低下してしまい、前述の水準から逸脱します。このため、併合比率10：

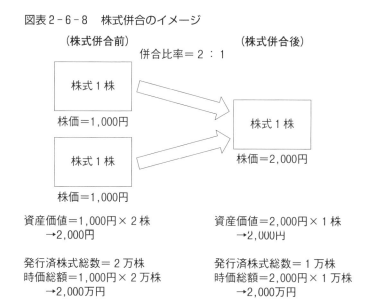

図表2-6-8 株式併合のイメージ

1の株式併合を行って株価を3,000円にする(売買単位は100株)ことで、最低投資金額を30万円として、前述の水準の範囲内としたケースもありました。

3 減　資

多額の損失が発生している、あるいは損失が累積している(赤字)状態を解消するために、資本金の額を減少させることをいいます。この説明だけではわかりづらいため、貸借対照表(B/S：Balance Sheet)と損益計算書(P/L：Profit and Loss Statement)を使って説明します。

図表2-6-9では、純損失50が発生しており、貸借対照表に純損失を組み入れると、純資産(資本)の大半を占めてしまいます。この後、利益が増加し、累積する損失を解消できればよいのですが、このまま損失が累積して、資産＜負債(損失＞純資産)の状態まで進むと、いわゆる債務超過の状況に陥ります。このため、場合によっては、損失50と純資産50を相殺することに

図表2-6-9　減資のイメージ

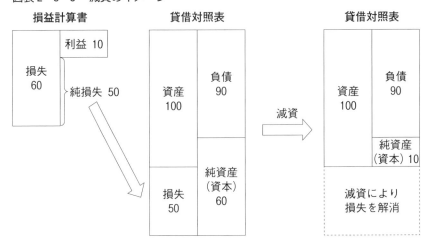

よって損失を解消することがあります。これを減資といいます。

　減資する場合には原則として、株主総会の特別決議が必要です。ただし、定時株主総会において資本の欠損を補填（減資により欠損を解消）する場合には、株主総会の普通決議のみが必要です。また、増資と同時に行われ、資本金の金額が実質的に減少しない場合には、取締役会の決議のみが必要です。

6項　募集事項

　公募増資や第三者割当増資で新株を発行する場合、または株式売出で自己株式(＊27)を株式売出する場合、公開会社では取締役会の決議（非公開会社では株主総会の特別決議）が必要で、募集株式の募集事項などを決定します。以下では、募集事項のおもな項目について説明します。

（＊27）　会社法では、新たに発行する株式と売出（処分）する自己株式をともに募集株式としていますが、ここでは新株（の発行）と自己株式（の売出）に分けています。

1　株式の種類と数

募集する新株または売出する自己株式の種類(普通株式、優先株式、劣後株式など)と株式の数です。なお、新株を発行する場合、定款に定めている発行可能株式総数よりも多く株式を発行する場合には、定款の変更が必要であるため、株主総会の特別決議が必要です。

2　払込金額の決定方法

新株、自己株式ともに需要の調査(前述のブック・ビルディング)を行うなど、市場実勢を尊重して適正な条件(発行価格または売出価格の決定方法や算定方法)で決定することとされます。通常、「日本証券業協会の定める有価証券の引受け等に関する規則」第25条に規定される方式が使われます。また、発行価格または売出価格を決定する期間(通常3営業日)を示します。

3　増加する資本金および準備金に関する事項

新株の発行によって、払い込まれた金額の全額を資本金に組み込む必要はありません。払込金額の2分の1までは、資本金に組み入れずに資本準備金に組み入れることができます。このため、資本金と資本準備金に組み入れる割合などを記載します。自己株式の場合、株式は発行済であり資本金などは増加しないため、当項目は必要ありません。

4　募集方法または売出方法

申込割当方式と総数引受方式の2つがあります。申込割当方式は、前述の募集事項を引受する者に通知し、通知を受けた者が、その株式に申込みを行うことで株式を割り当てる方法です。会社法で原則的な方法とされています。総数引受方式は、株式のすべてを買取、引受するという総数引受契約を証券会社と締結することによって、申込割当の手続を省略できる方法です。

申込割当方式が最短2日で発行、売出が可能あるのに対して、総数引受方式では最短1日で発行、売出が可能です。

5　申込期日または申込期間

新株の発行または自己株式の売出に申込みすることができる期日または期間です。

6　払込期日または払込期間

株式の対価である払込金額を払い込む期日または期間です。

7　申込株数単位

購入できる株の単位です。公開会社は100株単位です。

7項　各種書類

金融商品取引法により交付が義務づけられている契約締結前交付書面があります。具体的には、「上場有価証券等書面」「金銭・有価証券の預託」「記帳及び振替に関する契約のご説明」「新規公開株式の契約締結前交付書面」「上場有価証券等書面（国内上場新株予約権証券取引）」などがあります。

8項　手数料

株式の取引には、基本的に売買手数料が掛かります。売買手数料は売買金額に比例しますが、手数料体系や売買金額による手数料料率は証券会社によって異なります。特にネット専業の証券会社の手数料は、伝統的な証券会社よりも割安に設定されています。なお、公募増資（PO）、新規公開（IPO）などの場合には、手数料は掛かりません。

7節 株価の変動要因、指数など

　株式の売買は株価によって左右されます。ここでは株価に影響する変動要因、株式売買の判断基準の1つである各種指数などについて説明します。

1項　株価の変動要因

　株価の変動要因は金利、景気、為替などのマクロ的要因と、企業業績、需給関係などのミクロ的要因の2つに大別されます。

1　金　利

　株式を売買する際の株価は、金利（市中金利）の変動によって変化します。金融引締政策によって金利が上昇すると、市中で流通する資金量が減少します。この減少した資金の一部は株式市場から引き上げられることと、預金や債券の金利の上昇により株式の収益性が相対的に低下すると予想されることなどがあり、株価は下落する傾向があります。また、金融緩和政策によって金利が低下すると、市中で流通する資金量が増加します。この増加した資金の一部が株式市場に向かうことと、預金や債券の金利の低下により株式の収益性が相対的に高まると期待されることなどがあり、株価は上昇する傾向があります。

　逆に、好況が続き金利が上昇している状況では、好況による企業業績の向上が期待され、債券への投資よりも株式への投資が相対的に魅力的とされ、資金が債券から株式へシフトする結果、株価は上昇する傾向にあります。また、不況が続いて金利が低下している状況では、不況により企業業績の悪化が想定され、株式への投資よりも債券への投資が相対的に魅力的とされ、資金が株式から債券へシフトする結果、株価は下落する傾向にあります。

2　景　　気

　好況時には、経済活動が活発化して、個人の賃金など所得の上昇により消費を拡大させます。この結果、企業の利益が増加し、株価は上昇する傾向があります。
　逆に不況時には、経済活動が停滞または低下して、個人の賃金など所得の低下により消費を控えます。この結果、企業の利益が減少し、株価は下落する傾向があります。

3　為　　替

　輸出入はドル建で行われていることが多いため、一定以上、輸出入に依存している企業にとっては為替動向（円安ドル高、円高ドル安）が企業の利益を左右し、この結果、株価が上昇または下落する傾向があります。
　電機、自動車などの輸出中心の企業にとって、円安ドル高の場合、円で受け取る金額が増加し、利益も増加するため、株価は上昇する傾向があります。反面、円高ドル安の場合、円で受け取る金額が減少し、利益も減少するため、株価は下落する傾向があります。
　食品加工、石油・天然ガスなどの輸入中心の企業にとって、円安ドル高の場合、円で支払う金額が増加し、利益は減少するため、株価は下落する傾向があります。反面、円高ドル安の場合、円で支払う金額が減少し、利益は増加するため、株価は上昇する傾向があります。

4　投資動向

　株式のおもな投資家は、個人投資家、銀行（信託銀行含む）、生命保険会社、損害保険会社、投資信託、海外の投資家などさまざまであり、その動向は株式市場に大きな影響を与えます。景気後退期、不況時、信用危機などにおいては、各投資家はリスク回避の姿勢を鮮明にすることから（リスクオ

フ）、リスク資産である株式への投資は減退し、株価は下落基調に陥ります。

　反対に、景気回復期、好況時などにおいては、各投資家はリスク選好の姿勢を強めることから（リスクオン）、リスク資産である株式への投資が増加し、株価は上昇基調に入ります。

5　財政政策

　減税や積極的な財政政策がとられた場合には財政支出が増大することから、好況が予想されて、株価は上昇する傾向にあります。逆に、増税や緊縮財政政策がとられた場合には財政支出が減少することから、不況が予想されて、株価は下落する傾向にあります。

6　政　　局

　政局が安定している場合には、政策の着実な実行が予想されて、株価は上昇する傾向にあります。政局が不安定である場合には、政策の実行が不確実になることが予想されて、株価は下落する傾向にあります。

7　地政学リスク

　国家間の政治的、軍事的緊張が高まり、紛争リスクや先行きの不透明感が強まった場合には、株価の下落要因となります。逆に政治的、軍事的緊張が緩和されて、紛争リスクや先行きの不透明感が弱まった場合には、株価の上昇要因となります。

8　企業業績

　株価の形成要因の中で、もっとも重要なのが企業業績です。企業業績が上がると利益が増加し、その増加した利益の一部が配当に分配されるため、インカム・ゲイン増加への期待が高まって、株価は上昇する傾向があります。さらに、増加した利益の一部が設備投資などに投資されることで企業価値が

向上し、キャピタル・ゲイン増加への期待が高まって、株価は上昇する傾向が強まります。

企業業績が下がって利益が減少し、配当も減少（減配）またはなくなる（無配）場合、インカム・ゲインへの期待が低下し、株価は下落する傾向にあります。さらに、利益の一部を使った投資が抑制されることにより企業価値が低下し、キャピタル・ゲインへの期待も低下して、株価は下落する傾向が強まります。

9　需給関係

株価は需要（買い）と供給（売り）によって決まります。したがって、需要が供給を上回れば株価は上昇し、需要が供給を下回れば株価は下落します。この需要と供給はさまざまな要因によって決まりますが、それらをあげると以下のとおりです。

(1) 増　　資

増資とは、株式を追加で発行することであり、供給が増えるため株式の希薄化などが懸念されて、株価が下落する要因です。しかし、増資時にはブック・ビルディングによって投資家の需要動向を調査しているため、発行価格よりも大きく株価が下落する可能性は小さく、株価が上昇する可能性が大きいとされます。

(2) 株式公開

株式市場に上場されていない株式が売買対象とされ、新たに供給される株式公開では、増資と同様にブック・ビルディングによって投資家の需要動向を調査し、発行価格を決定していることなどから、株価が下落する可能性は小さく、むしろ上場審査基準を満たした公開株式を投資家は選好することが多いため、株価が上昇する可能性が大きいといえます。

(3) 株式分割

前述のとおり、株式分割とは、発行済の株式を均等に分割して、資本金の

金額を変えることなく発行済の株式総数を増加させるものです。株式の数を増加させるため、株式の流通量も増え、株価を投資しやすいものに引き下げる効果があります。このため、株価は上昇する傾向にあるとされています。

(4) 株式買い占め

買収などを目的としないヘッジ・ファンドなどによって特定会社の株式の買い占めが行われる場合、買い占めの方法にもよりますが、株価は上昇する傾向があります。また買い占められた株式が一定以上売却される場合には、株価は下落する傾向にあります。

(5) M&A

合併や買収といったM&A（Merger and Acquisition）の場合、買収される側の会社の株価(*28)は上昇する傾向にあります。反対に、買収する側の会社の株価は、M&Aの内容や規模、相乗効果にもよりますが、上昇する場合も下落する場合もあります。

(6) 信用取引

信用取引は、証券会社に保証金を差入した顧客に資金や株式を貸し付けて、株式を売買してもらう取引です。具体的には、株式を買う顧客には買付資金を貸し付けて、株式を購入してもらいます。また、株式を売りたい顧客には株式を貸付し、株式を売却してもらいます。いずれの場合も通常、顧客は6カ月以内に反対の取引（買いなら売り、売りなら買い）を行って、買付資金または株式を返済します。

このため、信用取引の買い残高が多い場合、将来、売られる株式も多いため、株価は下落する傾向にあります。また、信用取引の売り残高が多い場合、将来、買われる株式が多いため、株価は上昇する傾向にあります。

(*28) 買収される企業の価値を算定するために使用される会社総価値の多くを占める時価総額は、発行済株式総数に株価を乗じて求められるため、買収の重要な要素です。

(7) 裁定取引

　裁定取引は、現物取引と先物取引の差が一定以上、または一定以下になった場合に、自動的に割高な側を売って、割安な側を買う取引です。このとき、多数の銘柄が売買されるため、現物取引が買われる場合には株価は上昇する傾向にあり、現物取引が売られる場合には株価は下落する傾向にあります。

(8) その他

　株価の変動要因は、債券などに比べると、理論的に説明できない不確実な部分が存在します。連想ゲームのように、特定の事象、事件、予想などが個別の企業の株価を上下させることがあります。気象庁の長期予報などで今夏が猛暑の予想であることが報道されると、清涼飲料水メーカー、ビールメーカー、エアコンメーカーなどの株価が上昇し、逆に、冷夏の予想が報道されると、これらのメーカーの株価は下落するのが好例です。

　これまでに述べてきた株価の変動要因を列挙すると、図表2－7－1のとおりです。なお、個々の要因により株価が上昇または下落する傾向にあっても、それ以外の要因と複合して逆の方向に株価が向かうということもあり、あくまで傾向であるところが株式取引の難しさでもあります。

2項　株式指数

　株式指数とは、株式市場全体の動向を表わすために、一定数以上の銘柄の株価の平均値や総額を所定の計算方法で算出し、指数化して、それを継続的に公表しているものを指します。日本の株価指数には、日経平均株価（日経225）と東証株価指数（TOPIX）のほか、東証二部株価指数、JASDAQインデックス、東証マザーズ指数などがあり、海外のおもな株式指数には、アメリカのNYダウ平均株価、S&P500指数、NASDAQ総合指数、NYSE総合指数、中国の香港ハンセン指数、上海総合指数、イギリスのFTSE100指数、

図表2-7-1　株価の変動要因

要因	要因の状況	株価の傾向
金利	上昇	下落、または上昇傾向
	低下	上昇、または下落傾向
景気	好況	上昇傾向
	不況	下落傾向
為替	円高ドル安	輸出企業＝下落傾向 輸入企業＝上昇傾向
	円安ドル高	輸出企業＝上昇傾向 輸入企業＝下落傾向
投資動向	景気後退期、不況、信用危機	下落傾向
	景気回復期、好況	上昇傾向
財政政策	積極財政策	上昇傾向
	緊縮財政策	下落傾向
政局	安定	上昇傾向
	不安定	下落傾向
地政学リスク	政治的、軍事的緊張の増大	下落傾向
	政治的、軍事的緊張の緩和	上昇傾向
企業業績	利益の増加	上昇傾向
	利益の減少	下落傾向
需給関係・全般	増資	上昇傾向
	株式公開	上昇傾向
	株式分割	上昇傾向
	株式買い占め	上昇、または下落傾向
	M&A	上昇、または下落傾向
需給関係・信用取引	売り残高が多い	上昇傾向
	買い残高が多い	下落傾向
需給関係・裁定取引	現物取引の買い	上昇傾向
	現物取引の売り	下落傾向
需給関係・その他	事象、事件、予想など	上昇、または下落傾向

フランスのCAC40指数、ドイツのDAX30指数などがあります。ここでは、代表的な日経平均株価と東証株価指数の2つについて説明します。

1 日経平均株価（日経225）

日経平均株価[*29]は東証株価指数と並ぶ、日本を代表する株価指数の1つです。東京証券取引所第一部に上場されている全銘柄のうち、日本経済新聞社が主要な225銘柄を選んで、その平均値を指数化したものを、日経平均株価として公表しています。日経平均、日経225ともいわれます。225の銘柄は特定の業種に偏らないよう、さまざまな業種から、取引量が多く流動性の高い銘柄が選ばれています。そして、業種ウエイト付けの変更（重化学工業の採用銘柄を減らし、IT産業の採用銘柄を増やすなど）、225銘柄同士の合併、倒産、取引量の減少と流動性の低下などによって、銘柄は、定期的に、または臨時に補充・入替えされます。

日経平均株価は、基本的には225銘柄の株価を単純平均したものです。計算式は図表2-7-2のとおりです。

現在、額面株式は廃止されていますが、たとえば、かつて存在した50円額面と5万円額面の株式では、現在でも株価のレンジが通常、異なります。仮に、50円額面の株価が100円程度、5万円額面の株価が6万円程度であるとすると、株価の水準が大きく異なっており、これらを単純合計して日経平均株価を算出するのは、指数として妥当ではありません。そこで、みなし額面

図表2-7-2　日経平均株価の計算式

$$換算後の株価 = 株価 \times \frac{50円}{みなし額面}$$

$$日経平均株価 = \frac{各銘柄の換算後の株価の合計}{除数}$$

（*29）日経平均株価は日本経済新聞社の登録商標であり、同社が知的財産権を保有しています。

という考え方を使い、水準の異なる株価を50円額面の株価に統一的に換算することで株価の水準を揃えて、その後に日経平均株価を算出します。

たとえば、みなし額面 5 万円の株式の株価が 6 万円だとすると、それをそのまま日経平均株価の算出に使用するのではなく、換算後の株価＝ 6 万円×（50円÷ 5 万円）を解き、換算後の株価、60円を求めます。この手順を各銘柄について行い、求められた換算後の株価を合計し、除数(＊30)で割って、日経平均株価を求めます。

なお、日経平均株価は、前述のとおり、主要銘柄の平均値であるため、株価の高い株式（値嵩株：ねがさかぶ）の値動きに影響されやすいのが特徴です。

2　東証株価指数（TOPIX）

東証株価指数（TOPIX：Tokyo Stock Price Index）は日経平均株価と並ぶ、日本を代表する株価指数の 1 つです。東京証券取引所第一部に上場されている内国普通株式全銘柄の時価総額を指数化したものを、東京証券取引所が東証株価指数として公表しています。

インデックス運用では、株価指数に連動して株式の売買が自動的に行われますが、売買する株数は時価総額の大小に比例して算出されます。この株数の算出においては浮動株(＊31)の多寡を考慮していないため、浮動株の割合が小さい株式の場合、インデックス運用の売買によって株価が乱高下することがあるという問題がありました。

このため、時価総額によってではなく浮動株の多寡によって取引を行う株数を算出し、売買すれば、上記のような株式の乱高下という問題を修正でき

(＊30)　当初は単純に銘柄数でしたが、指数としての継続性、連続性を保証するために、株式分割や株式併合などの変動要素を吸収する数値に補正されています。
(＊31)　浮動株とは、会社間の株式持合いや持株会、役員などの安定株主などに長期的に保有されているわけではなく、株式市場で流通し、売買される可能性が高い株式を指します。

るものとされて、それまでの時価総額加重平均型株価指数から浮動株基準株価指数に変更されています。

なお、東証株価指数は、前述のとおり全銘柄の時価総額であるため、時価総額の大きい株式（大型株）の値動きに影響されやすいのが特徴です。

3項　株式指標

株式指標は投資対象とする株式を、ほかの株式と比較し、評価するために使用する一種の基準です。たとえば、個々の株式について株式指標を使って比較、評価することにより、ある株式の株価は割安または割高であると評価し、当該株式を買うまたは売るという判断をすることができます。おもな株式指標には株価収益率（PER）、株価純資産倍率（PBR）、自己資本利益率（ROE）、総資産利益率（ROA）、配当利回りなどがあります。これらについて、以下に説明します。

1　株価収益率（PER）

株価収益率（PER：Price Earnings Ratio）とは、株価と当期純利益の比率を求めて、割高か割安によって投資するか否かを判断するための指標です。計算式は図表2-7-3のとおりです。

株価収益率は、株価を1株当たり利益（EPS：Earnings Per Share）で割ったものです。これは、株価が1株当たり当期純利益[*32]の何倍かを示すも

図表2-7-3　株価収益率の計算式

$$株価収益率 = \frac{株価}{1株当たり利益}$$

株価収益率	内容
大きい	割高→相対的に投資に不向き
小さい	割安→相対的に投資向き

のです。現実にはありえない例ですが、株価1,000円で購入した株式について、1株当たりの当期純利益が100円で、純利益の全額が配当金に分配される状況が10年続けば、株式を売らなくても、株式を購入した代金の元がとれるともいえます。株価収益率が大きい（株価が大きい、または1株当たり純利益が小さい）と割高とされ、株価収益率が小さい（株価が小さい、または1株当たり純利益が大きい）と割安とされます。株価収益率の標準的な数値は15前後とされるため、15超の株式は割高、15未満の株式は割安と判断されて、割安であれば割安であるほど投資対象と考えられます。なお、株価収益率は、時価総額[*33]÷当期純利益、と定義されることもあります。

2　株価純資産倍率（PBR）

株価純資産倍率（PBR：Price Book-value Ratio）とは、株価と純資産の比率を求めて、割高か割安によって投資するか否かを判断するための指標です。計算式は図表2-7-4のとおりです。

株価純資産倍率は、株価を1株当たり純資産（BPS：Book value Per Share）で割ったものです。これは、株価が1株当たり純資産[*34]の何倍か

図表2-7-4　株価純資産倍率の計算式

$$株価純資産倍率 = \frac{株価}{1株当たり純資産}$$

株価純資産倍率	内容
1倍超	割高→相対的に投資に不向き
1倍未満	割安→相対的に投資向き

(*32)　当期純利益を発行済株式総数で割ったものです。
(*33)　株価×発行済株式総数です。自己株式を除かない場合と除く場合がありますが、後者が主流になりつつあります。
(*34)　純資産を発行済株式総数で割ったものです。

を示すものです。通常、株価純資産倍率が1倍のとき、1株当たりの純資産（*35）と株価が等しい状態です。株価純資産倍率が1倍未満のときは割安、1倍超のときは割高とされています。

株価純資産倍率がちょうど1倍の場合、会社が解散する際に資産で負債を相殺して、残った純資産を1株ごとに分けた金額と株価が一致しているので、株価が1株当たりの解散価値と等しい状態です。株価純資産倍率が1倍超の場合、株価が1株当たりの解散価値を上回っているので割高、1株未満の場合、株価が1株当たりの解散価値を下回っているので割安と判断されます。従来は、1倍未満の株式は割安と判断されて、割安であれば割安であるほど投資対象と考えられていましたが、最近では、1倍未満でも単純に割安と判断されることは多くはないようです。

3　自己資本利益率（ROE）

自己資本利益率（ROE：Return On Equity）とは、当期純利益と自己資

図表2-7-5　自己資本利益率の計算式

$$自己資本利益率(\%) = \frac{当期純利益}{自己資本} \times 100$$

または

$$自己資本利益率(\%) = \frac{1株当たり利益（EPS）}{1株当たり純資産（BPS）} \times 100$$

自己資本利益率	内容
小さい	低い利益→相対的に投資に不向き
大きい	高い利益→相対的に投資向き

（*35）　貸借対照表上の資産（他人資本）から負債を引いた部分、つまり負債をすべて返済した後に残っている資産（純資産）のことです。その会社の解散価値ということもできます。

本（＊36）の比率を求めて株主が株式に投資した結果、どれくらいの利益を得られるかを示す指標です。計算式は図表2-7-5のとおりです。

自己資本利益率は、株主が出資した自己資本を使って、会社がその事業からどれだけの利益をあげたかを示すものです。当期純利益の数値が大きい場合は高い利益をあげていて、当期純利益の数値が小さい場合は低い利益しかあげられていません。当期純利益は株主への配当金の原資でもあることから、会社の配当能力を示す指標ともいえます。

4　総資産利益率（ROA）

総資産利益率（ROA：Return On Asset）とは、利益と総資産の比率を求めて、会社の総資産（＊37）が利益を得るためにどれだけ効率的に使われているかを示す指標です。計算式は図表2-7-6のとおりです。

総資産利益率は、総資産（または負債と純資産の合計）を使って、会社がその事業からどれだけの利益をあげたかを示すものです。当期純利益の数値が

図表2-7-6　総資産利益率の計算式

$$総資産利益率(\%) = \frac{当期純利益}{総資産} \times 100$$

総資産利益率	内容
小さい	低い利益→相対的に投資に不向き
大きい	高い利益→相対的に投資向き

（＊36）　自己資本とは、純資産から、新株予約権と非支配株主持分を除いた部分を指します。非支配株主持分とは、連結会計において、連結子会社の純資産で親会社が所有していない部分を指します。親会社が所有していない子会社の純資産は、親会社の株主のものではなく子会社の株主のものであるため、親会社の純資産には含みません。
（＊37）　総資産とは、貸借対照表の資産、または負債と純資産の合計です。

大きい場合は高い利益をあげていて、当期純利益の数値が小さい場合は低い利益しかあげられていません。当期純利益は株主への配当金の原資でもあることから、会社の配当能力を示す指標ともいえます。

前述の自己資本利益率が、自己資本を使ってどれだけの利益をあげられたかを示すのに対して、総資産利益率は、総資産を使ってどれだけの利益をあげられたかを示します。総資産利益率と自己資本利益率では、分子が同じ当期純利益であるのに対して分母が総資産と自己資本であり、総資産＞自己資本であるため、同一の会社の同一の期であれば、総資産利益率（分母が大きい）＜自己資本利益率（分母が小さい）です。分子には当期純利益ではなく、営業利益、経常利益などが使われることもあり、それぞれ総資産営業利益率、総資産経常利益率といわれます。また、総資産は総資本ともいわれますが、同じことを表わしています。

5　配当利回り

配当利回りとは、配当と株価の比率を求めて、株価に対してどれくらいの配当が支払われるかを示す指標です。計算式は図表2-7-7のとおりです。

配当利回りは、投資した株式からどれだけの配当（インカム・ゲイン）を得られたかを示すもので、預金でいえば預金利率に相当するものです。なお、配当金には年間配当金を使います。株価が同じで配当金が増えれば（増

図表2-7-7　配当利回りの計算式

$$配当利回り(\%) = \frac{1株当たり配当金}{株価} \times 100$$

配当利回り	内容
小さい	低い配当金→相対的に投資に不向き
大きい	高い配当金→相対的に投資向き

配）配当利回りは上昇し、株価が同じで配当金が減れば（減配）配当利回りは低下します。配当金が同じで株価が上昇すれば配当利回りは低下し、配当金が同じで株価が下落すれば配当利回りは上昇します。

4項　株価の決定方法

株価の決定方法には、板寄せ方式とザラ場方式の2つがあります。まず、株式市場の取引時間帯などの呼称などについて述べ、次にこれら2つの決定方法について記述します。

1　株式市場の取引時間帯、注文方法など

株式市場の取引時間帯や注文方法などは、独特の用語で呼ばれるため、まず、それらについて、以下に記述します（図表2-7-8参照）。

株式市場では、9時から11時30分、12時30分から15時まで取引が行われますが、午前中の取引時間帯を前場（ぜんば）、午後の取引時間帯を後場（ごば）といいます。午前の取引時間に初めて成立した取引を寄付（よりつき）、午前の取引時間に最後に成立した取引を前引け（まえびけ）、午後の取引時間に初めて成立した取引を後場寄り（ごばより）、午後の取引時間に最後に成立した取引を後場引け（ごばびけ）または大引け（おおびけ）といいます。取引時間が始まって最初に付いた株価を始値（はじめね）または寄付（より

図表2-7-8　株式市場の取引時間帯など

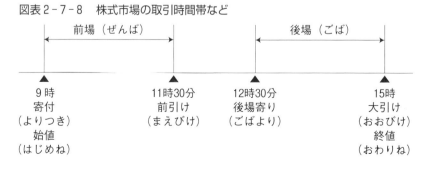

図表2-7-9　成行と指値

注文方法	内容
指値	・ある会社の株式を何株、いくらで買う／売るというように、注文を証券会社などに発注する方法。たとえばA社の株を100株、1,100円で買いたいと注文を出す ・成行注文に比べて、投資家自身が望む有利な株価で取引が成立（約定）する可能性がある一方で、指値で指定した株価の高低によっては、取引が成立（約定）しない可能性もある
成行	・ある会社の株式を何株、買う／売るというように、注文を証券会社などに発注する方法。買いたい／売りたい株価は指定しない。たとえばA社の株を100株、成行で売りたいと注文を出す ・指値注文に比べて、一般的に取引は成立（約定）する可能性が高い反面、投資家自身が望まない不利な株価で取引が成立（約定）する可能性もある

つき）、取引時間の最後に付いた株価を終値（おわりね）といいます。取引時間は立会時間ともいいます。

　株式のおもな注文方法には、指値（さしね）注文と成行（なりゆき）注文の2つの方法があります。図表2-7-9にそれらの内容について記述します。

2　株価の決定方法

　前述のとおり、株価の決定方法には、板寄せ方式とザラ場方式の2つがあります。以下にその内容を記述します。

(1)　板寄せ方式

　板寄せ方式とは、1日の初めや午後一番に取引が開始される場合、または午前の終わりや1日の終わりに取引が終了する場合に適用される株価決定方式です。取引開始（再開）または終了前までに、さまざまな売買注文が発注されていることを前提に株価を決定するものです。板寄せ方式では、4つの方式によって始値を決定します。以下にそれらの方式の内容と具体例を記述します。

① 4つの方式

始値を決定する4つの方式について、以下に説明します。

(ⅰ) 売り側の株数を指値された株価の安い方から成行分も含めて合計し、同時に買い側の株数を指値された株価の高い方から成行分も含めて合計します。両者の合計株数が交錯する株価を求めて始値を仮定します（方式(ⅰ)）。

(ⅱ) 成行注文を優先して、すべて約定させます（方式(ⅱ)）。

(ⅲ) 始値と仮定した株価よりも高い株価の買い注文と、始値と仮定した株価よりも安い売り注文[*38]をすべて約定させます（方式(ⅲ)）。

(ⅳ) 同じ株価の注文で売り買いの株数が両方残らないように約定させて、売り注文と買い注文のいずれか一方は、すべて約定されている売買状況にします（方式(ⅳ)）。

② 具体例

板寄せ方式について具体例をあげ、以下に説明します。取引開始前の売買注文の状況は、図表2-7-10のとおりとします。

図表2-7-10　取引開始前の売買注文状況

売り株数合計	売り株数	株価	買い株数	買い株数合計
▲ 2,100	0	成行	600	600
2,100	600	1,103円	100	700
1,500	200	1,102円	300	1,000
1,300	300	1,101円	500	1,500
1,000	200	1,100円	100	1,600
800	500	1,099円	700	2,300
300	300	成行	0	2,300 ▼

[*38] 注文には、板寄せ方式の具体例で述べる指値と成行の2つがありますが、いずれも注文に含みます。

まず、売り側の株数を指値された株価の安い方から成行分も含めて合計し、同時に買い側の株数を指値された株価の高い方から成行分も含めて合計し、両者の合計株数が交錯する株価を求めます。図表2-7-10の例では1,101円または1,102円のいずれかです。ここでは1,101円を始値と仮定します。以下に、3つの方式により、始値を決める過程を説明します。

　次に、成行注文を優先して、すべて約定させます（方式(ii)）。成行の場合、売買する株価は指定されていないため、成行買いと成行売りはすぐに取引が成立します。売り株数＝300株、買い株数＝600株であるので300株は取引が成立し、残りは買い株数＝300株、売り株数＝0株です（図表2-7-11①）。

　さらに、始値と仮定した1,101円よりも高い株価の買い注文（成行買い注文も含む）と、始値と仮定した1,101円よりも安い売り注文（成行売り注文も含む）をすべて約定させます（方式(iii)）。次に、成行買い注文＝300株と1,099円の指値売り注文＝300株を約定させ（図表2-7-12②）、1,103円の指値買い注文＝100株と1,099円の指値売り注文＝100株（図表2-7-12③）、1,102円の指値買い注文＝100株と1,099円の指値売り注文＝100株（図表2-7-12④）、1,102円の指値買い注文＝200株と1,100円の指値売り注文＝200株（図表2-7-12⑤）をそれぞれ約定させます。最後に始値の1,101円の売買注文であ

図表2-7-11　売買注文状況（その1）

売り株数	株価	買い株数
0	成行	600→300①
600	1,103円	100
200	1,102円	300
300	1,101円	500
200	1,100円	100
500	1,099円	700
300→0①	成行	0

図表2-7-12　売買注文状況(その2)

売り株数	株価	買い株数
0	成行	300→0 ②
600	1,103円	100→0 ③
200	1,102円	300→200④→0 ⑤
300→0 ⑥	1,101円	500→200⑥
200→0 ⑤	1,100円	100
500→200②→100③→0 ④	1,099円	700
0	成行	0

図表2-7-13　売買注文状況(その3)

売り株数	株価	買い株数
0	成行	0
600	1,103円	0
200	1,102円	0
0	1,101円	200
0	1,100円	100
0	1,099円	700
0	成行	0

る、1,101円の指値買い注文＝300株と1,101円の指値売り注文＝300株を約定させます(図表2-7-12⑥)。

　これらの結果、売買注文状況は図表2-7-13のとおりで、同じ株価の注文で売り買いの株数が両方残っているものはありません。つまり、売り注文と買い注文のいずれか一方は、すべて約定されている状況です(方式(iv))。これにより、始値は1,101円と決定されます。

(2)　ザラ場方式

　ザラ場方式のザラ場とは、取引の開始から終了までの取引時間(立会時

間）のことをいい、ザラ場方式とは、板寄せ方式が適用されない取引時間中に株価を決定する方式です。ザラ場方式の原則には2つあり、それらに従って株価が決定されます。以下にそれらの原則の内容と具体例を記述します。

① 2つの原則

価格優先の原則、時間優先の原則の2つの原則について、以下に記述します。

(i) 価格優先の原則

売り注文の場合には高い株価で買われるほど利益が大きくなるため、買い注文は、もっとも株価が高い買い注文が優先されます。反対に、買い注文の場合には安い株価で買えるほど利益が大きいと想定されるため、もっとも株価が安い売り注文が優先されます。なお、成行注文は株価を指定していないため、指値注文よりも優先されます。

(ii) 時間優先の原則

同じ株価での注文であれば、早く注文が行われた方が優先されます。ただし、寄付で取引が開始される場合、または後場寄りか、売買中断後に取引が再開される場合には、すべての注文が同時に行われたもの（同時注文、同時呼値（どうじよびね））とされます。この場合には、前述の板寄せ方式が適用されます。

② 具体例

ザラ場方式について具体例をあげ、以下に説明します。取引開始前の売買注文の状況は図表2-7-13と同じとします。

ここで、成行の買い注文＝200株と、1,102円の指値買い注文＝200株が同時に出たとします。この場合、成行注文では株価を指定していないため、指値注文よりも優先して約定されます。これは売り注文でも同じで、成行の売り注文＝200株と、1,101円の指値買い注文＝200株が同時に出たとすると、成行注文が優先して約定されます。また、成行注文がない状態で1,102円の指値買い注文＝200株のみが出た場合には、1,102円の指値売り注文＝200株と約定されます。

第 3 章

投資信託

1節　投資信託とは

　投資信託とは、投資家から集めた資金を、運用の専門家である投資信託運用会社が証券市場や金融市場で運用し、運用の成果を投資家の投資額に応じて分配する商品です。

1項　概　要

　投資信託（またはファンド）は、多数の投資家が投資信託を購入し、その結果、集まった資金をまとめ、資金運用を専門とする投資信託会社のファンド・マネージャーが債券や株式などの証券市場や金融市場で運用する商品です。そして、それらの運用の成果を投資家の投資額に応じて分配します。投資信託で収益を得られることもありますが、運用の結果によっては損失を被ることもあり、元本割れの可能性もあります。

　投資信託の販売会社（証券会社や銀行など）は、自身の顧客（投資家）に投資信託を販売し、資金を受領します。受領した資金は、購入された投資信託ごとに一つにまとめられ、投資信託運用会社が受領します。運用会社は投資信託ごとに決められている運用方針に従って、国内外の債券、株式などや、CD(*1)、CP(*2)、コール・ローン(*3)といった短期の金融商品に投資し、運用します。運用により生じた収益（または損失）は、各投資家の投資額に応じて分配されます（図表3-1-1参照）。

(*1)　譲渡性預金（NCD：Negotiable Certificate of Deposit、またはCD：Certificate of Deposit）ともいい、第三者に譲渡可能な預金です。
(*2)　コマーシャル・ペーパー（CP：Commercial Paper）ともいい、短期の資金調達のために企業により振り出される約束手形です。
(*3)　金融機関同士が短期の資金を融通し合う短期金融市場で、資金を他の金融機関に貸し付けるものです。

図表3-1-1　投資信託による運用

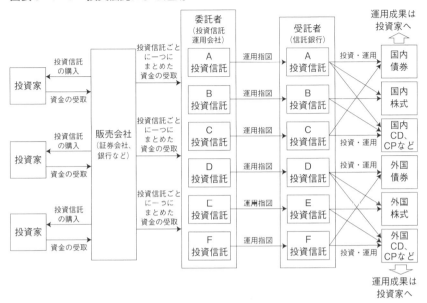

2項　受益証券と券面など

　かつては、投資家が投資信託を購入すると、受益証券が手交されていました。この受益証券は、投資信託運用会社が発行する、信託財産の運用の成果を享受する権利（信託受益権、受益権）を表章する証券でした。2007年1月から電子化（ペーパーレス化）されているため、現在では紙媒体の受益証券が発行されることはなく、電子的な帳簿に受益権は記録されています。

2節　投資信託の特徴

　ここでは投資家から見た投資信託の特徴、メリットとリスクについて説明します。

1項　投資信託の特徴

投資信託には、図表3-2-1の特徴があります。

軽易性の点では、たとえば株価2,000円（売買単位＝100株）の株式を購入するには20万円というまとまった資金が必要ですが、投資信託では100円から投資できるところもあります。

簡単性の点では、通常の投資では何にどれだけ投資するかは各自が個々に判断しなければなりません。しかし、投資信託では運用の専門家であるファンド・マネージャーがあらかじめ定められた範囲で投資を行います。

分散性の点では、個別の債券や株式に投資すると、その価格下落の影響を直接受けますが、投資信託では多数の銘柄に分散して投資しているため、価格下落の影響は緩和されます。

多様性の点では、株や債券などを投資対象とするさまざまな投資信託が販売されていて、投資目的や期間に応じた運用が可能です。

図表3-2-1　投資信託の特徴

特徴	説明
軽易性	個別に債券や株式などに投資するには、まとまった資金が必要だが、投資信託では少額での投資が可能
簡単性	個別に債券や株式に投資をする場合、各自の判断により投資するが、投資信託では各自に代わって運用の専門家が投資を行う また、通常は個別に投資することが難しい新興国や発展途上国の債券や株式に投資することも可能
分散性	個別に債券や株式に投資する場合、その価格下落の影響を直接受けるが、投資信託では複数の投資対象に投資するため、価格下落のリスクなどは分散、軽減される
多様性	さまざまな投資信託が販売され、目的や期間に応じた運用が可能

2項 投資信託のメリットとリスク

　前述の投資信託の特徴は、そのままメリットとリスクということもできます。投資家から見たその内容は、図表3-2-2のとおりです。メリットには軽易性、簡単性、分散性、多様性があり、リスクには価格変動リスク、金利変動リスク、元本割れリスク、為替変動リスクがあります。なお、投資信託の投資対象が債券や株式である場合、当該投資信託は債券や株式のメリットとリスクを持つため、各々のメリットとリスクも参照してください。

1　投資家のメリット

(1) 軽易性

　債券や株式に投資する場合、ある程度まとまった資金が必要ですが、投資

図表3-2-2　投資信託のメリットとリスク

メリット	リスク
・軽易性：債券や株式と異なり、少額から投資することができる ・簡単性：投資家ではなく、運用のプロフェッショナルであるファンド・マネージャーが運用する ・分散性：1つまたは少数の対象ではなく多数を対象として投資するため、価格下落の影響が低減、緩和される ・多様性：投資信託にはさまざまな種類があり、目的や期間に応じて投資することができる	・価格変動リスク：投資対象の価格が下落することによって収益が得られない、あるいは元本が減少するリスクがある ・金利変動リスク：金利の変動によって、投資対象の価格が下落し収益が得られない、あるいは元本が減少するリスクがある ・元本割れリスク：預金などと異なり手数料が掛かるため、価格の下落とあわせて元本割れのリスクがある ・為替変動リスク：外貨建の債券や株式に投資する投資信託の場合、為替変動リスクによって収益が得られない、あるいは元本が減少するリスクがある

信託では、証券会社によっては100円から投資が可能です。また、毎月一定金額を投資信託に投資する積立型の投資信託もあるため、債券や株式への投資が難しくても投資信託を容易に始めることが可能です。

(2) 簡 単 性

債券や株式への投資では、何にどれだけ投資するかは各自が個々に判断しなければなりません。しかし、投資信託では、どの投資信託を選ぶかは各自の判断ですが、投資信託自体では、専門家であるファンド・マネージャーが豊富な知識や経験などによって投資を行います。また、通常では投資が困難な新興国や発展途上国の債券や株式に投資することも可能です。

(3) 分 散 性

個別に債券や株式に投資すると、その価格下落の影響を直接受けますが、投資信託では、たとえば日本の株式に投資する投資信託であれば、ある特定の株式の株価が下落しても、それ以外の株式の株価が横ばいまたは上昇していれば、ほとんどまたはまったく影響がないこともあります。

(4) 多 様 性

おもに債券に投資する投資信託、株式を中心に投資する投資信託、安定した運用実績を目指す投資信託、積極的に収益をあげることを目指す投資信託など、さまざまな投資信託が販売されており、投資家は、その投資目的や投資期間に応じて投資信託を購入し、運用することができます。

2　投資家のリスク

(1) 価格変動リスク

債券や株式といった投資対象の価格が下落することによって、投資信託から得られるはずの収益が得られないだけではなく、元本が減少するリスクがあります。

(2) 金利変動リスク

たとえば、金利が上昇すると債券価格は下落します。債券に限定された、

またはおもに債券に投資している投資信託の価格が下がることで、得られるはずの収益が得られないだけではなく、元本が減少するリスクがあります。

(3) 元本割れリスク

もともと投資信託は元本が保証されている商品ではありません。前述の価格変動リスクにより元本が減少し、さらに投資信託にもよるものの、購入時、保有時、換金時に手数料が掛かる場合もあるため、価格の下落とあわせて、元本割れのリスクがあります。

(4) 為替変動リスク

外貨建の債券や株式に投資する投資信託の場合、為替変動リスクによって、投資信託から得られるはずの収益が得られないだけではなく、元本が減少するリスクがあります。

3節　投資信託の種類

投資信託にはさまざまな種類があります。その種類には商品設計上の分類、投資対象、投資方針別の分類、リスクとリターンによる分類の3つが考えられます。商品設計上の分類には購入期間による分類や購入対象などによる分類などがあり、投資対象、投資方針別の分類には投資対象資産による分類、投資対象地域、投資方式などによる分類などがあります。さらにリスクとリターンによる分類もあります。ここではこれらの分類について説明します。

1項　商品設計上の分類

投資信託には、いつでも購入できるものもあれば、募集期間以外は購入できないものもあります。また、誰でも購入できるものもあれば、限られた投資家しか購入できないものもあります。ここでは商品設計上の分類について

説明します。

1 購入期間による分類

いつでも自由に購入できるものと、当該投資信託の募集期間においてのみ購入できるものの2つがあります（図表3-3-1参照）。

2 購入対象による分類

誰でも自由に購入できるものと、その購入が機関投資家などに限定されたものの2つがあります（図表3-3-2参照）。

3 収益分配の有無による分類

投資対象に投資し運用した結果、得られた収益を定期的に分配するものと、収益を定期的に分配しないものの2つがあります（図表3-3-3参照）。

図表3-3-1　購入期間による分類

分類	内容
追加型 (オープン型)	基本的に、いつでも購入または換金ができ、信託期間（運用期間、償還期限）が定められていない（無期限ファンド、後述するMMF、MRFなどが該当する）、または定められていても10年以上の長期のもの
単位型 (ユニット型)	信託期間（償還期限）が定められており、募集期間のときのみ購入でき、募集期間を経過した後は購入できないもの

図表3-3-2　購入対象による分類

分類	内容
公募型	購入対象者を限定せず、広く不特定多数の投資家を対象とするもの
私募型	購入対象者を機関投資家などに限定するもの

図表3-3-3　収益分配の有無による分類

分類	内容
分配型	収益分配金を定期的（決算期）に受け取ることができるもの
無分配型	当初の1～2年は分配を行わない、または信託期間中は収益を分配せず、償還期限や中途換金時に一括して受け取ることができるもの

4　中途換金の可否による分類

中途で換金できるものと、中途で換金できないものの2つがあります（図表3-3-4参照）。

5　組成方式による分類

信託契約によって組成されるものと、投資法人を設立することによって組成されるものの2つがあります（図表3-3-5参照）。

6　指図の有無による分類

前述の契約型の投資信託の場合、証券会社などの販売会社と信託銀行（受

図表3-3-4　中途換金の可否による分類

分類	内容
オープン・エンド型	随時、換金が可能なもの。投資信託のほとんどが該当
クローズド・エンド型	中途換金が不可のもの

図表3-3-5　組成方式による分類

分類	内容
契約型（信託型）	投資信託運用会社と信託銀行の信託契約によって組成されるもの。投資信託のほとんどが該当
会社型	投資を事業目的とする投資法人を設立することによって組成されるもの。後述する不動産投資信託（J-REIT）はほとんどがこの方式である

図表3-3-6　指図の有無による分類

分類	内容
委託者指図型	投資信託運用会社（委託者）が信託契約を締結した信託銀行（受託者）に対して、信託契約に定めた範囲で運用の指図を行い、信託銀行がその指図に従って運用するもの。投資信託のほとんどがこの方式によるもので、おもに有価証券を投資対象とする
委託者非指図型	投資信託を販売する証券会社などの販売会社と信託銀行（受託者）の間に投資信託運用会社（委託者）が存在せず、信託銀行（受託者）自身が投資、運用を行うもの。なお、有価証券を対象とすることは禁じられている

図表3-3-7　委託者指図型と委託者非指図型の違い

【委託者指図型】

【委託者非指図型】

託者）の間に投資信託運用会社（委託者）が存在するものとしないものの2つがあります（図表3-3-6参照）。また、両者の違いを図示すると、図表3-3-7のとおりです。

7　決算頻度による分類

投資信託がどの程度の頻度で決算を行うかの分類です（図表3-3-8参

図表3-3-8　決算頻度による分類

分類	内容
毎日	毎日、決算を行うもの
年12回	毎月、決算を行うもの
年6回	隔月で決算を行うもの
年4回	3カ月ごとに決算を行うもの
年2回	半年ごとに決算を行うもの
年1回	毎年1回、決算を行うもの

照)。一般に、決算頻度が高いほど決算事務や投資家への報告などにコストが掛かるため、投資信託から得られる収益が減ってしまうという難点があり、中長期の投資には向かないものとされます。

2項　投資対象、投資方針別の分類

　投資信託の投資対象には債券、株式などがあります。ただ、債券といっても、国内のものもあれば海外のものもあります。株式についても同様です。ここでは投資対象別の分類について説明します。

1　投資対象資産による分類

　どのような資産に投資して、運用するかの分類です。具体的には債券、株式、不動産などといった資産に投資を行います（図表3-3-9参照）。なお、運用対象に株式を組み入れず、元利金の支払が確実な国債や社債といった公社債を中心に運用する投資信託を公社債投資信託といい、運用対象に一定割合を限度とした株式を組み入れて、収益を重視した運用を行うものを株式投資信託といいます。

図表3-3-9　投資対象資産による分類

分類	内容
債券（公債）	国債、地方債などの公債に投資し、運用するもの。収益は多くはないが、安定している
債券（社債）	事業会社などが発行する社債に投資し、運用するもの。収益は公債に準じる
債券（一般債）	国債、地方債、社債などの債券全般に投資し、運用するもの。収益は公債に準じる
株式（大型株）	株式のうち、時価総額が大きく流動性が高い上場株式に投資し、運用するもの。債券の投資信託よりも高い収益を期待できる反面、損失が発生する可能性も相対的に高い
株式（中小型株）	株式のうち、上記の大型株以外の上場株式に投資し、運用するもの
株式（一般）	株式のうち、私募かつ未上場の株式に投資し、運用するもの
不動産	不動産に投資し、運用するもの。後述するJ-REIT（またはREIT）が該当。安定した収益が期待できる
コモディティ	金、プラチナ、原油、綿花、大豆、小麦、トウモロコシなどの商品に投資し、運用するもの。株価などとの連動性、相関性が低く、分散投資の選択肢とされる
資産複合	上記の資産のうち、複数の資産に配分して投資し、運用するもの。資産配分の割合があらかじめ決められており変更されないもの（資産配分固定型）と、市場動向などに応じて変更されるもの（資産配分変更型）の2つに大別される

2　投資対象地域による分類

どの地域に投資して、運用するかの分類です。具体的には、日本、海外（先進国、新興国）などといった地域に投資を行います（図表3-3-10参照）。

3　投資運用方針による分類

どのような方針で債券や株式などに投資して、運用するかの分類です（図

図表3-3-10　投資対象地域による分類

分類	内容
国内	日本国内の債券や株式などに投資し、運用するもの。高い収益は期待できないが、安定した収益が期待できる
海外（先進国）	米国や欧州といった先進国の債券や株式などに投資し、運用するもの。高い収益は期待できないが、安定した収益が期待できる
海外（新興国）	新興国の債券や株式などに投資し、運用するもの。相対的に高い収益を期待できるが、損失が発生する可能性も相対的に大きい
内外	日本国内と海外の双方の債券や株式に投資し、運用するもの

図表3-3-11　投資運用方針による分類

分類	内容
インデックス型	TOPIXや日経平均株価などといった指数（インデックス）と同程度の値動きをするように設計され、対象とする指数と同程度の利回りを得られる運用を目指すもの。パッシブ型ともいう
アクティブ型	TOPIXや日経平均株価などといった指数（インデックス）を超えるような値動きをするように設計され、対象とする指数を超えるような利回りを得られる運用を目指すもの。インデックス型よりも高い運用実績をあげる方針であるため、投資する株式を選定する必要があり、その選定方法にはトップダウン・アプローチ（注1）とボトムアップ・アプローチ（注2）がある
バリュー型	投資対象とする株式を発行している企業の財務分析を行って、会社総価値よりも株価が低い割安な株式を選定して投資するもの。割安で値下がりしにくい株式に投資するため、損失が発生する可能性は低い
グロース型	投資対象とする株式を発行している企業の業績などを予想し、将来的に成長が想定される株式を選定して投資するもの。予想どおりであれば高い収益が期待できる反面、予想が外れてしまうと損失が発生する場合もある

ブル・ベア型	先物やオプションを駆使して、基準とする指数の値動きを大きく上回る利回りを得られる運用を目指すもの。株価の上昇局面で収益が期待できるブル型（注3）と、株価の下落局面で収益が期待できるベア型（注4）に分かれる
テーマ型	投資対象をテーマによって選定、投資するもの。たとえばIT、バイオ、環境、ロボット、AIなどのテーマによって、関係する企業の株式に投資する
ロング・ショート型	同一業種の中で、会社総価値よりも株価が低く割安と判断した株式を買い（ロング）、反対に割高と判断した株式を後述する信用取引により空売り（ショート）することで収益を得るもの
絶対利益追求型	インデックス型やアクティブ型のように基準とする指数は設定せず、目標とする収益率を設定し、比較する対象のない（絶対的な）収益を得るように投資するもの。絶対に収益をあげるといった保証の意味ではない

（注1） トップダウン・アプローチとは、投資する株式を大きなカテゴリから小さなカテゴリ（あるいはマクロ的な視点からミクロ的な視点）に絞って選定する方法です。たとえば国、業種、会社の順に投資対象とする株式を絞り込みます。前述の株価収益率（PER）、株価純資産倍率（PBR）などの指標が低い、割安な株式に投資します。このため、値下がりするリスクは相対的に低く、安定した収益が期待されます。

（注2） ボトムアップ・アプローチとは、投資する株式を発行している会社の財務分析などを行って、前述の株価収益率（PER）、株価純資産倍率（PBR）などの指標が高く、今後の一定以上の成長が期待できる株式に投資します。業績がよければ相対的に高い収益が期待できますが、反面、業績が想定を下回ると値下がりする可能性が高い方式です。

（注3） 反面、株価の下落局面では損失が発生する場合もあります。

（注4） 反面、株価の上昇局面では損失が発生する場合もあります。

表3-3-11参照）。

4　投資方式による分類

投資方式（投資形態）による分類です（図表3-3-12参照）。

図表3-3-12　投資方式による分類

分類	内容
ファミリー・ファンド	複数の投資信託（ベビー・ファンド）に集まった資金を1つの投資信託（マザー・ファンド）に投資し、マザー・ファンドが債券や株式などに分散投資し、運用するもの。一般投資家はベビー・ファンドを購入し、各ベビー・ファンドがマザー・ファンドに投資する（図表3-3-13参照）。投資信託運用会社が運用する複数の投資信託が分散投資する債券や株式などの資産は、投資信託間で重複していることが多く、マザー・ファンドに投資することで運用効率を高めている。投資対象は自社のものに限られる
ファンド・オブ・ファンズ	一般投資家が購入することで、1つの投資信託に集まった資金を複数の投資信託に分散投資し、運用するもの（図表3-3-14参照）。通常、投資信託は安定運用を意図し、債券や株式などに分散投資し、運用しているが、複数の投資信託に分散投資し、運用することで、運用の安定性をさらに高めている。投資対象には自社だけではなく他社の投資信託も含まれることもある。なお、投資信託が投資信託を購入するため手数料を二重にとられ、割高である

3項　リスクとリターンによる分類

　投資信託に限らず、リターンが小さい場合にはリスクも小さく、リターンが大きい場合にはリスクも大きいのが一般的です。ここではリスク・リターン分類（RR分類、図表3-3-15参照）を使って記述します。

　図表3-3-15の5つの分類のリスクとリターンの関係について図示すると、図表3-3-16のとおりです。

4項　その他の分類

　前述までの分類以外で一般的な投資信託をあげると、図表3-3-17のとおりです。

図表3-3-13 ファミリー・ファンドのイメージ

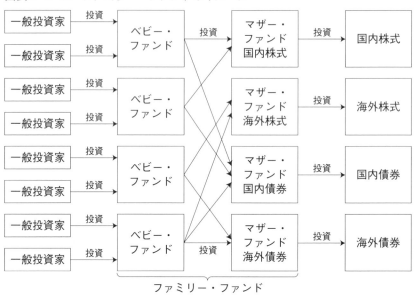

図表3-3-14 ファンド・オブ・ファンズのイメージ

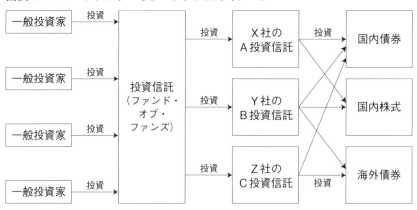

図表3-3-15 リスク・リターンによる分類

分類	内容
Ⅰ 安定重視型	安定した利回りを目標として運用するファンド。したがって、後述する基準価額（投資信託の時価）の変動が極めて小さい性格のファンドだが、元本が保証されているわけではない
Ⅱ 利回り追求型	利回り向上を目標として運用するファンド。したがって、基準価額の変動が小さい性格のファンド
Ⅲ 値上がり益・利回り追求型	利回り追求型と値上がり益追求型の中間に位置する、値上がり益・利回り追求を目標として運用するファンド。したがって、基準価額の変動が中程度の性格のファンド
Ⅳ 値上がり益追求型	値上がり益追求を目標として運用するファンド。したがって、基準価額の変動が大きい性格のファンド
Ⅴ 積極値上がり益追求型	積極的な値上がり益の追求を目標として運用するファンド。したがって、基準価額の変動が極めて大きい性格のファンド

図表3-3-16 リスク・リターンによる5分類の図示

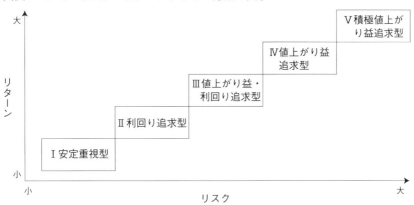

図表3-3-17　その他の分類の投資信託

分類	内容
MMF	・おもに国内外の公社債と短期金融商品によって運用される追加型の公社債投資信託の1つ ・運用会社にもよるが、1円（1口）以上1円（1口）単位で購入が可能で、安全性、流動性が高い ・購入当日から解約可能であるが、購入から30日未満の解約の場合、手数料が掛かる ・信託期間は無期限であり、毎日決算を行い、月末最終営業日にまとめて元本に組み入れられ、再投資される ・MMFはMoney Management Fundの略称 ・日銀のマイナス金利政策の影響により現在は販売されていない（外貨建MMFは販売されている）
MRF	・格付けが高く、残存期間の短い公社債と短期金融商品によって運用される追加型の公社債投資信託の1つ ・1円（1口）以上1円（1口）単位で購入が可能で、安全性、流動性が高い ・投資家が証券会社と取引する際に開設する証券総合口座に一時滞留する資金を運用するためのもの ・購入時、売却時とも手数料はなく、銀行などが取り扱う普通預金に類似した商品 ・信託期間は無期限であり、毎日決算を行い、月末最終営業日にまとめて元本に組み入れられ、再投資される ・MRFはMoney Reserve Fundの略称
中期国債ファンド	・おもに中期国債によって運用される追加型の公社債投資信託の1つ ・中国（ちゅうこく）ファンドと略称される ・1円（1口）以上1円（1口）単位で購入が可能で、安全性、流動性が高い ・信託期間は無期限であり、毎日決算を行い、月末最終営業日にまとめて元本に組み入れられ、再投資される ・類似するMMFの登場により取り扱う運用会社が減少していたが、日銀のマイナス金利政策の影響により現在は販売されていない
ETF	・日経平均株価や東証株価指数（TOPIX）といった指数と同程

	度の利回りを得られる運用を目指すように運用される株価指数型投資信託 ・証券取引所に上場されているため、（株価指数型）上場投資信託ともいわれる ・取引方法や手数料は株式に準じる ・ETFはExchange Traded Fundsの略称
REIT （J-REIT）	・投資家から集めた資金などで不動産を保有し、不動産から生じる賃料や売却益を投資家に分配する投資信託 ・不動産投信市場で株式と同じように売買が可能 ・契約型と会社型の2つの種類があるが、ほとんどが会社型 ・REITは不動産投資信託、J-REITは日本版不動産投資信託ともいわれる ・REITはReal Estate Investment Trustの略称
カントリー・ファンド	・特定の国または地域の債券や株式などの有価証券に投資し、運用する投資信託 ・投資することにより特定の国または地域の有価証券に分散投資するものとされる ・一般に中途換金不可のクローズド・エンド型、かつ会社型のかたちをとる ・取引方法や手数料は株式に準じる
ライフサイクル型ファンド	・公的年金を補完することなどを目的とし、中長期の投資運用を行う投資信託 ・個人のライフサイクルに応じ、投資家が複数の投資信託の中から自由に選択できるように設計されたもの ・年齢、資産額、資産状況により投資期間やリスクの許容度が異なるため、当初の積極運用から徐々に安定運用に移行できる ・20歳台から30歳台では、相対的にリスクの高い株式運用のウエイトを高くし、相対的にリスクの低い債券運用のウエイトを低くする。その後、株式運用のウエイトを徐々に引き下げていき、債券運用のウエイトを引き上げていくといった運用を行うことが想定されている

4節　投資信託の仕組み

投資家（受益者）は投資信託の販売会社（証券会社、銀行など）から投資信託を購入します。このとき、投資家は受益証券(*4)を受領していましたが、現在は電子的に管理された受益権を保有します。

投資家から受領した資金（申込金）は、販売会社から投資信託運用会社（委託者）に引き渡されます。投資信託運用会社（委託者）は投資家（受益者）の利益のために、信託契約を締結した信託銀行（受託者）に運用の指示を行い、資金の運用を委託します。投資信託運用会社（委託者）の指図により、信託銀行（受託者）は公社債、株式などの売買、資金決済などを行います。これらを図解すると図表3-4-1のとおりです。

1項　投資家

投資家（受益者）は、申込金を支払って、投資信託を販売する証券会社や

図表3-4-1　投資信託の仕組み

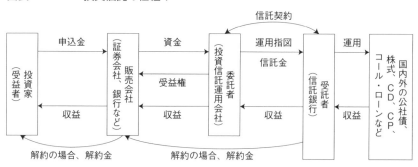

(*4) 投資信託を購入した投資家の権利（受益権）を表章する証券を指します。投資信託運用会社（委託者）が発行し、販売会社が販売していましたが、2007年1月から電子化（ペーパーレス化）されています。

銀行などの販売会社から投資信託を購入することで、投資信託の運用結果である収益を受け取る権利（受益権）を取得します。これによって収益の分配金、受益権の償還金、買取金、解約金（*5）を受け取ることができます。

2項　販売会社

販売会社は、投資信託（投資信託運用会社が発行する受益権）を募集し、広く投資家に販売します。投資信託運用会社の指定を受けた証券会社や銀行などの登録金融機関（*6）が該当します。投資信託運用会社に代わって投資家に関する業務を行う窓口に位置づけられ、投資信託の募集、説明、後述する投資信託説明書（目論見書）の交付、情報提供、販売、申込金の受取、取引報告書の交付だけではなく、後述する運用報告書の交付、収益の分配金、受益権の償還金、買取金、解約金の支払などを行います。

3項　委託者

委託者（*7）は、設定した投資信託（委託者が発行する受益権）について、販売会社経由で投資家が支払った資金（申込金）を受け取ります。この資金を委託者と信託契約を締結した信託銀行（受託者）に信託金として信託し、預けます。委託者は、経済状況や金融市場の動向などを調査、分析したうえで専門知識やノウハウなどを使い、預けた信託金（信託財産）の運用につい

(*5)　償還金は、単位型（ユニット型）の投資信託で信託期間（償還期限）が終了した際に受け取ることができます。買取金は、クローズド・エンド型で中途換金が認められていない投資信託、または安定運用のために一定期間、解約を認めないクローズド期間が設定されている投資信託を解約禁止期間中に現金化（換金）する場合に、販売会社に買取請求を行う場合に受け取ることができます。解約金は、解約が禁止されていない投資信託について解約請求を行うことで現金化（換金）する場合に受け取ることができます。
(*6)　金融商品取引法では、銀行などは有価証券関連業または投資運用業を行ってはならないとされていますが、内閣総理大臣の登録を受けた金融機関であれば、投資信託の募集、販売などを行うことができます。
(*7)　委託者である投資信託運用会社は、金融商品取引法における投資運用業者として内閣総理大臣の登録を受けなければなりません。

て投資判断を行い、受託者である信託銀行に運用指図を行います。その結果、発生した損益について、受益者である投資家への運用状況を報告します。投資信託説明書や運用報告書は委託者が作成し、後述する基準価額（投資信託の時価）の計算も行います。また、委託者は運用する債券や株式など（たとえば株式の議決権の行使）に係る権利の行使についても指図を行います。

4項 受託者

受託者[*8]は、委託者からの運用指図に従って信託財産[*9]である債券や株式などの売買を行うとともに、信託財産の保管、管理や計算、後述の基準価額（投資信託の時価）の計算なども行います。収益の分配金、買取金、償還金、解約金を販売会社に支払います。

5節 投資信託の購入から解約・償還まで

1項 概要

以下では、投資信託が購入されてから解約または償還されるまでを説明します。投資信託にはさまざまな分類がありますが、そのうちのいくつかをあげて、図表3-5-1で説明します。

追加型の場合、投資信託は随時購入できるため、後から追加で購入することができますが、単位型の場合は、購入は募集期間中に限られるため、募集期間を過ぎての追加購入はできません。購入後、分配型の場合には、運用の

(*8) 受託者は、投資信託法により、信託会社または信託銀行などの信託業務を行う金融機関に限られます。
(*9) 受託者は自身の財産と投資信託の信託財産を分けて保管、管理（分別管理）しています。

図表 3-5-1　投資信託の購入から解約・償還まで

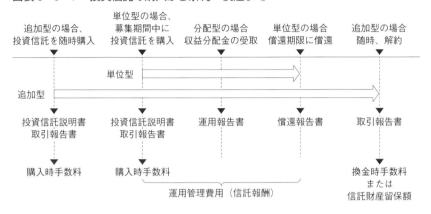

成果である収益分配金をあらかじめ決められたタイミングで受け取ることができますが、無分配型の場合、当初の一定期間または中途換金、または償還期限まで収益分配金を受け取ることはできません。その後は単位型の場合、償還期限に償還されますが、追加型で償還期限がないものは、必要に応じて解約請求することにより投資資金を回収します。また、クローズド・エンド型の投資信託または解約を認めないクローズド期間が設定されている場合には、買取請求を行うことにより投資資金を回収します。

最後に投資信託取引を行う際の日付について、図表3-5-2で説明します。

2項　各種書類

投資信託は、債券や株式といった投資対象に分散投資しているため、単体での債券や株式よりもその投資対象や投資方針などのバリエーションは多岐にわたり複雑でもあるため、投資信託固有の書類[*10]が用意されています。ここでは投資信託説明書と交付運用報告書について説明します。

図表3-5-2　投資信託取引を行う際の日付

日付	内容
申込日	・投資信託の売買注文を出した日 ・後述するように投資信託の申込には締切時刻があり、それを過ぎると、当日に投資信託の売買注文を出しても翌営業日の申込とされる ・締切時刻は15時が基本だが、証券会社や投資信託によってはそれ以前の場合もある ・締切時刻までは投資信託の売買注文を取り消すことが可能
約定日	・投資信託の売買注文が確定する日 ・国内の債券や株式などに投資している投資信託の場合、通常、申込日と約定日は同じ ・海外の債券や株式などに投資している投資信託の場合、時差や為替相場の算出を待つため、通常、申込日の翌営業日が約定日。ただし、海外市場の休場日などがある場合、翌営業日より後にずれることもある
受渡日	・投資信託の注文が成立し、購入の場合は資金を支払って投資信託（受益権）を受け取り、換金の場合は投資信託（受益権）を譲渡し資金を受け取る日 ・約定日から何営業日後が受渡日なのかは投資信託によって異なる

1　投資信託説明書（交付目論見書）

　投資信託を購入しようとしている投資家にとって、投資するか否かを判断するために必要かつ重要な事項を記載し、説明している書類を投資信託説明書（交付目論見書[*11]）といいます。投資信託を購入する前に必ず投資家に交付されます。記載されている項目や順序は、投資信託同士を比較しやすいように、統一されています。その概要は以下のとおりです。

(*10)　このほかに、契約締結前交付書面（名称は投資信託以外の商品でも同じものがありますが、記載内容が異なります）もあります。これは、投資信託に投資するか否かの判断に必要な契約の概要、手数料、リスクなどが記載されている書類です。金融商品取引法により交付が義務づけられています。
(*11)　投資信託説明書（交付目論見書）は投資家に必ず交付されます。このほかに、投資家が請求することで交付される投資信託説明書（請求目論見書）もあります。

(1) ファンド（投資信託）の目的・特色

ファンドの仕組み、おもな投資対象（国内債券、国内株式、海外債券、海外株式など）、投資方針（インデックス型、アクティブ型など）、おもな投資制限（株式や外貨建資産への投資割合の上限、デリバティブの使用）、分配の方針（分配金を分配するサイクル）などが記載、説明されています。

(2) 投資リスク

価格変動リスク、金利変動リスク、為替変動リスクなど、どのようなリスクがあるかということと、リスクの管理体制、リスクの定量的比較などが記載、説明されています。

(3) 運用実績

後述する基準価額（投資信託の時価）、純資産の推移、分配の推移、主要な資産の状況、年間収益率の推移などが、図表やグラフを用いて記載、説明されています。

(4) 手続・手数料等

購入単位、購入代金、購入の申込期間、信託期間、決算日、収益配分など投資信託の手続上の項目、投資信託に係る手数料などの費用、税金などが記載、説明されています。

2 交付運用報告書

投資信託の運用結果、投資環境、今後の運用方針などの重要な事項について、通常は決算期ごと[*12]に作成される書類を交付運用報告書[*13]といいます。受益者である投資家に必ず交付されます。記載されている項目や順

(*12) １決算期間が６カ月未満の投資信託（たとえば毎月決算型の投資信託など）の場合、６カ月に１回、運用報告書を作成すればよいとされています。
(*13) 運用報告書（全体版）も作成し、受益者に交付するものとされていますが、投資信託約款により、受益者が容易にアクセスできる投資信託運用会社のウェブサイトに掲載することなどで、交付したものとみなされます。また、請求すれば個別に交付されます。

序は以下のとおりです。

(1) 運用経過

直近の決算期の運用経過の詳細が記載されています。具体的な項目には、基準価額などの推移、基準価額のおもな変動要因、1口または1万口当たりの費用明細、最近5年間の基準価額等の推移について、最近5年間の年間騰落率、投資環境について、当該投資信託のポートフォリオについて、当該投資信託のベンチマークとの差異について、分配金について、があります。

(2) 今後の運用方針

今後の運用方針、運用環境の見通しなどが記載されています。

(3) お知らせ

投資信託運用会社が重要と判断した事項（たとえば直近の決算期にあった運用に関する変更など）があれば、記載されます。

(4) 当該投資信託の概要

商品分類、信託期間、運用方針、主要投資対象、運用方法、分配方針が記載されています。

(5) 代表的な資産クラスとの騰落率の比較

当該投資信託と日本株、先進国株、新興国株、日本国債、先進国債、新興国債との比較が、表やグラフなども使って記載されています。

(6) 当該投資信託のデータ

当該投資信託の組入資産の内容、純資産などが、表やグラフなども使って記載されています。

3項　各種手数料

投資信託の購入、保有、解約などを行う場合、一般的に手数料が必要です。投資信託に係る手数料について、図表3-5-3に示します。

図表3-5-3　投資信託に係る手数料

分類	内容
購入時手数料 （申込手数料）	・投資信託を購入する場合に、販売会社に支払う事務手数料など ・販売会社が独自に設定するため、同じ投資信託でも販売会社によって異なることがある ・投資信託によっては、購入時の手数料が掛からない（ノーロード：No Load）ものもある（ノーロード・ファンド）
運用管理費用 （信託報酬）	・投資信託を保有している期間に掛かる費用 ・投資信託の運用などに関して委託会社に支払う費用、運用報告書などの書類送付や投資信託の口座管理などに関して販売会社に支払う費用、投資信託の信託財産の保管、管理などに関して受託会社に支払う費用など ・このほか、有価証券の売買委託手数料、信託財産に関する租税、監査法人に支払う投資信託の監査費用なども含まれる
信託財産留保額	・投資信託を換金する場合に、投資信託が投資し、運用する債券や株式などの有価証券などを売却する際の売買委託手数料や損失について、投資信託を解約する投資家と当該投資信託を解約しない投資家との間で公平性を保つなどのために、解約する投資家から徴収するもの ・徴収した信託財産留保額は、信託財産に組み入れられる（販売会社の収益ではない） ・一定期間、投資信託を保有していれば、信託財産留保額が掛からないものや信託財産留保額がまったくないものもある
換金時手数料	・投資信託を換金する場合に、販売会社に支払う事務手数料など ・解約請求（注）の場合には解約時手数料、買取請求（注）の場合には買取時手数料ともいわれる ・大半の投資信託では徴収していない

（注）解約請求は、投資家が販売会社に投資信託の解約を請求し、投資信託の保有する資産の一部を売却することで投資家に資金を支払います。買取請求は、投資家が販売会社に投資信託の買取請求を行い、投資信託を販売会社に譲渡（売却）することで投資家に資金を支払います。投資家にとっては実質的に同じものということができます。

4項 基準価額など

投資信託を購入する場合に適用される投資信託の値段を基準価額といいます。また、この基準価額をもとに算出されるのが解約価額、買取価額です。以下ではこれらについて説明します。

1 基準価額

基準価額(きじゅんかがく)とは、投資信託を購入する際の価格です。投資信託では取引単位に「口」(くち)を使っており、投資信託は1口1円または1口1万円で運用が開始され、運用の結果にしたがって1口の値段が随時変動します。つまり、基準価額とは投資信託1口当たりの値段であり、投資信託を購入する場合に適用されます。なお、解約、買取する場合の解約価額、買取価額については後述します。

(1) 計算方法

基準価額の計算式は図表3-5-4のとおりです。

当該投資信託が投資している債券や株式といった資産を時価で評価し、求めた時価評価額に利金、利息、配当金といった収益を加え、さらに信託報酬などの運用コストを引いたものを純資産総額といいます。この純資産総額を総口数(投資家が保有している当該投資信託の口数の合計)で割ったものが基準価額です。基準価額は1口当たりの価額ともいえます。

たとえば、ある投資信託が投資している資産の時価評価額が100万円、収

図表3-5-4　基準価額の計算式

純資産総額＝投資している資産の時価評価額＋収益の合計－運用コスト

基準価額 ＝ $\dfrac{純資産総額}{総口数}$ ×基準価額の口数単位(注)

(注)　1口1円の場合は1万を、1口1万円の場合は1を代入。

益の合計が3万円、運用コストが1万円とすると、純資産総額は102万円です。この投資信託を保有する投資家の口数を合計した総口数を100万口とすると、基準価額は1口1.02円で、1万口で表わすと10,200円です。基準価額は、1口1円の場合は1万口当たりで公表され、1口1万円の場合は1口当たりで公表されます。

(2) 公　　　表

　株価などと異なり、投資信託の基準価額はリアルタイムで更新、公表されるわけではなく、1日に1回更新、公表されるだけです。これにはおもに2つの理由があります。1つ目は、投資信託が投資し運用している債券や株式について時価（終値）での評価を行うので、市場での取引が終了する15時以降に基準価額の計算が行われる(*14)ためです。2つ目は、基準価額が算出、公表された後に投資信託の購入や解約などの取引ができるとすると、投資信託を保有している投資家の利益を損なうおそれがあるためです。

　これらの理由から、投資信託の当日の取引の申込みが締め切られた後に基準価額が公表される方式をとります。投資家から見れば、当日の基準価額がわからない状態で投資信託の売買を申し込むため、この方式をブラインド方式と呼びます。なお、国内の債券や株式などに投資している投資信託の場合、前述のとおり、通常は申込日が約定日であるため、申込日当日の時価（終値）をもとに基準価額の計算を行い、申込日当日の基準価額が適用されます。他方、海外の債券や株式などに投資している投資信託の場合、前述のとおり、時差や為替相場の算出待ちの影響により、通常は申込日の翌営業日が約定日であるため、申込日の翌営業日の時価（終値）をもとに基準価額の計算を行い、申込日の翌営業日の基準価額が適用されます（海外市場の休場

(*14)　15時以降であるのは国内債券や国内株式などの場合です。海外の債券や株式に投資し運用している場合には、当該国または地域の市場の終了時刻以降に時価（終値）が定まるため、その時刻以降に基準価額の計算が行われます。ただし、前述のETF（上場投資信託）の場合は、株式と同様に時々刻々、売買価格が変わり、その価格で売買されます。

などにより、翌営業日よりも後である場合もあります）。

当日の基準価額が適用される場合の基準価額の公表は、夕方以降であることが多いようです。夕方に速報値を公表し、翌朝に確定値を公表するところもあります。翌営業日の基準価額が適用される場合の基準価額の公表は、時差などの関係から投資対象地域などによって異なります。最新の基準価額については販売会社、投資信託運用会社、投資信託の評価機関などから入手することができます。

(3) 分配金との関係

投資信託は債券や株式に投資、運用し、利金、利息、配当金といった収益を分配金として、投資信託を保有する投資家に、その保有する口数に応じて分配します。この分配金は投資信託が投資、運用している資産（信託財産）の中から支払われます。このため、分配金を投資家に分配するとその分、投資信託の純資産総額は減少します。

基準価額が1口1円または1口1万円を下回ると運用の結果が芳しくないように思われますが、分配金を分配するということは、分配するだけの収益をあげているはずです。したがって、投資信託の純資産総額が減っているからといって、運用の結果が悪いとは一概にはいえないことに注意が必要です。

投資信託に投資する際には単純に基準価額の高低などで判断せずに、投資信託説明書に記載されている過去の分配の推移、純資産の推移、年間収益率の推移、基準価額の推移、手数料の多寡などを確認したうえで総合的に投資判断を行うことが重要です。

2　解約価額と買取価額

解約請求を行った場合に適用されるのが解約価額、買取請求を行った場合に適用されるのが買取価額で、計算式は図表3-5-5のとおりです。

いずれの場合も、前述の基準価額から信託財産留保額を差し引いたもので

図表3-5-5　解約価額または買取価額の計算式

> 解約価額または買取価額＝基準価額－信託財産留保額

す。

3　取引例

⑴　購入時

投資信託を購入する場合、口数を指定して購入する方法（口数指定、口数買付）と金額を指定して購入する方法（金額指定、金額買付）[*15]の2つがあります。以下では買付金額などの計算式と実例を示します。なお、購入時手数料が掛からないノーロードの投資信託の場合には、購入時手数料と消費税は計算不要です。

①　口数指定（基準価額の口数単位が1口1円のケース）

投資信託の取引単位である口数を指定して、購入する方法です。購入する際の買付金額などの計算式は、図表3-5-6のとおりです。なお、基準価額は公表後の確定値を使っているものとします。

たとえば、基準価額＝10,300円の投資信託を100万口購入する際の買付金額などの計算例は、図表3-5-7のとおりです。購入時手数料料率は3％、基準価額の口数単位は1口とします。

図表3-5-6　口数指定の買付金額などの計算式

> 買付金額＝買付口数×基準価額÷基準価額の口数単位（注）
> 購入時手数料(円未満切捨)＝買付金額×(購入時手数料料率(％)÷100)
> 消費税(円未満切捨)＝購入時手数料×(消費税率(％)÷100)
> 支払金額＝買付金額＋購入時手数料＋消費税
> （注）　1口1円の場合は1万を、1口1万円の場合は1を代入。

(*15)　積立投資信託は毎月一定の金額で投資信託を購入するので、金額指定の一種です。

図表3-5-7 口数指定の買付金額などの計算例（その1）

```
買付金額＝1,030,000円＝100万口×10,300円÷10,000
購入時手数料＝30,900円＝1,030,000円×(3%÷100)
消費税＝2,472円＝30,900円×(8%÷100)
支払金額＝1,063,372円＝1,030,000円＋30,900円＋2,472円
```

図表3-5-8 口数指定の買付金額などの計算例（その2）

```
買付金額＝1,030,000円＝100口×10,300円÷1
購入時手数料＝30,900円＝1,030,000円×(3%÷100)
消費税＝2,472円＝30,900円×(8%÷100)
支払金額＝1,063,372円＝1,030,000円＋30,900円＋2,472円
```

② 口数指定（基準価額の口数単位が1口1万円のケース）

前述①と同じケースで、基準価額の口数単位が1口1万円の場合の買付金額などの計算例は、図表3-5-8のとおりです。ただし、買付口数は100口とします。

③ 金額指定

投資信託の取引単位である口数ではなく、金額を指定して購入する方法です。購入を申し込む際の買付金額（税込手数料込）などの計算式は、図表3-5-9のとおりです。口数を求める際に生じる小数点以下の端数は、投資家の利益を考えて切上としていますが、証券会社によって異なります。

図表3-5-9 金額指定の買付金額などの計算式

```
購入時手数料＝基準価額×(購入時手数料率(%)÷100)
消費税＝購入時手数料×(消費税率(%)÷100)
買付金額(税込手数料込)＝基準価額＋購入時手数料＋消費税
1口当たりの金額＝買付金額(税込手数料込)÷10,000口
買付口数(小数点第1位切上)＝指定した金額÷1口当たりの金額
```
（注1） 当図表の基準価額、購入時手数料、消費税、買付金額（税込手数料込）はすべて1万口当たり（下線の項目）。
（注2） 当図表では1万口当たりで計算しているため、円未満も切り捨てない。

図表3-5-10　金額指定の買付金額などの計算例

```
購入時手数料＝315円＝10,500円×（3％÷100）
消費税＝25.20円＝315円×（8％÷100）
買付金額（税込手数料込）＝10,840.20円＝10,500円＋315円＋25.20円
1口当たりの金額＝1.08402円＝10,840.20円÷10,000口
買付口数（小数点第1位切上）＝507,371口＝507,370.71271…口
　　　　　　　　　　　　　　　　　＝550,000円÷1.08402円
```

　たとえば、基準価額＝10,500円の投資信託を金額指定で55万円分購入する際の買付口数などの計算例は、図表3-5-10のとおりです。購入時手数料率は3％、基準価額の口数単位は1口とします。

　なお、基準価額は購入当日時点ではわからないため（ブラインド方式）、この例では前営業日の基準価額を使います。このため、あくまで目安に過ぎません。

(2) 解約（買取）時

① 受取金額

　投資信託を解約請求（買取請求）する場合、受取金額の計算式は図表3-5-11のとおりです。なお、解約請求と買取請求はかつては税法上の取扱が違っていましたが、現在は解約請求、買取請求ともに株式の売却益と同様に譲渡所得とされています。

　たとえば、基準価額＝11,000円の投資信託を100万口解約する際の受取金額などの計算例は、図表3-5-12のとおりです。信託財産留保額は0.2％、基準価額の口数単位は1口とします。換金時手数料はないものとします。な

図表3-5-11　受取金額などの計算式

```
解約価額＝基準価額－（基準価額×信託財産留保額（％）÷100）（注1）
受取金額＝解約価額÷基準価額の口数単位（注2）×解約口数
```
(注1)　換金時手数料がある場合、同手数料と消費税を、基準価額からさらにマイナス。
(注2)　1口1円の場合は1万を、1口1万円の場合は1を代入。

図表3-5-12　受取金額などの計算例（その1）

```
解約価額＝10,978円＝(11,000円−(11,000円×0.2%÷100))
受取金額＝1,097,800円＝10,978円÷10,000×100万口
```

図表3-5-13　受取金額などの計算例（その2）

```
解約価額＝10,978円＝(11,000円−(11,000円×0.2%÷100))
受取金額＝1,097,800円＝10,978円÷1×100口
```

お、基準価額は公表後の確定値を使っているものとします。

前述と同じケースで、基準価額の口数単位が1口1万円の場合の受取金額などの計算例は、図表3-5-13のとおりです。ただし、解約する口数は100口とします。

② **税引後譲渡損益**

前述の投資信託を、1,063,372円（185頁の①の口数指定（基準価額の口数単位が1口1円のケース）の支払金額）で購入しているので、受取金額の方が大きく、利益が発生するため、税金が差引されます[*16]。税引後譲渡利益の計算式は図表3-5-14のとおりです。

具体的な計算例は図表3-5-15のとおりです。なお、2013年1月1日から2037年12月31日までの25年間、復興特別所得税として所得税率2.1%が追加

図表3-5-14　税引後譲渡利益の計算式

```
譲渡利益＝受取金額−支払金額
所得税（円未満切捨）＝譲渡利益×(所得税率(%)÷100)
地方税（円未満切捨）＝譲渡利益×(地方税率(%)÷100)
税引後譲渡利益＝譲渡利益−所得税−地方税
```

(*16) ここでは投資している投資信託はこれのみとします。ただし、追加型の投資信託の場合、何度でも購入できるため、その都度、基準価額が異なります。どれだけの損益が発生したかを把握するために取得単価を用いますが、取得単価については後述します。

図表 3-5-15　税引後譲渡利益の計算例

```
譲渡利益＝34,428円＝1,097,800円－1,063,372円
所得税（円未満切捨）＝5,272円＝34,428円×（15.315％÷100）
地方税（円未満切捨）＝1,721円＝34,428円×（5.00％÷100）
税引後譲渡利益＝27,435円＝34,428円－5,272円－1,721円
```

課税されています。このため、当該期間の所得税率は15％から15.315％に変更されています。

③　**税引後受取金額**

前記①で求めた受取金額と、前記②で求めた所得税、地方税から税引後受取金額を求める計算式は、図表3-5-16のとおりです。

具体的な計算例は図表3-5-17のとおりです。

④　**取得単価**

前述②の税引後譲渡損益を求める際に用いた取得単価について説明します。追加型の投資信託は随時購入可能ですが、購入タイミングによって基準価額が異なります。したがって、同一の投資信託を別の日に複数回買っている場合には、各日における基準価額が異なるため、支払金額も異なります。この隔日によって異なる支払金額を、移動平均法[*17]により算出したものが取得単価です。前述のとおり、この取得単価は投資信託の売買から生じる損益について、税金を計算する際に使用されます。

図表 3-5-16　税引後受取金額の計算式

```
税引後受取金額＝受取金額－所得税－地方税
```

図表 3-5-17　税引後受取金額の計算例

```
税引後受取金額＝1,090,807円＝1,097,800円－5,272円－1,721円
```

（*17）　合計金額を合計口数で割ることで平均単価を求める方法です。

取得単価は、追加購入する前の投資金額合計（追加購入する前の税込購入時手数料合計を含む支払金額合計）と、今回追加購入した投資金額合計（今回追加購入した税込購入時手数料を含む支払金額合計）を、追加購入する前の口数合計と今回追加購入した口数で割って求めます。これを計算式で示すと図表3-5-18のとおりです。

　ある投資信託を複数回購入したとします。初回は基準価額＝10,300円、口数＝100万口、税込購入時手数料＝32,400円で購入、2回目は基準価額＝10,500円、口数＝100万口、税込購入時手数料＝37,800円で購入、3回目は基準価額＝10,800円、口数＝100万口、税込購入時手数料＝43,200円で購入しました。このときの取得単価を計算すると図表3-5-19のとおりです。

　さらに、ここで同一の投資信託を基準価額＝11,000円、口数＝100万口、税込購入時手数料＝54,000円で追加購入すると、取得単価は図表3-5-20のように再計算されます。

　なお、取得単価から税込購入時手数料を除外したもの（基準価額×口数）

図表3-5-18　取得単価の計算式

```
取得単価(小数点以下第1位切上)
 =[{∑_{t=1}^{n} 基準価額(t)×口数(t)+税込購入時手数料(t)}
   +{今回の基準価額×今回の口数+今回の税込購入時手数料}]
  ÷(口数合計+今回の口数)
```

図表3-5-19　取得単価の計算例

```
初回購入分＝1,062,400円＝10,300円×1万口＋32,400円
2回目購入分＝1,087,800円＝10,500円×1万口＋37,800円
3回目購入分＝1,123,200円＝10,800円×1万口＋43,200円
取得単価(小数点以下第1位切上)
  ＝(1,062,400円＋1,087,800円＋1,123,200円)÷300
  ＝10,911.333…円＝10,912円
```

図表3-5-20 取得単価の計算例(追加購入後)

```
追加購入分=1,154,000円=11,000円×1万口+54,000円
取得単価(小数点以下第1位切上)
  =(1,062,400円+1,087,800円+1,123,200円+1,154,000円)÷400
  =11,068.5円=11,069円
```

を個別元本といい、後述する普通分配金と特別分配金の区分に使われます。

⑤ 分配金

　投資信託は、債券や株式などに投資して運用されます。その結果、収益が出た場合には、投資家の持つ投資信託の口数に応じて収益が分配されます。この分配金などの計算式は図表3-5-21のとおりです。

　1口当たりの分配金=500円、基準価額の口数単位=1口1円、保有口数=100万口とした場合の具体的な計算例は、図表3-5-22のとおりです。

　投資信託の運用の結果、得られた収益は、一律、分配金として分配されますが、所得税法では、前述の個別元本と基準価額の比較によって普通分配金と特別分配金の2つに区分され、課税されるか否かが決まります。その内容は図表3-5-23のとおりです。ただし、これは追加型の株式投資信託の分配

図表3-5-21 分配金などの計算式

```
受取分配金=1口当たりの分配金÷基準価額の口数単位(注)×保有口数
所得税=受取分配金×(所得税率(%)÷100)
地方税=受取分配金×(地方税率(%)÷100)
税引後受取分配金=受取分配金-所得税-地方税
(注) 1口1円の場合は1万を、1口1万円の場合は1を代入。
```

図表3-5-22 分配金などの計算例

```
受取分配金=50,000円=500円÷10,000×100万口
所得税=7,657円=50,000円×(15.315%÷100)
地方税=2,500円=50,000円×(5%÷100)
税引後受取分配金=39,843円=50,000円-7,657円-2,500円
```

図表3-5-23　普通分配金と特別分配金

	分配金	課税・非課税
分配金≦基準価額	普通分配金	課税
分配金＞基準価額	特別分配金	非課税

金に限られ、それ以外の投資信託には適用されないので、注意が必要です。

(i) 普通分配金

投資家が保有する投資信託の個別元本が9,600円、現在の基準価額は9,700円とします。このとき当該投資信託が100円の分配金を分配し、その結果、基準価額が9,600円に下がります(*18)。この場合、個別元本（9,600円）≦基準価額（9,700円）のため普通分配金とされて、課税対象とされます（図表3-5-24参照）。

(ii) 特別分配金

投資家が保有する投資信託の個別元本が9,800円、現在の基準価額は10,000円とします。このとき、当該投資信託が300円の分配金を分配し、その結果、基準価額が9,700円に下がります。この場合、個別元本（9,800円）

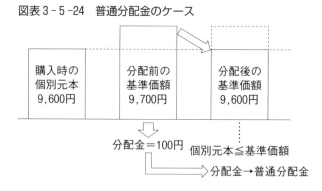

図表3-5-24　普通分配金のケース

(*18) 投資信託は、分配金を投資信託の保有する資産の中から分配するため、分配金を分配した後は基準価額は下がります。

図表3-5-25 普通分配金と特別分配金に分かれるケース

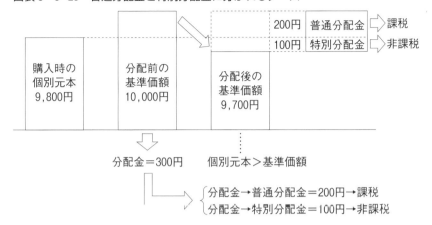

≦基準価額（10,000円）のため分配金は普通分配金とされて、課税対象とされます。ただし、分配金を分配した後（分配落ち後）の基準価額が9,700円に下がり、個別元本（9,800円）を100円下回ります。この100円の部分は分配金として分配されていますが、この投資家にとっては、9,800円のうち100円分は元本に相当するため、元本の払戻とみなされます。したがって、この100円は利益ではないため、非課税とされます。残りの200円は普通分配金のままです。これらを図示すると図表3-5-25のとおりです。

(iii) 分配落ち

利付債の場合、売却しても、その保有期間に相当する経過利子を受け取ることができますが、株式の場合は、売却するタイミングによっては、その保有期間に相当する配当金を受け取ることはできません。前述のように、株式の場合、権利確定日に株式を保有していれば、配当金を受け取る権利をはじめとする株主の権利を得られます。

投資信託の場合も株式と同様に、あるタイミングまで投資信託を保有していれば分配金を受け取ることができます。投資信託の基準価額は前述のとおりブラインド方式で、取引の申込みが締め切られた後に公表されますが、申

込日当日の基準価額が適用される投資信託（*19）の場合、決算日当日まで当該投資信託を保有していないと分配金を受け取ることができません。他方、申込日の翌営業日の基準価額が適用される投資信託（*20）の場合、決算日の前営業日まで当該投資信託を保有していないと分配金を受け取ることができません。以上を図示すると図表3-5-26のとおりです。

なお、分配金は投資信託が保有する資産を処分して支払われるため、分配金の支払後は投資信託が保有する資産は減少します。このため基準価額も下がってしまい、分配金を受け取ることができても、その直後に解約などすることにより換金する際には、下落した基準価額（*21）が適用されます。分配金を受け取らずに相対的に高い基準価額で換金するか、分配金を受け取ったうえで相対的に低い基準価額で換金するか、いずれが投資家にとって有利なのかは場合によることに注意が必要です。

図表3-5-26　投資信託の決算と分配金の受取について

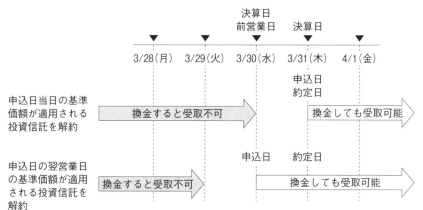

（*19）　国内の債券や株式などに投資している投資信託であり、通常は申込日が約定日である投資信託です。
（*20）　海外の債券や株式などに投資している投資信託であり、通常は申込日の翌営業日が約定日である投資信託です。
（*21）　分配金の支払を行った当日の基準価額を、分配落ち後の基準価額といいます。

第 4 章

証券業務

1節　証券の売買から決済まで

　有価証券には国債、地方債、社債、短期社債（電子CP）、株式、投資信託、外国証券など、さまざまな種類があります。このため、現物の受渡（実際には電子化されているため、証券類の電子的な振替）方法や資金の決済方法にも、証券に応じた種類があります。以下では有価証券の清算と決済について、おもに記述します。

1項　概　要

　資金のみの決済を行う資金の運用・調達取引と異なり、証券の決済の場合、証券類の現物の決済（実際には証券類の電子的な振替による受渡）と、その対価としての資金の決済の2つの種類があり、資金の運用・調達取引の決済に比べて相対的に複雑な決済が行われています。まず、証券の売買から決済までの概要を図表4-1-1に示します。

1　売　買

　投資家から証券会社や取引所に債券や株式などの証券の売買注文が出されて、売買取引が成立（約定）します。

2　照　合

　売買の約定と決済（受渡）に関して、銘柄、数量、価格などを投資家（機

図表4-1-1　売買から決済までの概要

関投資家)、証券会社、信託銀行などの取引関係者の間で、相互にその内容が一致しているかを確認・照合します。

3 清　算

国債や株式などについては、取引当事者ごと、かつ決済日(受渡日)ごと、かつ銘柄ごとに、受渡する証券の数量、受渡する資金の金額をネッティングし、数量と金額の差分を確定します(ネッティングせずグロスの場合もあります)。

4 決済(証券振替)

売買された証券について、売り手側から買い手側に証券の振替を行うことで証券の決済(受渡)を行います。決済リスクを抑止するため、資金の振替も連動して行うこと(後述するDVP決済)もあります。

5 決済(資金振替)

売買された証券の代金について、買い手側から売り手側に資金の振替を行うことで資金の決済を行います。

2項　詳　細

前述のとおり、証券取引は売買から始まり決済で完了します。かつてはそれらの処理はすべて人手を介して行われていましたが、現在ではシステムが自動的に処理(*1)しています。また、証券取引は単純な資金の運用・調達取引などに比べて、売り手と買い手以外の取引関係者が多いため、より複雑な決済が行われています。

以下では国債、地方債、社債、短期社債(電子CP)、株式、投資信託、外

(*1)　証券取引の一連の流れを、人手を介さずにシステムが自動的に処理することを、STP(Straight Through Processing)といいます。

図表 4 - 1 - 2　売買から決済までの流れと取引関係者について

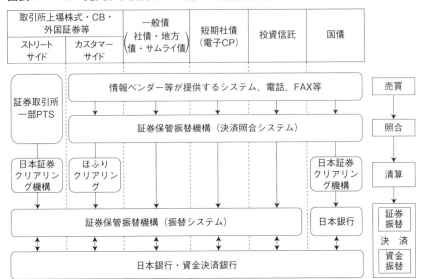

（注1）　投資信託の場合は、決済照合システムではなく、振替システムで行っています。
（注2）　ほふりクリアリング、日本証券クリアリング機構を利用しない取引もあります。
（出所）　証券保管振替機構ウェブサイト

国証券など、証券の種類別に売買から決済までの流れを図示（図表 4 - 1 - 2 参照）し、あわせて清算と決済の関係者（清算機関、決済機関）についても説明します。

1　清算、決済

　売買から決済までの流れを証券の種類別に概観する前に、清算、決済について説明します。

(1)　清　算

　証券を売買する金融機関は証券会社、銀行、信託銀行など多数存在し、毎日大量の売買取引を行っています。この売買取引の決済を個社別に行うのでは、取引当事者の組み合わせも多数にのぼり、効率的ではありません。この

図表4-1-3　清算機関の有無による差異

【個社別に清算をする場合】　　【清算機関が設置されている場合】

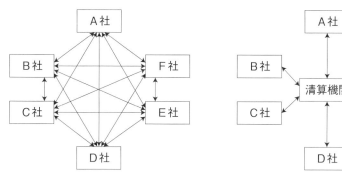

　非効率さをなくすために、清算を専門に行う清算機関が設けられています。なお、証券の種類によっては清算を専門とする清算機関がない場合もあります（図表4-1-3参照）。

　証券の売買では、買い手は証券の購入代金を支払う代わりに証券を受け取ります。同時に、売り手は証券の売却代金を受け取る代わりに証券を引き渡します。このため、買い手と売り手の一方でも売買契約に基づく債務を履行しなければ、もう一方が損失を被ります。このリスクを抑止するために買い手と売り手の間に清算機関が介在し、買い手にとっては清算機関が売り手として、売り手にとっては清算機関が買い手として、取引を行います（図表4-1-4参照）。清算機関が買い手に対して証券の受取を保証し、また売り手に対して代金の支払を保証することを債務（の）引受といいます。

　これにより、仮に売り手が証券を引き渡さないという債務不履行を起こしても、買い手は清算機関を売り手として取引を完了することができます。同様に売り手は、仮に買い手が購入代金を支払わないという債務不履行を起こしても、清算機関を買い手として取引を完了することができます。このように清算機関が買い手と売り手の間に介在することにより、毎日大量に行われている証券取引において買い手と売り手の間のリスクを回避しています。専

図表4-1-4　清算機関の有無

【清算機関がない場合】

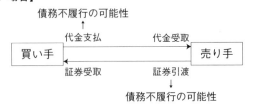

【清算機関がある場合】

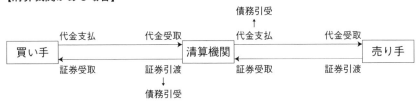

門の清算機関がない場合でも、決済機関が債務（の）引受を行って決済の確実性を保証しています。

(2) 決　　済

　毎日大量に行われている証券の売買取引にともなって、証券の授受（証券決済、証券振替）と資金の受払（資金決済、資金振替）も大量に行われます。これらの決済も個社別に行うと効率的ではないため、清算機関と同様に金融機関同士の決済を行う決済機関が存在します。証券の決済についてはおもに証券保管振替機構が、資金の決済についてはおもに日本銀行（日銀ネット）が行います。

2　各証券の照合・清算・決済

　ここでは上場株式など取引所で取引される証券のほか、一般債、短期社債（電子CP）、投資信託、国債の売買から照合、清算、決済、特に清算、決済について記述します。

(1) 上場株式など

　上場株式、転換社債型新株予約権付社債（CB：Convertible Bond）、外国証券など、取引所で取引される証券の売買から清算・決済について記述します。なお、取引所で取引される証券の売買から清算・決済は、ストリートサイドとカスタマーサイドに分かれます。ストリートサイドとは取引所を介して証券会社間で行われる売買取引のことで、カスタマーサイドとは投資家と証券会社の間で行われる売買取引のことです（図表4-1-5参照）。

① ストリートサイド

　ここではストリートサイドの売買から決済までの流れについて記述します。

図表4-1-5　カスタマーサイドとストリートサイド

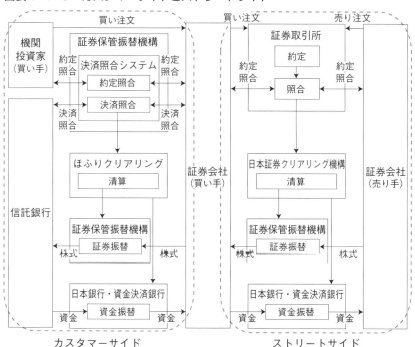

第4章　証券業務　201

図表 4-1-6 取引所で取引される証券の売買から決済まで（ストリートサイド）

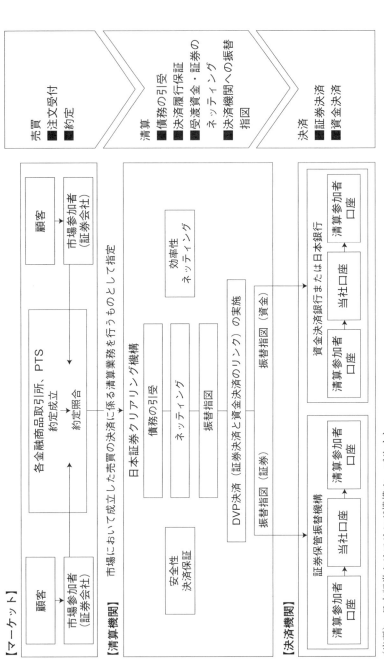

(出所) 日本証券クリアリング機構ウェブサイト

(i) 概　　要

　取引所で取引される証券のストリートサイドの売買から決済までの流れを示すと、図表4－1－6のとおりです。

　上場株式などの証券の売買は、おもに取引所システム（＊2）で行われます。

(ii) 売買から決済まで

　売買の成立（約定）後、買い手側の市場参加者と売り手側の市場参加者の間の約定照合も取引所システムで実施されます。約定照合が終了すると、約定データが日本証券クリアリング機構（以下、JSCC（＊3））に送られ、約定日当日にJSCCが債務の引受を行います。

　その後、決済日に株式などの証券は市場参加者ごと、証券の銘柄ごとに、また資金は市場参加者ごとにネッティングされ、決済指図データが作成されて、JSCCと市場参加者の間で決済照合が行われます。照合に問題がなければ、証券保管振替機構の振替システムで、売り手側の市場参加者（清算参加者）の持つ振替口座にある証券が買い手側の市場参加者（清算参加者）の持つ振替口座に振り替えられます。

　これを受けて、日銀ネット（＊4）上で、買い手側の市場参加者（清算参加者）の持つ日銀当座預金口座にある資金を売り手側の市場参加者（清算参加者）の持つ日銀当座預金口座に振り替えます。JSCCと市場参加者（清算参加者）の決済は、証券の振替（数量、金額）も資金の振替（金額）もネッティングされてDVP（＊5）決済で行われます。DVP決済は決済リスク回避のために

（＊2）　取引所システムが対応していない夜間などの時間帯にはPTSで取引が行われます。PTS（Proprietary Trading System）とは、取引所ではなく証券会社などが提供する私設の証券取引システムのことをいいます。
（＊3）　JSCCは、Japan Securities Clearing Corporationの略です。
（＊4）　日銀ネットは正式には日本銀行金融ネットワークシステムといいます。日本銀行と各種金融機関との間で資金または国債の振替（決済）をリアルタイムで行うために、日本銀行が運営しているネットワークシステムです。資金の振替は当座預金系（当預系）、国債の振替は国債系で行われます。国債以外の証券の振替は日銀では行いません。

証券の振替と資金の振替を同時(*6)に行うものです。

② **カスタマーサイド**

ここではカスタマーサイドの売買から決済までの流れについて記述します。

(i) 概　　要

取引所で取引される証券のカスタマーサイドの売買から決済までの流れを示すと、図表4-1-7のとおりです。この例示では機関投資家を買い手、証券会社を買い手とし、DVP決済としています。なお、売り手の証券会社は買い手の証券会社と証券取引所で売買しますが、ストリートサイドであるため、ここでは記述を省略しています。

(ii) 売買から決済まで

上場株式などの証券売買取引の成立（約定）後、買い手側の証券会社と買い手側の機関投資家（証券保管振替機構の参加者である機関投資家）の間の約定照合と決済照合は、証券保管振替機構の決済照合システムで実施されます。これらの照合が終了すると、DVP振替請求データがほふりクリアリング（以下、JDCC(*7)）の口座振替システムに送られ(*8)、決済日にJDCCが債務の引受を行います。その後、DVP振替請求データについて、株式などの証券は取引1件ごとに、また資金は市場参加者ごとにネッティングされ、証券の振替と資金の振替が行われます。ここではJDCCと証券保管振替機構は一体として扱っています。

具体的には、JDCCの口座振替システムで、買い手側の証券会社（渡方）

(*5) DVPはDelivery Versus Paymentの略です。証券の振替、資金の振替ともにネッティングする、ネット＝ネット方式のDVP決済で行われます。
(*6) 一方の取引が行われないともう一方の取引も行われないようにすることで、一方の債務不履行によってもう一方が損失を被るリスクを排除します。
(*7) JDCCはJASDEC DVP Clearing Corporationの略です。
(*8) 決済照合システムにデータを入力することにより、以降はシステムが自動的にデータを処理し決済します。これをSTP（Straight Through Processing）といいます。

図表4-1-7 取引所で取引される証券の売買から決済まで（カスタマーサイド）

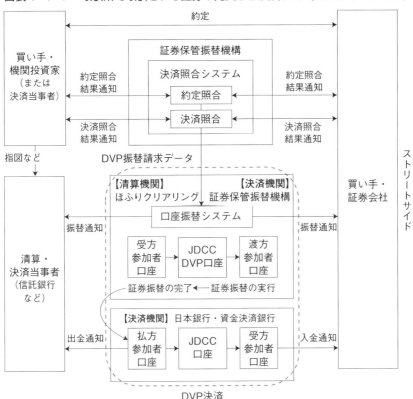

（出所） 証券保管振替機構ウェブサイトの内容などを参考に筆者作成

の持つ口座にある証券がJDCCの持つ口座に振り替えられて、その後にJDCCの持つ口座にある証券が買い手側の機関投資家（受方）の持つ口座に振り替えられます。

　これを受けて、日銀ネット上で、買い手側の機関投資家（払方）側の清算・決済当事者の持つ日銀当座預金口座にある資金をJDCCの持つ日銀当座預金口座に振り替えて、その後にJDCCの持つ日銀当座預金口座にある資金を買い手側の証券会社（受方）の持つ日銀当座預金口座に振り替えます。

JDCCと買い手の決済は、証券の振替はネッティングされず、資金の振替（金額）はネッティングされて、DVP決済（＊9）で行われます。

(2) 国　　債

国債の取引には取引所取引と店頭取引の2つがありますが、そのほとんどは店頭取引が占めています。ここでは店頭取引での国債の売買から決済までの流れについて記述します。

① 概　　要

国債の売買から決済までの流れを示すと、図表4-1-8のとおりです。ここでは、日本証券クリアリング機構（以下、JSCC）を使用し、振替（証券振替と資金振替）はDVP決済で行う例をあげています。

図表4-1-8　国債の売買から決済まで

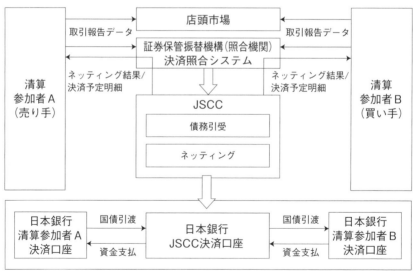

（出所）　日本証券クリアリング機構ウェブサイト

（＊9）　証券の振替はグロス、資金の振替はネットとする、グロス＝ネット方式のDVP決済で決済されます。

② 売買から照合まで

　店頭市場において、売り手（清算参加者Ａ）と買い手（清算参加者Ｂ）の間で国債の売買取引が成立（約定）します。売り手と買い手から送信された取引報告データを証券保管振替機構の決済照合システムが受信し、約定照合を行います。

　この約定照合は、上場株式などを証券会社間で取引を行う前述のストリー

図表 4 - 1 - 9　三者間センタ・マッチング型（運用指図配信サービス未利用型）の照合

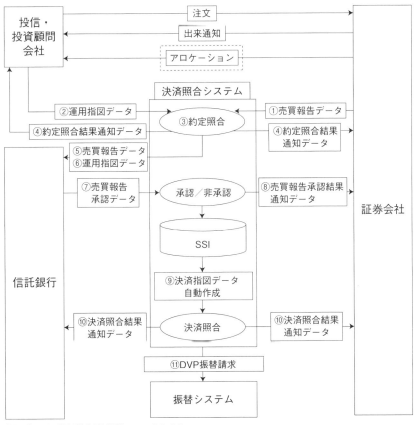

（出所）　証券保管振替機構ウェブサイト

トサイドの取引の場合を除いて、証券保管振替機構（保振機構）の決済照合システムで行われます。証券保管振替機構の決済照合システムでの約定照合について示すと、図表4－1－9のとおりです。

例示した三者間センタ・マッチング型（運用指図配信サービス未利用型）があるほかに、投資側（バイサイド）が運用会社（投信・投資顧問会社）と受託会社（信託銀行）に分かれるか否かによって取引（約定照合）のパターンが複数に分かれます。それらのパターンについて、図表4－1－10で説明します。

決済照合については、SSI（Standing Settlement Instruction）データベースに事前に一括登録されている証券や資金の口座番号などの決済条件を使い、信託銀行が決済照合システムに送信する売買報告承認データから自動的に生成されます。このため、あらためて信託銀行や証券会社と決済指図データの照合を行う必要はなく、決済照合システムから信託銀行や証券会社に決済照合結果通知データを送信して、清算・決済に進みます。

③ **清算から決済まで**

照合に問題がなければ、取引報告データはJSCCに送信されて、約定日に債務引受が行われます。その後、清算を行い、清算参加者ごと、かつ決済日ごと、かつ銘柄ごとに、受渡する国債の数量、受渡する資金の金額をネッティングし、数量と金額の差分を確定します。

決済日に、DVP決済により、国債の証券決済と資金決済を行います。日銀ネット（国債系）上で、売り手側の持つ口座にある国債がJSCCの持つ口座に振り替えられ、その後にJSCCの持つ口座にある国債が買い手側の持つ口座に振り替えられます。

これを受けて、日銀ネット（当座預金系）上で、買い手側の清算参加者の持つ日銀当座預金口座にある資金をJSCCの持つ日銀当座預金口座に振り替えて、その後にJSCCの持つ日銀当座預金口座にある資金を売り手側の持つ日銀当座預金口座に振り替えます。

図表 4-1-10　取引（約定照合）のパターン

取引（約定照合）のパターン	内容
三者間センタ・マッチング型（運用指図配信サービス未利用型）	運用会社から送信された運用指図データと証券会社から送信された売買報告データを決済照合システムでマッチングし、約定照合結果通知データをリアルタイムで運用会社と証券会社に送信、さらにマッチした運用指図データと売買報告データをリアルタイムで信託銀行にも送信する。信託銀行は当該取引を確認し、売買報告承認データを決済照合システムに送信する。これを受けて、決済照合システムは証券会社に売買報告承認結果通知データを送信する。特定金銭信託取引などで使用
二者間センタ・マッチング型（運用指図配信サービス利用型）	三者間センタ・マッチング型（運用指図配信サービス未利用型）とほぼ同じだが、以下の点が異なる。運用会社から運用指図データを受信するのではなく、決済照合システムにおいて、証券会社から送信された売買報告データをもとに運用指図データを代理作成し、運用会社に送信する。三者間センタ・マッチング型（運用指図配信サービス未利用型）と同様に特定金銭信託取引などで使用
運用指図サポート対象外型	運用会社は決済照合システムに参加せず、運用指図データを別の手段で信託銀行に送信する。信託銀行は決済照合システムが送信した売買報告データと別の手段で得た運用指図データを内部で照合し、売買報告承認データを決済照合システムに送信する
スルー型	運用会社は運用指図データを決済照合システム経由で信託銀行に送信する。証券会社も同様に売買報告データを決済照合システム経由で信託銀行に送信するだけで、決済照合システムで運用指図データと売買報告データの照合は行わない
プロパー型	投資側（バイサイド）が運用会社と受託会社に分かれておらず1社であるため、決済照合システム経由で証券会社から送信された売買報告データを投資側（バイサイド）が内部で照合し、決済照合システムに売買報告承認データを送信する。信託銀行、保険会社などが自身の運用を行う場合などに使用
二者間センタ・マッチング型	買い手と売り手がそれぞれ売買報告データを送信する。決済照合システムで、買い手と売り手のそれぞれが送信した売買報告

	データの約定照合を行い、約定照合結果通知を買い手と売り手に向けてリアルタイムで送信する
デュプレックス型	株式などで使われる方式であり国債には関係しないが、決済照合システムがサポートしているためここで記述する。株式を新規に上場する場合、引受証券会社、株主名簿管理人、払込取扱銀行の間で株式などの新規記録情報の内容を相互に確認する。引受証券会社が送信した新規記録情報の内容を株主名簿管理人、払込取扱銀行が確認し、新規記録情報承認データを決済照合システムに送信する

(出所) 証券保管振替機構ウェブサイト

なお、ほかの証券などと異なり、証券決済は日銀ネット（国債系）で、資金決済は日銀ネット（当座預金系）で行われます。日銀ネットの決済は、システミック・リスク抑止の観点から取引1件ごとに決済する（RTGS：Real Time Gross Settlement）ため、DVP決済もグロス＝グロス方式で行われます。

概要にあげた図ではJSCCを経由するDVP決済を例示していますが、JSCCを経由しないDVP決済もあります。この場合には、決済照合や決済指図が自動的に送信、処理されるのではなく、個別に入力する必要があります。

(3) 一 般 債

一般債とは社債、特別目的会社（SPC）の発行する特定社債、地方債、特殊債、外国法人などが発行する円建外国債（サムライ債）などを指します。ここでは一般債の売買から決済までの流れを記述します。

① 概　　要

一般債の売買から決済までの流れを示すと、図表4-1-11のとおりです。振替（証券振替と資金振替）はDVP[*10]決済で行っている例です。

② 売買から決済まで

一般債の売買は、情報ベンダーなどの提供する売買システムのほか、電話

(*10) 証券の振替、資金の振替ともにネッティングせず、取引1件ごとに行うグロス＝グロス方式で行われます。

図表4-1-11　一般債の売買から決済まで

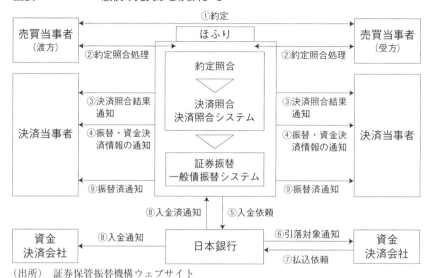

（出所）　証券保管振替機構ウェブサイト

やFAXなどで行われます。売買成立（約定）後、買い手と売り手の間の約定照合は、証券保管振替機構（通称、ほふり）の約定照合システムで実施されます。約定照合が終了すると約定データから決済指図データが自動的に作成され、決済日に債務引受が行われ、証券保管振替機構の決済照合システムでは決済指図データについて決済照合が実施されます。

　照合に問題がなければ、証券保管振替機構の振替システムで、売り手（渡方）側の決済当事者の持つ振替口座にある証券が買い手（受方）側の決済当事者の持つ振替口座に振り替えられます。これを受けて、日銀ネット上で、買い手（受方）側の資金決済会社の持つ日銀当座預金口座にある資金を売り手（渡方）側の資金決済会社の持つ日銀当座預金口座に振り替えます。なお、一般債では、証券保管振替機構が約定照合から決済照合まで行い、決済日に証券の振替と資金の振替まで指示するため、上場株式や国債のように、清算を専門に行う清算機関は存在しません。

証券の振替と資金の振替を同時にするDVPを行わない（非DVP、またはFOP（Free Of Payment））方式もあります。この場合には、証券の振替は、売り手（渡方）側の決済当事者が証券保管振替機構に対して振替指図を行うことで実行されます。資金の振替は、買い手（受方）側の資金決済会社が市中銀行を使って売り手（渡方）側の資金決済会社に払い込むことで行われます。

(4) **短期社債**

短期社債（電子CP）の売買から清算・決済までの流れは前述の一般債とほぼ同じですので、ここでの説明は省略します。

(5) **投資信託**

ここでは投資信託の設定（新規）と解約について記述します。

図表4-1-12　投資信託の設定（新規）と解約

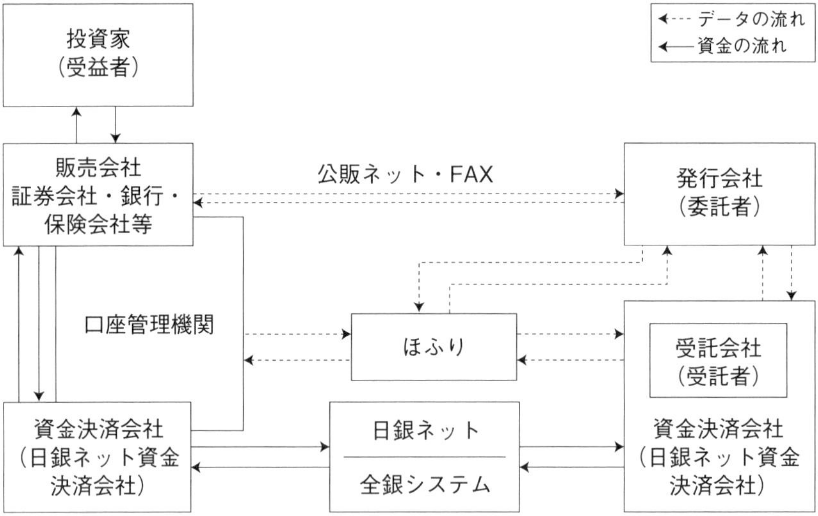

（注1）　資金決済を行う者を「資金決済会社」、資金決済会社のうちDVP決済に係る資金決済を行う者を「日銀ネット資金決済会社」という。
（注2）　資金決済は、DVP決済の場合は日銀ネット、非DVP決済の場合は全国銀行データ通信システム（全銀システム）等により行う。
（出所）　証券保管振替機構ウェブサイト

① 概　　要

　投資信託の設定（新規）と解約について示すと、図表4-1-12のとおりです。図中のほふりは証券保管振替機構を指します。なお、投資信託のうち委託者指図型投資信託が対象で、委託者非指図型投資信託、マザー・ファンド、外国投資信託などは対象外です。

② 設定と解約

　販売会社は投資信託の販売を行う証券会社、銀行などを指します。発行者（委託者）は投資信託運用会社、受託会社（受託者）は資産管理専門銀行などの信託銀行を指します。また、ほふりは証券保管振替機構です。

　投資信託の場合、約定照合と決済照合は、証券保管振替機構の決済照合システムではなく振替システムで行われ、設定（新規）時と解約時にDVP決済が行われます。設定（新規）時には、投資家から資金を受領した販売会社の資金決済会社により、日銀ネットなどを経由して受託会社に資金が支払われます。この入金済通知が受託会社から証券保管振替機構に送られることで、投資信託振替システムにより当該投資信託の受益権が新規に発生します。解約時には、受託会社の資金決済会社により、日銀ネットなどを経由して販売会社に資金が支払われます。この入金済通知が販売会社から証券保管振替機構に送られることで、振替システムにより当該投資信託の受益権が抹消されます。

3　振替とDVP

(1) 概　　要

　証券の種類によって証券の振替（決済）は異なりますが、いずれの場合も決済などのリスクを回避するために、資金の振替（決済）に連動することができます（DVP決済）。証券の種類の別による証券振替、資金決済などは、図表4-1-13のとおりです。

図表4-1-13　証券の種類の別による証券振替、資金決済など

証券の種類	清算機関	債務引受（引受日）	証券振替（システム）	資金振替（システム）
上場株式など（ストリートサイド）(注1)	日本証券クリアリング機構（JSCC）	日本証券クリアリング機構（約定日）	証券保管振替機構（株式等振替システム）	日本銀行（日銀ネット（当座預金系））(注2)
上場株式など（カスタマーサイド）(注1)	ほふりクリアリング（JDCC）	ほふりクリアリング（決済日）	証券保管振替機構（株式等振替システム）	日本銀行（日銀ネット（当座預金系））(注2)
一般債(注3)	―(注4)	証券保管振替機構（決済日）	証券保管振替機構（一般債振替システム）	日本銀行（日銀ネット（当座預金系））(注2)
短期社債（電子CP）	―(注4)	証券保管振替機構（決済日）	証券保管振替機構（短期社債振替システム）	日本銀行（日銀ネット（当座預金系））(注2)
投資信託	―(注4)	証券保管振替機構（決済日）	証券保管振替機構（投資信託振替システム）	日本銀行（日銀ネット（当座預金系））(注2)
国債	日本証券クリアリング機構（JSCC）	日本証券クリアリング機構（約定日）	日本銀行（日銀ネット（国債系））	日本銀行（日銀ネット（当座預金系））(注2)

(注1)　上場株式のほかに転換社債型新株予約権付社債（CB：Convertible Bond）、外国証券などがあります。
(注2)　DVP決済以外の場合、日銀以外の市中銀行などで資金が決済されます。
(注3)　社債、地方債、サムライ債などがあります。
(注4)　専門の清算機関がないDVP決済の場合、証券振替を行う機関（証券保管振替機構）が清算と債務引受を行います。

(2)　詳　　細

証券保管振替機構で行われる一般振替で使用(＊11)される一般振替DVP制度を例に、振替とDVP決済について記述します。

① 一般振替DVP制度

一般振替DVP制度は証券の振替と資金の振替を制度的、システム的に連

(＊11)　上場株式などの取引所側の取引（ストリートサイド）で行われる振替と、国債取引で行われる振替は対象外です。

図表 4-1-14　DVP決済の利用による元本リスクの削減

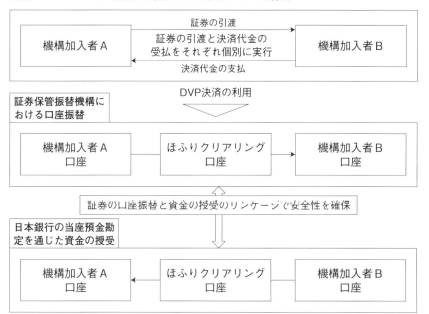

(注)　DVPとは、証券の引渡と決済代金の支払を相互に関連づけて行うことにより、決済の安全性を確保する仕組みをいいます。
(出所)　証券保管振替機構ウェブサイト

動させることにより、取引相手の債務不履行（証券の引渡が行われない）によってもう一方の取引相手が損失を被るという証券決済に係る元本リスクを削減し、資金決済の確実な履行を図る制度です。これらを図示すると、図表4-1-14のとおりです。なお、機構加入者とは、証券保管振替機構への加入者である証券会社、銀行、信託銀行などを指します。

② DVP決済の仕組み

　DVP決済においては、取引当事者である買い手と売り手が負う債務（資金の支払または証券の引渡）をほふりクリアリング（以下、JDCC）が引き受け（債務の引受）、買い手と売り手が有する債権（証券の受取または資金の受取）も同時にJDCCが取得（債権の取得）します。つまり、当初の取引当事者で

図表4-1-15　DVPの仕組み

証券保管振替機構における一般振替（例）

DVP決済を利用した証券決済における振替（例）

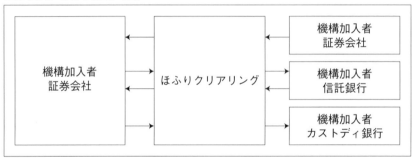

（出所）　証券保管振替機構ウェブサイト

　ある買い手と売り手の間にJDCCが介在し、買い手にとってはJDCCが売り手、売り手にとってはJDCCが買い手として取引を行います。これを図示すると図表4-1-15のとおりです。なお、カストディ銀行とは、投資家に代わって証券の保管・管理を行う銀行のことです。資産管理専門銀行などが該当します。

　DVP決済における証券の受渡は、振替実行時限（14時）までに、取引1件ごとに決済されるグロス決済で行われます。これに対して資金の決済は、振替実行時限（14時）時点での機構加入者とJDCCの資金の債権債務がネッティングされて参加者決済額が算出され、日銀ネット上で行われます（図表4-

図表 4 - 1 -16　DVP決済の例

証券保管振替機構（証券の振替）

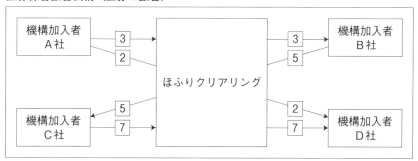

決済価額（参加者決済額）のネッティング計算

日本銀行の当座勘定取引（資金の振替）

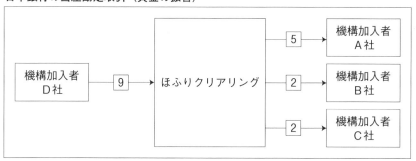

（出所）　証券保管振替機構ウェブサイト

1 -16参照）。資金の流れは、資金を支払うべき機構加入者すべてから支払がJDCCに行われた後に、資金を受け取るべき機構加入者にJDCCから支払が行われます。

　証券の振替と資金の振替について図表 4 - 1 -16を補足すると、図表 4 - 1 -17のとおりです。

③　DVPでの決済実務

　以下ではDVPでの決済実務を、決済照合と口座振替の連動、証券の振替、資金の決済の 3 つに分けて記述します。

図表 4-1-17　DVP決済の例（補足）

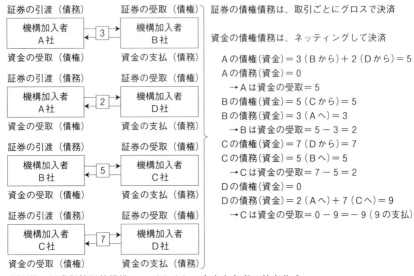

（出所）　証券保管振替機構ウェブサイトの内容を参考に筆者作成

(i)　決済照合と口座振替の連動（STP）

　DVP決済では、証券保管振替機構の決済照合システムと口座振替システムが連結されて、証券会社、投資信託運用会社などの機構加入者（決済当事者）の買い手と売り手の双方から、証券保管振替機構の決済照合システムに売買報告データや運用指図データが入力されます。その後、信託銀行が売買報告承認データを送信し、決済照合が一致した場合には、DVP振替請求データが自動的に作成されて口座振替システムに送られます。これを受けてDVP決済が行われ、決済が完了します（図表4-1-18参照）。これら一連の流れは、人手を介することなく自動的に実行されます（STP：Straight Through Processing）。

(ii)　証券の振替

　口座振替システムに送信されたDVP振替請求データにより、売り手（渡方）側の機構加入者（参加者）の口座からほふりクリアリング（DVP口座

図表4-1-18　決済照合システムと口座振替システムの連動（STP）

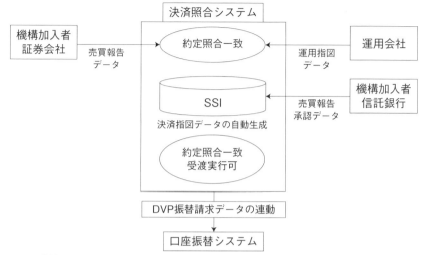

決済照合システムへのデータ入力を行った後は、人手を介すことなく、システム間のデータ授受により決済を完了させることができます。
（出所）証券保管振替機構ウェブサイト

図表4-1-19　一般振替DVP決済における証券振替の2つのプロセス

それぞれの証券振替は、条件を充足した場合に行われます。
（出所）証券保管振替機構ウェブサイト

への振替を行います（証券振替の実行）。次に、ほふりクリアリング（DVP口座）から買い手（受方）の機構加入者（参加者）への振替を行います（証券振替の完了）。この2つの証券振替のプロセスにはそれぞれに所定の条件が付されており、その条件が充足された場合のみ口座振替が行われます（図表4-1-19参照）。

図表4-1-20　日銀ネットを利用した資金決済（イメージ）

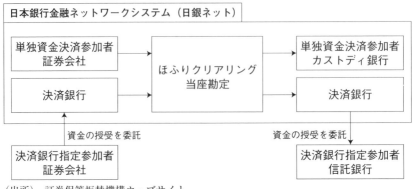

（出所）　証券保管振替機構ウェブサイト

(iii)　資金の決済

　決済当事者（単独資金決済参加者）の場合には、日銀ネット上で、自身の当座勘定（口座）とほふりクリアリングの当座勘定（口座）との間で資金の決済を行います。日銀ネット上で資金決済ができない決済当事者（決済銀行指定参加者）は、日銀ネット上で決済できる決済銀行に資金の授受を委託して、委託された決済銀行の当座勘定（口座）との間で資金の決済を行います（図表4-1-20参照）。

4　振替口座簿

　債券や株式などの証券のほとんどが電子化されています。このため、これら証券の売買により生じる権利の発生、移転、消滅などは、システム的な証券の振替処理によって行われています。この証券の振替は、振替法（社債、株式等の振替に関する法律）で、振替機関(*12)が行うものとされています。

　振替機関は証券に関する権利の発生、移転、消滅などを、振替口座簿といわれる電子的な帳簿上で取引当事者の口座間の振替によって行います。振替

(*12)　振替機関には日本銀行（国債のみ）と証券保管振替機構（国債以外）の2つがあります。

図表 4 - 1 -21　振替口座簿の管理

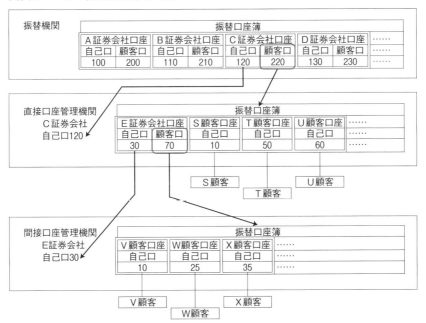

口座簿は、振替機関だけではなく証券会社、銀行、信託銀行などもそれぞれ自社に保有しています（図表4 - 1 -21参照）。

　振替機関は、同機関に口座を開設している証券会社などの金融機関（口座管理機関）の振替口座簿に記録することで、証券にかかわる権利の発生、移転、消滅などを行います。振替機関に口座を直接開設している口座管理機関を直接口座管理機関といい、振替機関に口座を直接開設しておらず、直接口座管理機関または間接口座管理機関に口座を開設している間接口座管理機関といいます。口座管理機関の振替口座簿には、自身が保有する証券残高を記録する自己口と自身の顧客が保有する証券残高を記録する顧客口があります。

2節　証券取引の種類

本節では、債券貸借取引や株券貸借取引といったレポ取引、株式の信用取引などについて記述します。

1項　概　要

証券取引には、債券や株式の現物取引（*13）以外にもいくつかのバリエーションがあります。ここではそれらのうち主要と思われるものについて説明

図表4-2-1　証券取引の種類

取引の種類		内容
レポ取引（注1）		債券、株式などを現金などの担保と貸借し、取引の終了時点で同種、同量の債券、株式などと現金などの担保を相互に返還する消費貸借取引
	債券貸借取引	貸借の対象が債券である貸借取引。無担保取引と有担保取引がある
	現先取引	債券など（注2）を購入または売却し、取引の終了時点で売り戻す、または買い戻す条件付きの取引。債券現先取引ともいう
	株券貸借取引	貸借の対象が株式である貸借取引。無担保取引と有担保取引がある
信用取引		現金、株式を担保に差し入れて、保有していない株式を借入して売却、または資金を借入して株式を購入し、一定期間経過後に株式を購入または売却する取引

（注1）　レポ取引とはRepurchase Agreementの略です。貸借取引（債券貸借取引と株券貸借取引）には無担保取引と有担保取引があり、有担保取引は、担保が有価証券である代用有価証券担保付取引と、担保が現金である現金担保付取引の2つに分かれます。これらの貸借取引市場では現金担保付取引がほとんどを占めています。日本ではレポ取引というと一般に現金担保付債券貸借取引を指しますが、欧米では現先取引を指します。本書では、債券貸借取引に加えて株券貸借取引と現先取引もレポ取引に含めて説明します。
（注2）　債券のほかに、譲渡可能な預金であるCD（譲渡性預金）、企業が短期の資金を調達するために振り出す手形であるCP（コマーシャル・ペーパー）も対象です。

します（図表4-2-1参照）。

2項　債券貸借取引

ここでは債券の貸借と担保の受渡を行う貸借取引について記述します。

1　概　　要

証券会社などが、信託銀行などそのほかの金融機関を取引相手にして債券を差し入れて、同時に取引相手から現金などの担保を受け取り、取引終了時に取引相手から債券の返却を受け、同時に取引相手に現金などの担保を返却する、または証券会社などが、信託銀行などそのはかの金融機関を取引相手にして現金などの担保を差し入れて、同時に取引相手から債券を受け取り、取引終了時に取引相手から現金などの返却を受け、同時に取引相手に債券を返却する取引です（図表4-2-2参照）。

取引開始時に取引相手に現金を差し入れて債券を受け取る（図表4-2-2の左側の取引）場合、債券の調達を動機としており、取引開始時に取引相手

図表4-2-2　債券貸借取引の概要

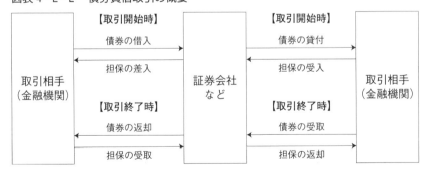

(＊13)　債券、株式といった有価証券を、売買時点の市場の価格（時価）により売買代金を計算して、現物（債券、株式など）と代金を買い手と売り手の間で受渡をする取引です。

に債券を差し入れて現金を受け取る(図表4-2-2の右側の取引)場合、資金などの調達を動機としているということができます。前者の債券の調達を動機としている取引をSC取引(SC:Special Collateral)といい、債券の調達が動機であるために取引の対象である債券銘柄が事前に特定されます。また、後者の資金の調達を動機としている取引をGC取引(GC:General Collateral)といい、資金の調達が動機であるために取引の対象である債券銘柄は事前に特定されません。

2 詳　細

債券を貸借する債券貸借取引のうち主流である現金担保付債券貸借取引について、取引の流れを以下に記述します(図表4-2-3参照)。

(1) 取引開始日…A

債券の借り手は取引相手である債券の貸し手に現金を担保として差し入

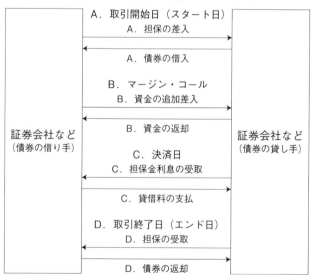

図表4-2-3　債券貸借取引の詳細

れ、引き換えに債券を借り入れます。これを債券の貸し手から見れば、取引相手である債券の借り手から現金を担保として受け入れ、引き換えに債券を貸し付けます。なお、取引開始日はスタート日ともいいます。

(2) マージン・コール…B

貸借取引では、担保金の金額と債券の時価総額は等しいものとされるのが一般的です。したがって、債券の時価が変動すると、担保金の金額と債券の時価総額との間に乖離が生じます。この貸借取引ごとに乖離を調整し、担保金の金額と債券の時価総額が等しくなるように、担保金を受払するのがマージン・コールです（図表4-2-4参照）。債券の時価総額は貸借取引ごとに毎営業日、時価で値洗いされて算出されます。なお、マージンはここでは担保金を意味し、マージン・コールとは担保金を受払することをいい、担保金は正式には基準担保金といいます（いずれも以下同じ）。

担保金の計算式は図表4-2-5のとおりです。

図表4-2-4　マージン・コールの内容

債券の時価総額と担保金	対応
債券の時価総額＞担保金	・債券の時価総額と担保金が等しくなるように、債券の借り手は担保金を追加で債券の貸し手に差し入れる ・債券の時価総額と担保金を等しくする担保金を、債券の貸し手は債券の借り手から追加で受け入れる
債券の時価総額＜担保金	・債券の時価総額と担保金が等しくなるように、債券の貸し手は担保金を債券の借り手に返却する ・債券の時価総額と担保金を等しくする担保金を、債券の借り手は債券の貸し手から受け取る

図表4-2-5　担保金の計算式

担保金＝債券の時価総額×基準担保金率
（注）　通常、基準担保金率は、100％とされる

(3) 決済日…C

　債券の借り手（資金の貸し手）と債券の貸し手（資金の借り手）の間で合意された決済日に、債券の借り手（資金の貸し手）は借り入れている債券の貸借料を支払い、債券の借入のために差し入れている担保金の利息を受け取ります。これを債券の貸し手（資金の借り手）から、貸し付けている債券の貸借料を受け取り、債券の貸付のために受け入れている担保金の利息を支払います。

　担保金利息、貸借料の計算式は図表4-2-6、図表4-2-7のとおりです。

　担保金利率と貸借料率の差をレポ・レートといいます。レポ・レートの計算式は図表4-2-8のとおりです。

　なお、現金担保付債券貸借取引と現先取引(*14)のそれぞれのGC取引の

図表4-2-6　担保金利息の計算式

> 担保金利息＝担保金額×担保金利率(％)×貸借日数(片落し)÷100÷365
> 　　　　　（円未満切捨）

図表4-2-7　貸借料の計算式

> 　　　債券の時価＝債券の単価＋額面100円当たりの経過利子
> 　　　時価総額＝取引数量×債券の時価÷100(円未満切捨)
> 　　　貸借料＝時価総額×貸借料率(％)×貸借期間÷100÷365(円未満切捨)
> （注1）　債券の単価は売買参考統計値（平均値）の単利利回りから算出した価格（小数点以下第4位切捨）。
> （注2）　額面100円当たりの経過利子は小数点以下第8位切捨。

図表4-2-8　レポ・レートの計算式

> レポ・レート(％)＝担保金利率(％)－貸借料率(％)

(*14)　株券貸借取引は集計対象外とされています。

個別レートを集計し、市場の実勢を反映する重要な指標として毎営業日公表されるものに、東京レポ・レートがあります。

(4) 取引終了日…D

借り手と貸し手の間で合意された決済日に債券の貸借料と担保金の利息を受払した後に、借り手と貸し手の間で貸借している担保金と債券を受払することで取引は終了します。なお、取引終了日はエンド日ともいいます。

(5) その他

貸借している債券について債券の利金の支払がある場合には、債券の借り手が本来の保有者である債券の貸し手に利金を支払います。

3項　現先取引

ここでは債券の条件付売買を行う現先取引について記述します。

1　概　要

証券会社などが取引開始時に債券など(*15)を取引相手であるそのほかの

図表4-2-9　現先取引の概要

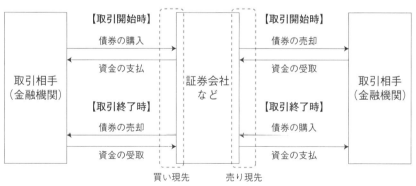

(*15) 前述のとおり、債券のほか譲渡性預金、コマーシャル・ペーパーなども取引対象です。

金融機関から購入し、取引終了時に当該債券を一定の価格で取引相手に売り戻す、または証券会社などが取引開始時に債券などを取引相手であるそのほかの金融機関に売却し、取引終了時に当該債券を一定の価格で取引相手から買い戻すという条件付きの売買取引です（図表4-2-9参照）。

2　詳　細

現先取引について、取引の流れを図表4-2-10に記述します。

(1) 取引開始日…A

債券の買い手は取引相手である債券の売り手から債券を購入し、対価として購入代金を支払います。これを債券の売り手から見れば、取引相手である債券の買い手に債券を売却し、対価として売却代金を受け取ります。取引開始時に債券を購入し取引終了時に債券を売り戻す取引を買い現先といい、反対に取引開始時に債券を売却し取引終了時に債券を買い戻す取引を売り現先といいます。なお、取引開始日はスタート日ともいいます。

図表4-2-10　現先取引の詳細

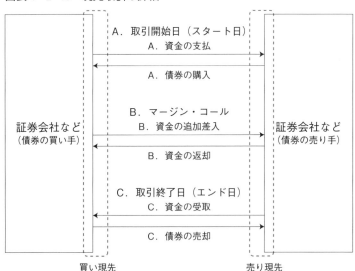

(2) マージン・コール…B

　貸借取引では、個々の貸借取引ごとに担保金の金額と債券の時価総額を比較し、その差額を受払します。しかし、現先取引では、たとえば、Aが同一の取引相手Bと行う各現先取引の個別与信額合計（AのBに対する与信額合計）から取引相手BがAに差し入れた担保金合計を差し引いた金額を求め、さらに取引相手BがAを取引相手とする各現先取引の個別与信額合計（相手方BのAに対する与信額合計）からAが取引相手Bに差し入れた担保金合計を差し引いた金額を求めます。前者の金額（A）＞後者の金額（B）のとき、その差額（純与信額、ネット・エクスポージャー）を取引相手BがAに担保金として差し入れます。反対に、前者の金額（A）＜後者の金額（B）のとき、その差額を取引相手AがBに担保金として差し入れます（図表4-2-11参照）。

　ここで純与信額を求める計算式は、図表4-2-12のとおりです。

　個別与信額合計は、個々の現先取引の個別与信額を合計したものですが、個別与信額を求める計算式は、図表4-2-13のとおりです。

図表4-2-11　マージン・コールの内容

前者の金額（A）と後者の金額（B）	対応
前者の金額（A）＞後者の金額（B）	・前者の金額（A）と後者の金額（B）が等しくなるように、差額をBがAに追加の担保金として差し入れる ・前者の金額（A）と後者の金額（B）を等しくする担保金をAはBから追加で受け入れる
前者の金額（A）＜後者の金額（B）	・前者の金額（A）と後者の金額（B）が等しくなるように、差額をAがBに追加の担保金として差し入れる ・前者の金額（A）と後者の金額（B）を等しくする担保金をBはAから追加で受け入れる

図表4-2-12　純与信額の計算式

$$純与信額 = \begin{pmatrix} 一方が同一の他方と行う \\ 各現先取引の個別与信額合計 \end{pmatrix} - \begin{pmatrix} 他方が一方に差し入れた \\ 担保金合計 \end{pmatrix}$$
$$- \begin{pmatrix} 他方が同一の一方と行う \\ 各現先取引の個別与信額合計 \end{pmatrix} - \begin{pmatrix} 一方が他方に差し入れた \\ 担保金合計 \end{pmatrix}$$

（注1）　純与信額＞0のとき、一方が他方に純与信額を保有していて、純与信額を他方が一方に担保金として差し入れる。
（注2）　純与信額＜0のとき、他方が一方に純与信額を保有していて、純与信額を一方が他方に担保金として差し入れる。ただし、この場合、金額は絶対値とする。

図表4-2-13　個別与信額の計算式

個別与信額＝当日を取引終了日とみなした場合のエンド売買金額
　　　　　　×（1＋(売買金額算出比率(％)(注1)÷100)）
　　　　　－当日の同種、同量の債券の時価総額(注2)

（注1）　ヘアカット率ともいう。担保の掛け目、担保価値の削減率。たとえばヘアカット率が10％だとすると、額面100万円の債券は90万円の担保価値があるものとされる。
（注2）　利含みの時価総額。利含みとは、経過利子を金額として扱うのではなく、経過利子を含めて売買単価を計算することをいい、利含み時価総額＝取引数量×利含み時価である。
（注3）　個別与信額＞0のとき、買い手が売り手に対して、個別与信額を保有している。
（注4）　個別与信額＜0のとき、売り手が買い手に対して、個別与信額を保有している。ただし、この場合、金額は絶対値とする。

図表4-2-14　エンド売買金額の計算式

エンド売買金額＝取引数量×エンド利含み売買単価
エンド利含み売買単価＝スタート利含み売買単価
　　　　　　　　　　　＋現先レート(％)×スタート利含み売買単価
　　　　　　　　　　　÷100×取引日数(片落し)÷365
スタート利含み売買単価＝約定時点の債券の利含み時価
　　　　　　　　　　　÷（1＋(売買金額算出比率(％)(注)÷100)）

（注）　ヘアカット率ともいう。担保の掛け目、担保価値の削減率。たとえばヘアカット率が10％だとすると、額面100万円の債券は90万円の担保価値があるものとされる。

個別与信額の算出にはエンド売買金額を使用しますが、このエンド売買金額を求める計算式は、図表4−2−14のとおりです。なお、現先取引には、取引における利息の取扱によって、通常の現先取引と利含み現先取引の2つがあります。利含み現先取引は、債券に関する利息の受払を債券の売買代金の受払と別に考える取引です。通常の現先取引は、債券に関する利息の受払を債券の売買代金の受払と一体に考える取引で現先取引期間中の利金の支払有無により、スタート売買単価、エンド売買単価の計算方法がそれぞれ2種類に分かれ、複雑なため、以降は利含み現先取引の場合の計算方法を記述します。なお、利含みとは、経過利子を金額として扱うのではなく、経過利子を含めて売買単価を計算することをいい、算出された単価を利含み単価といいます。

(3) 取引終了日…C

買い手と売り手の間で合意された決済日に、買い現先の場合、買い手は売り手に債券を売り戻し、売却代金を受け取ります。売り現先の場合、売り手は買い手から債券を買い戻し、購入代金を支払います。いずれの場合も、取引終了日に受払する売買代金には現先レートから計算された利息相当部分が含まれています。なお、取引終了日はエンド日ともいいます。

(4) その他

利含み現先取引の場合、売買している債券について、債券の利金の支払がある場合には、債券の買い手が本来の保有者である債券の売り手に利金を支払います。通常の現先取引では、売買している債券について、債券の利金の支払がある場合には、債券の買い手が利金を受け取ります。

4項 株券貸借取引

前述の債券貸借取引の取引対象が債券であるのに対して、株券貸借取引では、取引対象が株式である点がおもに異なります。株券貸借取引の概要と詳細、取引の流れは債券貸借取引のそれらとほぼ同じであるため、前述の債券

貸借取引の債券を株式に読み替えることで代替するものとし、記述は省略します。

5項 信用取引

ここでは資金の貸借や株式の貸借を行う信用取引について記述します。

1 概　要

通常、株式を買付する場合には買付するための資金が必要であり、株式を売付する場合には株式を保有している必要があります。しかし、信用取引（信用買い取引）では、委託保証金(*16)を差し入れれば、証券会社から買付のための資金を借り入れて、自己資金以上に株式を買い付けることができます（図表4-2-15参照）。この取引を買建（かいたて）ともいいます。なお、信用買い取引では、顧客が借り入れた買付資金の担保として、買い付けた株式を差し入れる必要があります。

同じく、信用取引（信用売り取引）では、保証金を差し入れれば、証券会社から売付のための株式を借り入れて、株式を売り付けることもできます（図表4-2-16参照）。この取引を売建（うりたて）ともいいます。なお、信用

図表4-2-15　信用買い取引の概要

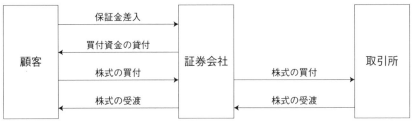

（*16）　信用買い取引、信用売り取引ともに、証券会社に差し入れた委託保証金（以下、保証金）の約3.3倍までの金額で取引すること（レバレッジを掛けた取引を行うこと）ができます。

図表4-2-16　信用売り取引の概要

売り取引では、顧客が借り入れた売付株式の担保として、株式の売付代金を差し入れる必要があります。

　信用買い取引では自己資金以上に株式を買付することができ、信用売り取引では保有していない株式を売付（空売り）することができます。このことが投機的な動きにつながりかねないため、一定の制限が行われることがあります。具体的には、取引が過熱していると判断される銘柄については取引所が注意喚起を行い、保証金率を通常の30％から引き上げる場合があります。このほか、証券会社が独自に新規の信用買い、信用売りの取引を停止する場合もあります。

　また、顧客に資金または株式を貸し付けることは顧客に対する信用の供与（与信）であるため、顧客の誰でも信用取引ができるわけではありません。信用取引口座の開設依頼が顧客からあった場合、現物取引の投資経験、信用取引の知識や経験、金融資産など(*17)について審査します。

　これまでの説明では、証券会社が顧客に買付資金または売付株式を貸し付けていますが、証券会社が顧客に貸し付けるための十分な余裕資金がない場合や、顧客が借入を希望する株式銘柄を証券会社が保有していない場合もあります。こうした場合には、証券金融会社(*18)が証券会社に買付資金または売付株式を貸し付け、証券会社は借り入れた買付資金または売付株式をさ

(*17)　顧客が個人の場合には、株式の現物取引の経験が1年以上、金融資産が300万円以上、成人であることなど。

図表 4-2-17　制度信用と一般信用の違い

	制度信用（取引）	一般信用（取引）
概要	証券取引所などが決済期日や品貸料などを決めている	各証券会社が個々に決済期日や品貸料などを決めている
信用買い対象銘柄	証券取引所が定める基準を満たした信用銘柄（制度信用銘柄）。信用買い取引のみ可能	各証券会社による（制度信用銘柄よりも幅広く、ほぼ全銘柄を対象とするところもある）
信用売買対象銘柄	証券取引所が定める基準を満たした貸借銘柄（証券金融会社と証券会社の間で銘柄を貸借）。信用買い取引、信用売り取引とも可能	各証券会社による（信用売り取引の取扱がない場合もある）
決済期日	最長で6カ月（6カ月目応当日の前営業日）	各証券会社による（無期限がある証券会社も多いが、上場廃止などの場合、有期）
金利・手数料	一般信用に比べて低い	制度信用に比べて高い
証券会社の収益	顧客から受け取る利息や手数料から証券金融会社へ支払う部分を除いた分、一般信用よりも低収益	証券金融会社へ支払う利息や手数料がない分、制度信用よりも高収益

らに顧客に貸し付けます。

　証券会社が資金や株式を貸し付けるものを一般信用（取引）といい、証券金融会社が資金や株式を貸し付けるものを制度信用（取引）といいます。両者には違いがありますが、それらをまとめると図表4-2-17のとおりです。

2　詳　細

　信用取引を信用買い取引と信用売り取引に分けて記述します。なお、信用

（＊18）　信用取引に必要な資金または株式を証券会社に貸し付けることをおもな業務にしている会社です。2019年1月現在、日本金融証券の1社のみが営業しています。略称は証金です。

取引ではなく、通常の株式の売買取引は、現物取引といいます。

(1) 信用買い取引

信用買い取引について、証券会社が買付資金を顧客に貸し付ける一般信用取引の流れを以下に記述します（図表 4 - 2 -18参照）。なお、本章 5 節では、制度信用取引での信用買い取引の流れと起票を記述しています。

① 信用買注文、保証金差入…A

顧客は、証券会社に保証金（委託保証金）を差し入れて、信用買い注文を出します。保証金(*19)は、法令によって(*20)約定代金の30％（ただし最低30万円以上）と定められています。たとえば信用取引の買い注文が執行され、売買が成立（約定）した際の約定代金が120万円のとき、保証金は36万円必要です。約定代金が80万円のときには保証金は24万円ですが、最低金額は30万円以上とされているため、30万円必要です。

図表 4 - 2 -18　信用買い取引の詳細

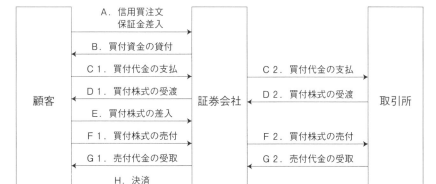

(*19) 保証金は売買取引が成立した日（約定日）から起算して 3 営業日目までに差し入れる必要があります。現金ではなく、株式などの有価証券を保証金として差し入れることができますが（これを代用有価証券といいます）、掛け目は80％以下とされます。この掛け目は有価証券の種類や銘柄によって異なります。
(*20) 制度信用取引の場合は法令での下限値（約定代金の30％、かつ最低30万円以上）を採用しています。一般信用取引では証券会社によりますが、制度信用取引の場合と同じか、やや高めに設定されています。

② 買付資金の貸付…B

証券会社は顧客に買付資金を貸し付けます。

③ 買付代金の支払、買付株式の受渡、買付株式の差入…C１、C２、D１、D２、E

顧客の買い注文が執行されて取引が成立（約定）し、買付代金と引き換えに買付株式が受け渡されます。この買付株式は、証券会社が顧客に貸し付けた買付資金の担保として、証券会社に差し入れられます。ここで、保証金率、保証金維持率ともに30％とします。

信用買い取引で、保証金30万円を差し入れて100万円で株式を買付した後、87万円まで下落したとすると、評価損（含み損）は13万円です。この評価損13万円を保証金30万円から減算した差額17万円を求めます。さらに保証金30万円から差額17万円を減算した13万円を求めます。この金額13万円を追加証拠金（追い証（おいしょう））として、新たに証券会社に差し入れなければなりません[*21]。追い証の金額を求める計算式と計算例は、図表4-2-19のとおりです。

④ 買付株式の売付、売付代金の受取…F１、F２、G１、G２

信用買い取引の反対取引[*22]として、買付株式の売り注文が執行されて、買付株式と引き換えに売付代金を受け取ります。反対取引の売付を行う

図表4-2-19 追い証金額の計算式（左）と計算例（右）

評価損＝買付代金－時価評価金額	評価損＝13万円＝100万円－87万円
差額＝保証金－評価損	差額＝17万円＝30万円－13万円
追い証金額＝保証金－差額	追い証金額＝13万円＝30万円－17万円

（*21） 追い証が必要か否かは、当日営業日の終値で値洗いすることで判定されます。追い証が必要との判定が確定するのは翌営業日の早朝です。この翌営業日から起算して３営業日目までに追い証が入金されない場合、当該信用取引は証券会社によって、反対取引が強制的に実行されます。ただし、タイミングなどは証券会社や証券会社が個々に用意している信用取引のコースなどによっても異なります。

のは、一般に買付のときよりも株価が上昇し、買付資金の利息や手数料などを支払っても一定以上の利益が見込める場合です。たとえば買付の約定金額が120万円で、株価が上昇して150万円で売ることができるような場合です。逆に、含み損が出ている株式を見切って売り付けることで損失額を確定させる損切りを行う場合もあります。

信用買い取引の決済方法としては、買付株式の売り注文を行って、売付代金により、顧客が証券会社から借り入れていた買付資金を返済する方法のほかに、買付株式を売らずに、別途、買付資金を証券会社に返済して買付株式の現物を引き取る現引（げんびき）という決済方法もあります。

⑤ **決済…H**

売付代金で、顧客が証券会社から借り入れていた買付資金を返済します。また、顧客は買付資金の利息を証券会社に支払います。

(2) **信用売り取引**

信用売り取引について、証券会社が売付株式を顧客に貸し付ける一般信用取引の流れを以下に記述します（図表4-2-20参照）。なお、本章5節では、制度信用取引での信用売り取引の流れと起票を記述しています。

① **信用売注文、保証金差入…A**

顧客は、証券会社に保証金（委託保証金）を差し入れて、信用売注文を出します。保証金[*23]は、法令によって約定代金の30％（ただし最低30万円以上）と定められています[*24]。たとえば信用取引の売り注文が執行され、

[*22] 株式を買付したまま、または株式を売付したまま反対取引を行わない、未決済の状態を建玉（たてぎょく）といい、買付のままで未決済の状態を買い建玉、売付のままで未決済の状態を売り建玉ともいいます。ここでいう玉はポジション（持ち高）の意味であるため、買い建玉は買いポジション、ロング・ポジションであり、売り建玉は売りポジション、ショート・ポジションです。

[*23] 保証金は売買取引が成立した日（約定日）から起算して3営業日目までに差し入れる必要があります。現金ではなく、株式などの有価証券を保証金として差し入れることができますが（これを代用有価証券といいます）、掛け目は80％以下とされます。この掛け目は有価証券の種類や銘柄によって異なります。

図表4-2-20　信用売り取引の詳細

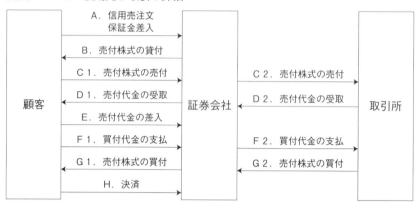

売買が成立（約定）した際の約定代金が120万円のとき、保証金は36万円必要です。約定代金が80万円のときには保証金は24万円ですが、最低金額は30万円以上とされているため、30万円必要です。

② **売付株式の貸付…B**

証券会社は顧客に売付株式を貸し付けます。

③ **売付株式の売付、売付代金の受取、売付代金の差入…C1、C2、D1、D2、E**

顧客の売り注文が執行されて取引が成立（約定）し、売付株式と引き換えに売付代金が受け渡されます。この売付代金は、証券会社が顧客に貸し付けた売付株式の担保として、証券会社に差し入れられます。ここで、保証金率、保証金維持率ともに30％とします。

信用売り取引で、保証金30万円を差し入れて100万円で株式を売付した後、113万円まで上昇したとすると、評価損（含み損）は13万円です。この評価損13万円を保証金30万円から減算した差額17万円を求めます。さらに保

（＊24）　制度信用取引の場合は法令での下限値（約定代金の30％、かつ最低30万円以上）を採用しています。一般信用取引の保証金は、証券会社にもよりますが、制度信用取引の場合と同じか、やや高めに設定されています。

図表4-2-21　追い証金額の計算式（左）と計算例（右）

評価損＝時価評価金額－売付代金	評価損＝13万円＝113万円－100万円
差額＝保証金－評価損	差額＝17万円＝30万円－13万円
追い証金額＝保証金－差額	追い証金額＝13万円＝30万円－17万円

証金30万円から差額17万円を減算した13万円を求めます。この金額13万円を追加の保証金（追い証）として、新たに証券会社に差し入れなければなりません(*25)。追い証の金額を求める計算式と計算例は、図表4-2-21のとおりです。

④　買付代金の支払、売付株式の買付…F1、F2、G1、G2

信用売り取引の反対取引(*26)として、売付株式の買い注文が執行されて、買付代金と引き換えに売付株式を受け取ります。反対取引の買付を行うのは、一般に売付のときよりも株価が下落し、売付株式の利息や手数料などを支払っても一定以上の利益が見込める場合です。たとえば売付の約定金額が120万円で、株価が下落して80万円で買うことができるような場合です。逆に、含み損が出ている株式を見切って買い付けることで損失額を確定させる損切りを行う場合もあります。

信用売り取引の決済方法としては、売付株式の買い注文を行って、売付株式の買付により、顧客が証券会社から借り入れていた売付株式を返却する方法のほかに、売付株式を買わずに、別途、売付株式と同種、同量の株式を用

(*25)　追い証が必要か否かは、当日営業日の終値で値洗いすることで判定されます。追い証が必要との判定が確定するのは翌営業日の早朝です。この翌営業日から起算して3営業日目までに追い証が入金されない場合、当該信用取引は証券会社によって、反対取引が強制的に実行されます。ただし、タイミングなどは証券会社や証券会社が個々に用意している信用取引のコースなどによっても異なります。

(*26)　株式を売付したまま、または株式を買付したままで反対取引を行わない、未決済の状態を建玉（たてぎょく）といい、売付のままで未決済の状態を売り建玉、買付のままで未決済の状態を買い建玉ともいいます。ここでいう玉はポジション（持ち高）の意味であるため、売り建玉は売りポジション、ショート・ポジションであり、買い建玉は買いポジション、ロング・ポジションです。

意し、売付株式を証券会社に返済して売付代金を受け取る現渡（げんわたし）という決済方法もあります。

⑤ **決済…H**

売付株式の買付により、顧客が証券会社から借り入れていた売付株式を返済します。また、顧客は売付代金の利息を証券会社から受け取ります。

3節　業態別の証券業務

本節では証券業務について、証券会社、銀行などの業態別に記述します。

1項　概　要

預金業務は銀行などの金融機関(*27)に限定される業務ですが、証券業務は証券会社だけに限定されているわけではなく、他業態である普通銀行、信託銀行も一部の証券業務を行っています。証券会社をはじめとした業態別の証券業務について、図表4-3-1に示します。

図表4-3-1　業態別の証券業務

業態	証券業務		
証券会社	・委託売買業務 ・募集・売出業務	・自己売買業務	・引受業務
信託銀行	・証券信託業務	・証券代行業務	
普通銀行	・国債窓販業務 ・投資信託窓販業務	・ディーリング業務 ・金融商品仲介業務	

(*27)　銀行などの金融機関には、銀行のほかに信用金庫、信用組合なども含みます。

2項　証券会社の証券業務

　証券会社が行う主要な業務は委託売買業務、自己売買業務、引受業務、募集・売出業務の4つに大別されます（図表4-3-2参照）。それぞれの業務について、以下に説明します。

1　委託売買業務

　委託売買業務とは、投資家である顧客からの委託を受けて、債券や株式などの有価証券の売買を流通市場で行う業務です。顧客は売買する有価証券の種類（債券、株式など）、数量、タイミングなどを決めて証券会社に発注します。この際に顧客から受け取る委託手数料は、証券会社にとって重要な収益源です。顧客が自身の判断で売買を決定するため、取引の結果の責任はすべて顧客が負います。ブローカー業務ともいいます。

2　自己売買業務

　自己売買業務とは、証券会社が自身の資金と判断により、運用益などを目

図表4-3-2　証券会社の証券業務

業務	内容
委託売買業務	顧客から依頼されて、債券や株式などの有価証券の売買を流通市場で行うもの
自己売買業務	証券会社自身が債券や株式などの有価証券の売買を流通市場で行うもの
引受業務	発行市場で新規に発行された債券や株式などの有価証券を発行体から買い取って、投資家に販売するもの。売り切ることができない場合には引き取らなければならない
募集・売出業務	発行市場で新規に発行された債券や株式などの有価証券を発行体から投資家への販売を委託されるもの。売り切ることができなくても引き取る必要はない

的にして、債券や株式などの有価証券の売買を流通市場で行う業務です。証券会社が自身の判断で売買を決定するため、取引の結果の責任はすべて証券会社自身が負います。ディーラー業務ともいいます。

3　引受業務

引受業務とは、企業などの発行体が発行市場で債券や株式などの有価証券を新たに発行する場合に、証券会社が不特定多数の投資家に対して売り出すことを目的として、発行体から有価証券の販売を引き受ける業務です。証券会社は債券や株式などの有価証券の一部または全部を買い取り、投資家に販売しますが、全部を売り切ることができなかった場合には証券会社がそのまま保有します。

発行金額が大きい場合、証券会社１社だけで引き受けるとリスクも大きいため、複数の証券会社などが共同で引き受けることもあります。この集団を引受シンジケート団（引受シ団）といいます。引受シ団には取りまとめ役の幹事証券会社がおり、幹事証券会社が複数の場合には主幹事証券会社１社と副幹事証券会社に分かれます。アンダーライター業務ともいいます。

4　募集・売出業務

募集・売出業務とは、企業などの発行体が発行市場で債券や株式などの有価証券を新たに発行する場合に、証券会社が不特定多数の投資家に対して募集または売り出すことを、発行体から委託される業務です。証券会社は債券や株式などの有価証券を投資家に販売しますが、前述の引受業務と異なり、売り切ることができなくても買い取る必要はなく、リスクを負うことはありません。セリング業務ともいいます。

なお、募集とは新規に発行する債券や株式などの有価証券を販売するときに使用し、売出とはすでに発行済の債券や株式などの有価証券を販売するときに使用します。

5　その他の業務

その他の業務には、株式の名義書換を行うまたは公共債の元利金の支払を行うなどの代理事務業務、有価証券を担保にして資金を貸し付ける有価証券担保貸付業務、投資家から資金を継続的に受け入れて特定の有価証券投資に充てる累積投資業務、金融資産への投資に関して助言を行う投資顧問業務、有価証券の販売や顧客資産の管理などを行う金融商品仲介業務などがあります。

3項　信託銀行の証券業務

信託銀行が行う主要な証券業務には、証券信託業務、証券代行業務などがあります（図表4-3-3参照）。あわせて、銀行が行っている証券業務も基本的に行っています。

1　証券信託業務

顧客などから委託されて、おもに有価証券によって資産を運用する業務です。投資信託、指定金銭信託、指定金外信託、指定包括信託、特定金銭信託、特定金外信託、特定包括信託、有価証券管理信託、有価証券運用信託、有価証券処分信託、自己株式取得信託などがあります。

図表4-3-3　信託銀行の証券業務

業務	内容
証券信託業務	顧客などから委託され、信託契約を締結して、有価証券で運用などするもの
証券代行業務	株式の名義書換、株主名簿の管理、配当金の計算・振込など、株式にかかわる事務を代行するもの

(1) 投資信託

投資信託の販売によって、投資家から受領した資金を証券会社などの販売会社から信託銀行が受け取り、委託者である投資信託運用会社の運用指示により、受託者である信託銀行が債券や株式、短期金融商品などに投資することで資金を運用します。

(2) 指定金銭信託

委託者である顧客から資金（金銭）を受領（信託）し、委託者が指定した運用方針の範囲内（指定）により、受託者である信託銀行が債券や株式、短期金融商品などに投資することで、一定期間（信託期間）、資金を運用します。信託期間終了後に信託財産を金銭により交付します。

(3) 指定金外信託

指定金銭信託と同様ですが、信託期間終了後に信託財産を現状有姿（げんじょうゆうし）[*28]のまま交付します。

(4) 指定包括信託

指定金銭信託と同様ですが、2種類以上の財産（金銭と有価証券など）を運用します。信託期間終了後に信託財産を現状有姿のまま交付します。

(5) 特定金銭信託

委託者である顧客から資金（金銭）を受領（信託）し、委託者の運用指図（特定）により、受託者である信託銀行が債券や株式、短期金融商品などに投資することで、一定期間（信託期間）、資金を運用します。信託期間終了後に信託財産を金銭により交付します。

(6) 特定金外信託

特定金銭信託と同様ですが、信託期間終了後に信託財産を現状有姿のまま交付します。

[*28] 金銭を有価証券に投資している場合、投資している有価証券をそのまま交付します。

(7) 特定包括信託

特定金銭信託と同様ですが、2種類以上の財産（金銭と有価証券など）を運用します。信託期間終了後に信託財産を現状有姿のまま交付します。

(8) 有価証券管理信託

有価証券を管理する信託であり、もっとも基本的な信託でもあります。委託者である顧客の保有する有価証券について、受託者である信託銀行がその保管や利金、配当金、償還金などの受取を行います。

(9) 有価証券運用信託

有価証券を運用する信託です。委託者である顧客の保有する有価証券について、受託者である信託銀行が主として貸借取引により運用します。顧客が保有しており、当面売却などを行う予定がない有価証券などを有効活用する場合などに使用されます。

(10) 有価証券処分信託

有価証券を処分する信託です。委託者である顧客の保有する有価証券（おもに株式）について、受託者である信託銀行が売却することで、インサイダー取引の懸念を回避します。

(11) 自己株式取得信託

委託者である顧客から資金を受領し、受託者である信託銀行が委託者の自己株式を取引所を通して買付することで、インサイダー取引の懸念を回避します。

2 証券代行業務

株式を発行している株式会社に代わって、株主の管理や配当金の計算などさまざまな事務を信託銀行が行う業務です。上場会社については、株主総会招集通知などのための株主の氏名・住所の管理（株主名簿の管理）、株式の名義書換、期末日での株主確定、配当金の計算・振込、単元未満株の買取請求受付、増資時の払込などの事務があります。非上場の株式会社については株

式が電子化されていないため、紙の株券固有の事務、具体的には株券の準備・保管、印鑑の変更・管理などの事務も加わります。

3　その他の信託

信託勘定として、顧客である企業の持株会に加入している従業員が自社株の取得などのために金銭を信託銀行に委託する従業員持株信託、金融資産への投資に関して助言を行う投資顧問業務なども行っています。

4　その他の銀行業務

信託銀行が専門とする信託勘定としての業務のほかに、銀行勘定として銀行の預金、貸付、為替などの業務も行っていますが、次に記述する普通銀行の証券業務も行っています。

4項　普通銀行の証券業務

普通銀行が行う主要な証券業務には国債窓販業務、ディーリング業務、投資信託窓販業務、金融商品仲介業務などがあります（図表4-3-4参照）。

図表4-3-4　普通銀行の証券業務

業務	内容
国債窓販業務	公共債（国債、地方債、政府保証債）を募集、販売するもの
ディーリング業務	有価証券を商品として、不特定多数の顧客に対して売買するもの
投資信託窓販業務	投資信託の販売会社として顧客に販売するもの
金融商品仲介業務	有価証券の売買を媒介または取次するもの、デリバティブ取引を媒介・取次するもの、投資顧問契約・投資一任契約の締結を媒介するものなど

1　国債窓販業務

　国債、個人向け国債、地方債、政府保証債について、新発債の募集、既発債の販売を行います。また、購入者の申出により、償還前の中途換金(*29)も行います。個人向け国債は個人のみ取引できますが、それ以外の債券は個人、法人ともに取引できます。なお、窓販（まどはん）とは窓口販売の略ですが、現在では窓口だけではなくインターネット・バンキングなどでも取引することが可能です。

2　ディーリング業務

　銀行自身の投資業務として、有価証券を売買するだけではなく、不特定多数の顧客と商品としての有価証券（ただし株式や出資証券は除きます）を売買します。

3　投資信託窓販業務

　投資信託の販売会社として顧客に投資信託を販売します。販売時には、投資信託の内容、手数料、リスクなどを投資信託説明書（交付目論見書）などにより説明しなければなりません。投資信託の決算期には、発行された交付運用報告書を顧客に交付します。顧客からの買取請求、解約請求に対してはそれぞれの事務処理を行い、代わり金を顧客に支払います。

4　金融商品仲介業務

　金融商品取引法によれば、内閣総理大臣の登録を受けることで登録金融機関とされ、金融商品仲介業務を行うことができます。個別には、有価証券の売買を媒介または取次、デリバティブ取引を媒介・取次、投資顧問契約・投

(*29)　昨今はあまり使わないようですが、はね返り玉の買取ともいわれます。

資一任契約の締結の媒介などがあります。

4節　資金の運用・調達と資産管理

本節では資金の運用と調達、および資産管理について記述します。

1項　資金の運用・調達

資金の運用・調達について以下に説明します。

1　概　要

　証券会社などの金融機関が資金を運用・調達する市場には、長期金融市場（*30）のほかに短期金融市場（*31）があります。長期金融市場には、債券市場（公社債市場）と株式市場があり、短期金融市場には、短期の資金を運用・調達するコール市場、前述の債券貸借取引が行われる債券貸借市場、同じく前述の現先取引が行われる現先市場などがあります（図表4-4-1参照）。
　インターバンク市場とは銀行などの金融機関のみが参加できる市場で、オープン市場とは金融機関だけではなく一般の事業法人なども参加できる市場です。

2　詳　細

　前述の短期金融市場での資金の運用・調達にかかわる各種市場について、以下に記述します。

（*30）　1年超の取引が行われる市場です。資本市場、キャピタル・マーケットともいわれます。本書第1章「債券」、第2章「株式」を参照してください。
（*31）　短期金融市場では1年以内の取引が行われます。

図表4-4-1　短期金融市場の概要

参加者別市場	個別市場
インターバンク市場	コール市場
	手形市場
オープン市場	CD市場
	CP市場
	TDB市場
	債券貸借市場
	現先市場

(1) コール市場

　コール市場とは、銀行などの金融機関同士が短期の資金を運用・調達する市場です。オープン市場と異なり、金融機関だけが参加できるインターバンク市場です。コール市場[*32]で行われる取引には有担保と無担保の別があり（図表4-4-2参照）、期間別には日中コール（当日物）、オーバーナイトなどの種類（図表4-4-3参照）があります。金融機関が資金を調達する取引をコール・マネー、金融機関が資金を供給する取引をコール・ローンといいます。

図表4-4-2　担保の有無による分類

分類	内容
有担保取引	国債、国庫短期証券（TDB：Treasury Discount Bills、T-Bill)、社債、短期社債、CPなど、日本銀行の定める適格担保を裏付けにした資金の運用・調達取引
無担保取引	有担保取引と異なり、担保の裏付けがない資金の運用・調達取引

(*32)　呼べばすぐに応えることからコール（Call）市場といわれます。

図表 4-4-3　期間別による分類

分類	内容
日中コール	当日営業日中に約定、取組（資金受渡）し、同日中に決済する資金の運用・調達取引。通常、無担保取引
オーバーナイト (Over Night)	当日営業日中に約定、取組（資金受渡）し、翌営業日に決済する資金の運用・調達取引。O/Nと略される
トムネ (Tomorrow Next)	当日営業日中に約定、翌営業日に取組（資金受渡）し、翌々営業日に決済する資金の運用・調達取引。T/Nと略される
スポネ (Spot Next)	当日営業日中に約定、翌々営業日に取組（資金受渡）し、当日営業日から見て3営業日目に決済する資金の運用・調達取引。S/Nと略される
ターム物	取組（資金受渡）から決済日までの期間が2営業日以上、1年以内の資金の運用・調達取引。期日物ともいわれる

　調達・供給した資金を翌営業日に返済・回収する無担保コール翌日物（オーバーナイト）金利は、短期金融市場の代表的な金利であり、短期金利の主要な指標(*33)とされています。

　かつては短資会社が金融機関同士の取引（ブローキング取引）を仲介することや、短資会社自体が金融機関と取引（ディーリング取引）を行うことが主流でしたが、金融機関同士が直接取引（ダイレクト取引）を行うことも増えています。

(2) **手形市場**

　手形売買市場ともいわれ、コール市場と同様に、金融機関だけが参加できるインターバンク市場です。かつては盛んに取引が行われていましたが、昨今では、企業が印紙税を節約するために無手形取引などを増やしたこと、電子記録債権制度が創設されたことなどにより、手形の発行残高は大きく減少しています。このため、手形市場の取引もあまり行われなくなっています。

(*33)　これに対して、長期金融市場の代表的な金利であり、長期金利の主要な指標には、新発10年利付国債の利回りがあります。

(3) CD市場

　銀行などの通常の預金が譲渡不可であるのに対して、CD（Certificate of Deposit）またはNCD（Negotiable Certificate of Deposit）は第三者に譲渡可能な預金（譲渡性預金）であり、このCDを売買するのがCD市場です。前述のコール市場などと異なり、金融機関だけではなく、一般の事業法人なども参加することができるオープン市場の1つです。なお、金融商品取引法では、海外の金融機関が発行するCD（譲渡性預金）は有価証券とされていますが、日本の金融機関が発行するCD（譲渡性預金）は有価証券とされていません。

(4) CP市場

　一般の事業法人などが短期の資金調達のために発行する無担保の約束手形を、コマーシャル・ペーパー（CP：Commercial Paper）といい、そのCPを売買するのがCP市場です。従来は紙媒体の手形（手形CP）のみでしたが、現物を保管、輸送する手間、リスク、印紙税の負担(＊34)などから、2003年3月にペーパーレスの電子CPが登場し、現在では流通しているCPのほとんどが電子CPです。電子CPの特徴には、償還期限が1年以内の短期、金額が1億円を下回らない、利子の付かない代わりに額面金額より低い金額で発行される割引（ゼロクーポン）形式、無担保、一括償還される、などがあります。短期社債ともいわれます。

(5) TDB市場

　TDB（Treasury Discount Bills、T-Bill）とは、機関投資家向けに発行される1年以内の短期国債（割引国債）である国庫短期証券をいい、この国庫短期証券を売買するのがTDB市場です。国庫短期証券は、機関投資家から上場企業など投資家に販売できますが、決済には日本銀行の国債振替決済制度を利用するため、国庫短期証券を購入した投資家同士で売買はできません。同様の理由などで個人が売買することもできません。

(＊34) 印紙税の掛からない電子CPの導入にともない、手形CPの印紙税も不要とされました。

(6) 債券貸借市場

債券貸借とは、国債、地方債、社債などの債券を差し入れて同時に取引相手から現金などの担保を受け取り、取引終了時に取引相手から債券の返却を受け、同時に取引相手に現金などの担保を返却する、または現金などの担保を差し入れて同時に取引相手から債券を受け取り、取引終了時に取引相手から現金などの返却を受け、同時に取引相手に債券を返却する取引のことをいいます（図表4-4-4参照）。この債券貸借取引を行うのが債券貸借市場です。債券貸借取引については本章2節2項も参照してください。

図表4-4-4　債券貸借取引の概要

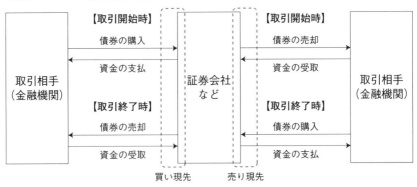

図表4-4-5　現先取引の概要

(7) 現先市場

現先取引とは、国庫短期証券をはじめとする短期国債、CD、CPなどの債券を売り、取引終了時にあらかじめ取り決めた期日に買い戻す、または債券を買い、取引終了時にあらかじめ取り決めた期日に売り戻すことを条件に行う取引のことをいいます（図表4-4-5参照）。この現先取引を行うのが、現先市場です。現先取引については本章2節3項も参照してください。

2項　資産管理

資産管理について以下に説明します。

1　概　　要

昨今では、有価証券などの資産運用を専門に行う金融機関と資産管理を専門に行う金融機関が個別にあり、それぞれがその専門性を生かして各業務を行っています。資産管理業務に特化し信託契約の受託側である資産管理専門銀行の業務には、国内証券管理業務、外国証券管理業務、投資信託管理業務、ファンド管理業務、共通情報管理業務などがあります。

2　詳　　細

従来は、各機関投資家が個別に資産運用も資産管理も行っていましたが、資産運用業務と資産管理業務を分離し、それぞれを一括、集約して委託することによって得意分野に特化できることから、資産管理を専門とする金融機関である資産管理専門信託銀行[*35]が登場しました。具体的には銀行、信託銀行、投資信託運用会社、証券会社、生命保険会社、損害保険会社といった機関投資家から債券や株式などの有価証券を預かって、それらの売買や決済などをはじめとする資産管理を代行しています（図表4-4-6参照）。カス

(*35)　2019年1月末現在、日本マスタートラスト信託銀行、日本トラスティ・サービス信託銀行、資産管理サービス信託銀行の3行があります。

図表 4-4-6　資産管理専門銀行の業務概要

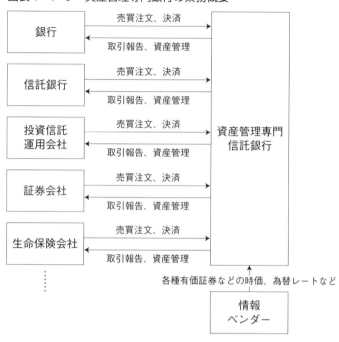

トディ（Custody）とも呼ばれます。

　ここでは資産管理専門信託銀行の業務のうち、おもな業務である国内証券管理業務、外国証券管理業務、投資信託管理業務、ファンド管理業務、共通情報管理業務について記述します。

(1)　国内証券管理業務

　国内で発行、流通している株式や債券などの有価証券に関する証券決済、資金決済、保管管理、債券の利金や償還金の取立、株式の配当金の取立、増資の事務などを行います。

(2)　外国証券管理業務

　海外で発行、流通している外国株式や外国債券などの外国有価証券に関する証券決済、資金決済、保管管理、債券の利金や償還金の取立、株式の配当

金の取立などを、海外の銀行などとカストディアン（Custodian）契約を締結することで行います。

(3) **投資信託管理業務**

投資信託運用会社が設定した各種投資信託について、投資信託運用会社からの運用指図に従って、投資信託の運用を有価証券などに投資することにより、行います。同時に追加購入時や解約請求時の処理、口数の管理、決算などを行います。

(4) **ファンド管理業務**

厚生年金基金、確定給付企業年金、確定拠出年金といった企業年金にかかわる年金信託などをはじめとする各種ファンドの資産管理を行う業務です。具体的にはファンドの設定、決算、入出金管理、解約、信託報酬算出、各種報告書の作成などを行います。

(5) **共通情報管理業務**

個別の業務などに限定されずに使用される各種情報を共通情報として情報ベンダーなどから入手・取得して、債券や株式などの有価証券の売買、決済、残高管理、時価評価などに使っています。具体的には株式の時価（株価）、債券の時価、外国通貨の為替レート、短期金利、長期金利などがあります。

5節　証券取引の会計

本節では債券、株式といった証券取引の会計処理について説明します。

1項　債　券

債券の取引は顧客取引と自己取引の2つに大別されます。ここでは顧客取引と自己取引のそれぞれの会計処理について記述します。前述の債券貸借取

引、現先取引についても後述します。

1　顧客取引

証券会社の顧客である投資家が出す債券の売買の注文を証券会社が受け、売買取引が成立（約定）し、決済が行われます（図表4-5-1参照）。

(1) 購　　入

証券会社が購入（顧客が債券を売却）する場合の取引の流れと起票を以下に示します。

① **代金振込、売買注文…A**

顧客は証券会社に債券の売り注文を出します。このとき起票はありません。

② **約定…B**

顧客の売り注文が成立（約定）します。この日を約定日といいます（以下同じ）。額面100円を98円で額面金額100万円分の利付債を証券会社に売却します。経過利子は5,000円とします。このときの起票は以下のとおりです。

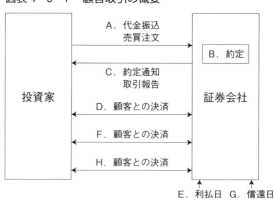

図表4-5-1　顧客取引の概要

借方		貸方	
商品有価証券等（債券）	980,000	約定見返勘定（注）	980,000

(注) 銀行などでは約定見返勘定ではなく、未払金（購入時）、未収金（売却時）を使う場合もあります（以下同じ）。

③ 約定通知、取引報告…C

取引が成立（約定）したことを売り注文を出した顧客に通知します（約定通知）。さらに、証券会社はその取引内容を取引報告書にして当該顧客に交付します（取引報告）。いずれの場合も起票はありません。

④ 顧客との決済…D

決済日（既発国債の場合、約定日の翌営業日、国債以外の場合、約定日から起算して、4営業日目、以下同じ）に顧客の証券口座の証券残高から出庫（減算）し、当該証券口座に売却代金を入金します。このときの起票は、以下のとおりです。

借方		貸方	
約定見返勘定（注1）	980,000	受渡勘定（注1）	985,000
未収債券利子（注2）	5,000		
受渡勘定	985,000	顧客からの預り金	985,000

(注1) ここでの約定見返勘定、受渡勘定は、他の起票で生じたものと相殺するために使われる通過勘定の一種です（以下同じ）。
(注2) この未収債券利子は、経過利子（前回利払日翌日から顧客の債券売却決済日までの経過利子で、顧客が受け取るべき部分）の起票です。

なお、フェイル(*36)が発生したときの起票は以下のとおりです（有価証券等受入未了勘定＝負債）。

借方		貸方	
受渡勘定	980,000	有価証券等受入未了勘定	980,000

(*36) 証券決済未了のことで、取引相手の信用力とは異なる理由により、当初予定した決済日が過ぎたにもかかわらず、債券などの受渡が行われないことをいいます。通常でも債券の需要が逼迫した場合などに発生します。

また、フェイルが解消したときの起票は以下のとおりです。

借方		貸方	
有価証券等受入未了勘定	980,000	受渡勘定	980,000
約定見返勘定	980,000	受渡勘定	985,000
未収債券利子（注）	5,000		
受渡勘定	985,000	顧客からの預り金	985,000

（注） この未収債券利子は、経過利子（前回利払日翌日から顧客の債券売却決済日までの経過利子で、顧客が受け取るべき部分）の起票です。

(2) 利　　払

利払日に債券の利払を受ける場合の取引の流れと起票を以下に示します。

① 利払日…E

発行体から利払を受けます。経過利子は3,000円とします。このときの起票は以下のとおりです。

借方		貸方	
未収債券利子（注1）	3,000	受取債券利子	3,000
現金及び預金	8,000	未収債券利子（注2）	8,000

（注１）　この未収債券利子は、経過利子（顧客の債券売却決済日の翌日から今回利払日までの経過利子で、証券会社が受け取るべき部分）です。
（注２）　この未収債券利子は、顧客との決済で起票した経過利子（前回利払日翌日から顧客の債券売却決済日までの経過利子で、顧客が受け取るべき部分）と、ここで起票した経過利子（顧客の債券売却決済日翌日から今回利払日までの経過利子で、証券会社が受け取るべき部分）の合計です。

(3) 売　　却

証券会社が売却（顧客が債券を購入）する場合の取引の流れと起票を以下に示します。

① 代金振込、売買注文…A

買い注文に先立って、当該顧客が自身の証券口座に購入のための代金を振込します。このときの起票は以下のとおりです。

借方		貸方	
現金及び預金	1,500,000	顧客からの預り金	1,500,000

　その後、顧客は証券会社に債券の買い注文を出します。このとき起票はありません。

② 　約定…B

　顧客の買い注文が約定日に成立（約定）します。額面100円を98円（証券会社の当該債券の簿価単価は、97円）で額面金額100万円分の利付債を売却します。経過利子は7,000円とします。このときの起票は以下のとおりです。なお、債券の場合、手数料は債券価格に含まれているため、別途発生せず、損益が発生します。

借方		貸方	
約定見返勘定	980,000	商品有価証券等（債券）	970,000
		トレーディング損益	10,000

③ 　約定通知、取引報告…C

　取引が成立（約定）したことを買い注文を出した顧客に通知します（約定通知）。さらに、証券会社はその取引内容を取引報告書にして当該顧客に交付します（取引報告）。いずれの場合も起票はありません。

④ 　顧客との決済…D

　決済日に顧客の証券口座の証券残高に入庫（加算）し、当該証券口座から購入代金を出金します。このときの起票は以下のとおりです。

借方		貸方	
受渡勘定	987,000	約定見返勘定	980,000
		未収債券利子 (注)	7,000
顧客からの預り金	987,000	受渡勘定	987,000

（注）　この未収債券利子は、経過利子（前回利払日翌日から顧客の債券購入受渡日までの経過利子で、証券会社が受け取るべき部分）の起票です。

　なお、フェイル(*37)が発生したときの起票は以下のとおりです（有価証

券等引渡未了勘定＝資産）。

借方		貸方	
有価証券等引渡未了勘定	980,000	受渡勘定	980,000

また、フェイルが解消したときの起票は以下のとおりです。

借方		貸方	
受渡勘定	980,000	有価証券等引渡未了勘定	980,000
約定見返勘定	980,000	受渡勘定	985,000
未収債券利子	5,000		
受渡勘定	985,000	顧客からの預り金	985,000

(4) 利　払

債券の利払を受ける場合の取引の流れと起票を以下に示します。

① 利払日…E

発行体から利払を受けます。このときの起票は以下のとおりです。

借方		貸方	
支払債券利子	3,000	未収債券利子（注1）	3,000
未収債券利子（注2）	10,000	現金及び預金	10,000

（注1）　この未収債券利子は、顧客との決済で起票した経過利子（顧客の債券購入決済日翌日から今回利払日までの経過利子で、顧客が受け取るべき部分）です。
（注2）　この未収債券利子は、顧客との決済で起票した経過利子（前回利払日翌日から顧客の債券購入受渡日までの経過利子で、証券会社が受け取るべき部分）と、ここで起票した経過利子（顧客の債券購入決済日翌日から今回利払日までの経過利子で、顧客が受け取るべき部分）の合計です。

② 顧客との決済…F

利払日に顧客の証券口座に利付債の利金を振り込みます。このときの起票は以下のとおりです。

（＊37）　証券決済未了のことで、取引相手の信用力とは異なる理由により、当初予定した決済日が過ぎたにもかかわらず、債券などの受渡が行われないことをいいます。通常でも債券の需要が逼迫した場合などに発生します。

借方		貸方	
現金及び預金	10,000	顧客からの預り金	10,000

(5) 償　　還

債券が償還される場合の取引の流れと起票を以下に示します。

① **償還日、顧客との決済…G、H**

発行体から償還金を受け取り、顧客の証券口座に入金します。額面100円が100円で償還されるものとします。このときの起票は以下のとおりです。

借方		貸方	
現金及び預金	1,000,000	受渡勘定	1,000,000
受渡勘定	1,000,000	顧客からの預り金	1,000,000

2　自己取引

証券会社が、自身の資金と判断などによりほかの証券会社などの金融機関に売買注文を出し、売買取引が成立（約定）し、決済が行われます（図表4-5-2参照）。自己売買ともいわれます。

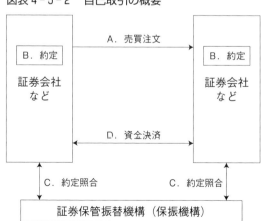

図表4-5-2　自己取引の概要

(1) 購　　　入

証券会社がほかの証券会社などから債券を購入する場合の取引の流れと起票を以下に示します。

① 売買注文…A

ほかの証券会社に債券の買い注文を出します。このとき起票はありません。

② 約定…B

買い注文が約定日に成立（約定）します。額面100円を98円で額面金額1億円分の利付債を購入します。経過利子は50万円とします。このときの起票は以下のとおりです。

借方		貸方	
商品有価証券等（債券）	98,000,000	約定見返勘定	98,000,000

③ 約定照合…C

証券保管振替機構（保振機構）の決済照合システムを使用して、約定日に取引が成立（約定）したことを照合します。

④ 資金決済…D

決済日に購入代金を支払い、決済します。このときの起票は以下のとおりです。

借方		貸方	
約定見返勘定	98,000,000	受渡勘定	98,500,000
未収債券利子（注）	500,000		
受渡勘定	98,500,000	現金及び預金	98,500,000

（注）　この未収債券利子は、経過利子（前回利払日翌日から債券購入決済日までの経過利子で、債券を売却した取引相手が受け取るべき部分）の起票です。

(2) 売　　　却

証券会社がほかの証券会社などに債券を売却する場合の取引の流れと起票を以下に示します。

① 売買注文…A

ほかの証券会社に債券の売り注文を出します。このとき起票はありません。

② 約定…B

売り注文が約定日に成立（約定）します。額面100円を98円（証券会社の当該債券の簿価単価は97円）で額面金額1億円分の利付債を売却します。経過利子は70万円とします。以下のとおりです。

借方		貸方	
約定見返勘定	98,000,000	商品有価証券等（債券）	97,000,000
		トレーディング損益	1,000,000

③ 約定照合…C

証券保管振替機構（保振機構）の決済照合システムを使用して、約定日に取引が成立（約定）したことを照合します。

④ 資金決済…D

決済日に売却代金を受け取り、決済します。このときの起票は以下のとおりです。

借方		貸方	
受渡勘定	98,700,000	約定見返勘定	98,000,000
		未収債券利子（注）	700,000
現金及び預金	98,700,000	受渡勘定	98,700,000

（注） この未収債券利子は、経過利子（前回利払日翌日から債券売却決済日までの経過利子で、債券を売却した自身が受け取るべき部分）の起票です。

3 債券貸借取引

債券貸借取引とは証券会社などの金融機関が一定期間、債券などと担保金をほかの金融機関と貸借し、取引終了日に貸借した債券と同種、同量の債券を受払するものです（図表4-5-3参照）。後述する現先取引が債券を売買するのに対して、債券貸借取引では債券などを貸借します。なお、株券の貸借

図表4-5-3　債券貸借取引の概要

```
                    A．取引開始日（スタート日）
                         A．担保の差入
                    ──────────────────→
                         A．債券の借入
                    ←──────────────────
                         B．マージン・コール
                         B．資金の追加差入
                    ──────────────────→
                         B．資金の返却
証券会社など         ←──────────────────        証券会社など
（債券の借り手）          C．決済日                （債券の貸し手）
                         C．担保金利息の受取
                    ←──────────────────
                         C．貸借料の支払
                    ──────────────────→
                         D．利払日
                         D．利金の支払
                    ←──────────────────
                         E．取引終了日（エンド日）
                         E．担保の受領
                    ←──────────────────
                         E．債券の返却
                    ──────────────────→
```

取引については後述します。

(1) 取引開始日

債券貸借取引の取引開始日には、債券の借り手が債券を借り、担保金を債券の貸し手に差し入れます。債券の貸し手は債券を貸し、担保金を債券の借り手から受け入れます。

① 借り手側…A

借り手は貸借取引の開始時に債券を貸し手から借り、担保金1,000万円を貸し手に差し入れます。貸借料である品借料率は2％、担保金利率は3％とします。借り手は貸借料（品借料）20万円を貸し手に支払い、担保金利息30万円を受け取ります。借り手は貸借取引の終了時に債券を返却し、担保金1,000万円を受領します。このときの起票は以下のとおりです。なお、後述する現先取引と同様、貸借する債券については起票を行いません（以下同じ）。

借方		貸方	
借入有価証券担保金	10,000,000	現金及び預金	10,000,000

② 貸し手側…A

貸し手は貸借取引の開始時に債券を借り手に貸し、担保金1,000万円を受け入れます。貸し手は貸借取引の終了時に債券を受け取り、担保金1,000万円を支払います。また、貸し手は貸借料（品貸料）20万円を借り手から受け取り、担保金利息30万円を支払います。このときの起票は以下のとおりです。

借方		貸方	
現金及び預金	10,000,000	有価証券貸借取引受入金	10,000,000

(2) マージン・コール

貸借された債券の時価の変動により債券の時価総額と担保金の間に差額が生じた場合に、その差額を調整することをマージン・コールといいます。

① 債券の時価総額＞担保金

債券の値洗いの結果、債券の時価総額＞担保金のとき、10万円のマージン・コールがある（資金の追加差入）とします。

(i) 借り手側…B

債券の借り手は資金の差額を差し入れます。このときの起票は以下のとおりです。

借方		貸方	
借入有価証券担保金	100,000	現金及び預金	100,000

(ii) 貸し手側…B

債券の貸し手は資金の差額を受け入れます。このときの起票は以下のとおりです。

借方		貸方	
現金及び預金	100,000	有価証券貸借取引受入金	100,000

② **債券の時価総額＜売買代金**

債券の値洗いの結果、債券の時価総額＜担保金のとき、10万円のマージン・コールがある（資金の返却）とします。

(i) 借り手側…B

債券の借り手は資金の返却を受け入れます。このときの起票は以下のとおりです。

借方		貸方	
現金及び預金	100,000	借入有価証券担保金	100,000

(ii) 貸し手側…B

債券の借り手は資金の返却を行います。このときの起票は以下のとおりです。

借方		貸方	
有価証券貸借取引受入金	100,000	現金及び預金	100,000

(3) 決 済 日

決済日に、借り手は貸し手から担保金利息を受け取り、借り手は貸し手に貸借料を支払い、同時に借り手は貸し手から担保金利息を受け取ります。

① 借り手側…C

借り手は担保金利息を受け取り貸借料（品借料）を支払います。このときの起票は以下のとおりです。

借方		貸方	
現金及び預金	300,000	有価証券貸借取引収益	300,000
有価証券貸借取引収益	200,000	現金及び預金	200,000

② 貸し手側…C

貸し手は担保金利息を支払い貸借料（品貸料）を受け取ります。このときの起票は以下のとおりです。

借方		貸方	
現金及び預金	200,000	有価証券貸借取引収益	200,000
有価証券貸借取引収益	300,000	現金及び預金	300,000

(4) 利 払 日

利付債の利払日に支払われる利金を借り手が受け取った場合、当該債券の保有者である貸し手に支払います。

① 借り手側…D

借り手は利付債の利金80,000円を受け取り、貸し手に支払います。このときの起票は以下のとおりです。

借方		貸方	
現金及び預金（注1）	80,000	仮受金	80,000
仮受金	80,000	現金及び預金（注2）	80,000

（注1） 発行体からの利金の受取を表わします。
（注2） 貸し手への利金の支払を表わします。

② 貸し手側…D

貸し手は利付債の利金80,000円を借り手から受け取ります。このときの起票は以下のとおりです。

借方		貸方	
現金及び預金	80,000	受取債券利子	80,000

(5) 取引終了日

債券貸借取引の取引終了日には、債券の借り手が債券を返却し、担保金を債券の貸し手から受け取ります。債券の貸し手は債券を受け取り、担保金を債券の借り手に返します。

① 借り手側…E

借り手は債券貸借取引の終了時に債券を貸し手に返却し、担保金1,000万円を貸し手から受け取ります。このときの起票は以下のとおりです。

借方		貸方	
現金及び預金	10,000,000	借入有価証券担保金	10,000,000

② 貸し手側…E

貸し手は債券貸借取引の終了時に債券を貸し手から受け取り、担保金1,000万円を借り手に返却します。このときの起票は以下のとおりです。

借方		貸方	
有価証券貸借取引受入金	10,000,000	現金及び預金	10,000,000

4　現先取引

　現先取引とは、証券会社などの金融機関が、ほかの金融機関と売戻条件付売買取引、または買戻条件付売買取引を行うことです（図表4-5-4参照）。債券の買い手は資金の貸し手でもあり、債券の売り手は資金の借り手でもあります。

(1) 取引開始日

　現先取引の取引開始日には、債券の買い手は債券を購入し、購入代金を支払います。債券の売り手は債券を売却し、売却代金を受け取ります。

① 買い現先側…A

　買い現先側は前述のとおり、債券の買い手であると同時に資金の貸し手でもあります。現先取引の開始時に債券を購入し、購入代金1,000万円を支払い、現先取引の終了時に債券を売却し、売却代金1,015万円を受け取ります。このときの起票は以下のとおりです。なお、前述の債券貸借取引と同様、売買する債券については起票を行いません（以下同じ）。

図表4-5-4 現先取引の概要

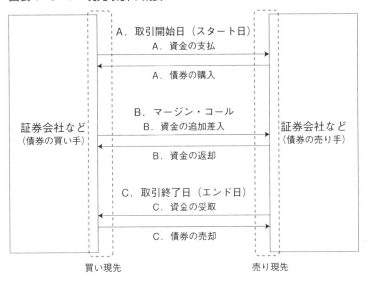

借方		貸方	
現先取引貸付金	10,000,000	現金及び預金	10,000,000

② 売り現先側…A

売り現先側は前述のとおり、債券の売り手であると同時に資金の借り手でもあります。現先取引の開始時に債券を売却し、売却代金1,000万円を受け取り、現先取引の終了時に債券を購入し、購入代金1,015万円を受け取ります。このときの起票は以下のとおりです。

借方		貸方	
現金及び預金	10,000,000	現先取引借入金	10,000,000

(2) マージン・コール

売買された債券の時価の変動により債券の時価総額と売買代金の間に差額が生じた場合に、その差額を調整することをマージン・コールといいます。

① 債券の時価総額＞売買代金

債券の値洗いの結果、債券の時価総額＞売買代金のとき、10万円のマージン・コールがある（資金の追加差入）とします。

(i) 買い現先側…B

資金の貸し手である買い現先側は、資金の差額を受け入れます。このときの起票は以下のとおりです。

借方		貸方	
現先取引貸付金	100,000	現金及び預金	100,000

(ii) 売り現先側…B

資金の借り手である売り現先側は、資金の差額を差し入れます。このときの起票は以下のとおりです。

借方		貸方	
現金及び預金	100,000	現先取引借入金	100,000

② 債券の時価総額＜売買代金

債券の値洗いの結果、債券の時価総額＜売買代金のとき、10万円のマージン・コールがある（資金の返却）とします。

(i) 買い現先側…B

資金の貸し手である買い現先側は、資金の返却を受け入れます。このときの起票は以下のとおりです。

借方		貸方	
現金及び預金	100,000	現先取引貸付金	100,000

(ii) 売り現先側…B

資金の借り手である売り現先側は、資金の返却を行います。このときの起票は以下のとおりです。

借方		貸方	
現先取引借入金	100,000	現金及び預金	100,000

(3) 取引終了日

　現先取引の取引終了日には、債券の買い手は債券を売却し、購入代金を受け取ります。債券の売り手は債券を購入し、購入代金を支払います。

① 買い現先側…C

　買い現先側は現先取引の終了時に債券を売却し、売戻代金1,015万円を受け取ります。このときの起票は以下のとおりです。取引開始日の購入代金1,000万円との差額15万円は受取利息に相当します。

借方		貸方	
現金及び預金	10,150,000	現先取引貸付金	10,000,000
		現先取引収益	150,000

② 売り現先側…C

　売り現先側は現先取引の終了時に債券を購入し、買戻代金1,015万円を支払います。このときの起票は以下のとおりです。取引開始日の購入代金1,000万円との差額15万円は支払利息に相当します。

借方		貸方	
現先取引借入金	10,000,000	現金及び預金	10,150,000
現先取引費用	150,000		

2項　株式

　株式の取引は委託取引と自己取引の2つに大別されます。ここでは委託取引と自己取引のそれぞれの会計処理について記述します。株券貸借取引、信用取引については後述します。

1 委託取引

証券会社の顧客である投資家が出す株式の売買注文を、証券会社が受け、取引所に取り次いで売買注文を執行します。売買取引が成立（約定）し、清算、決済が行われます（図表4-5-5参照）。

(1) 買　付

顧客が株式を買い付ける場合の取引の流れと起票を以下に示します。

①　買い注文…A

注文に先立って、当該顧客が自身の証券口座に買い注文のための代金を振込します。このときの起票は以下のとおりです。なお、委託取引であるため、売買する株式については起票を行いません（以下同じ）。

借方		貸方	
現金及び預金	1,500,000	顧客からの預り金	1,500,000

その後、顧客は証券会社に株式の買い注文を出します。このとき起票はありません。

②　買い注文執行…B

証券会社は顧客の買い注文を取引所に発注します。このとき起票はありま

図表4-5-5　委託取引の概要

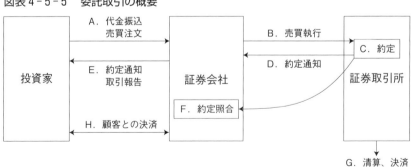

せん。

③ 買い約定…C

取引所で、顧客の買い注文が約定日に成立（約定）します。顧客との代金などの決済はまだ行われません。顧客から受け取る予定の手数料は5,000円とします。このときの起票は以下のとおりです。

借方		貸方	
未収収益	5,000	委託手数料	5,000

④ 約定通知、取引報告、約定照合…D、E、F

取引が成立（約定）したことを取引所から証券会社に通知します（約定通知）。これを受けた証券会社は、取引が成立（約定）したことを、買い注文を出した顧客に通知します（約定通知）。さらに、証券会社はその取引内容を取引報告書にして当該顧客に交付します（取引報告）。証券会社は約定日当日（夜間など）に取引所からの約定データと自社の約定データと照合します（約定照合）。いずれの場合も起票はありません。

⑤ 清算、決済…G

約定に関する情報が取引所から日本証券クリアリング機構（JSCC）に送られて清算されます。このときの起票は、後述する売付の中で記述します。

⑥ 顧客との決済…H

決済日（約定日から起算して4営業日目）に顧客の証券口座の証券残高に入庫（加算）し、当該証券口座から買付代金を出金します。このときの起票は以下のとおりです。

借方		貸方	
顧客からの預り金	1,005,000	受渡勘定	1,000,000
		未収収益	5,000

未収収益は前述の買い約定時の未収収益と相殺されて、委託手数料が実収とされます。

(2) 売　付

株式を売り付ける場合の取引の流れと起票を以下に示します。

① 売り注文…A

顧客が証券会社に株式の売り注文を出します。このとき起票はありません。

② 売り注文執行…B

証券会社は顧客の売り注文を取引所に発注します。このとき起票はありません。

③ 売り約定…C

取引所で、顧客の売り注文が約定日に成立（約定）します。顧客との代金などの決済はまだ行われません。顧客から受け取る予定の手数料は1万円とします。このときの起票は以下のとおりです。

借方		貸方	
未収収益	10,000	委託手数料	10,000

④ 約定通知、取引報告、約定照合…D、E、F

取引が成立（約定）したことを取引所から証券会社に通知します（約定通知）。これを受けた証券会社は、取引が成立（約定）したことを、売り注文を出した顧客に通知します（約定通知）。さらに、証券会社はその取引内容を取引報告書にして当該顧客に交付します（取引報告）。証券会社は約定日当日（夜間など）に取引所からの約定データと自社の約定データと照合します（約定照合）。いずれの場合も起票はありません。

⑤ 清算、決済…G

約定に関する情報が取引所から日本証券クリアリング機構（JSCC）に送られて清算されます。資金決済は委託取引だけではなく、後述する自己取引も含めて、決済日当日のすべての決済代金をネットして行われます。ここでは、ほかの取引はなく決済が行われるものとします。このときの起票は以下

のとおりです。

借方		貸方	
受渡勘定	1,000,000	受渡勘定	3,000,000
現金及び預金	2,000,000		

　ここでの受渡勘定は、買付を行った顧客との決済時の受渡勘定（この起票では借方）、売付を行った顧客との決済時の受渡勘定（この起票では貸方）と相殺されます。

⑥　**顧客との決済…H**

　決済日（約定日から起算して4営業日目）に顧客の証券口座の証券残高から出庫（減算）し、当該証券口座に売付代金を入金します。このときの起票は以下のとおりです。

借方		貸方	
受渡勘定	3,000,000	顧客からの預り金	2,990,000
		未収収益	10,000

　未収収益は前述の売り約定時の未収収益と相殺されて、委託手数料が実収とされます。

2　自己取引

　証券会社が、自身の資金と判断などにより、株式の売買をほかの投資家や証券会社と行うものです。自己売買ともいわれます。証券会社は取引所に対して自身の売買注文を執行します。売買取引が成立（約定）し、清算、決済が行われます（図表4-5-6参照）。自己取引は金融商品取引法で認められているもので、自社の利益を得るために行いますが、市場に大きな影響を及ぼし一般投資家に不利益を与えることもありうるため、一定の制限が設けられています。ここでは取引所の立会内取引での起票を示します。

(1)　**買　　付**

　株式を買い付ける場合の取引の流れと起票を以下に示します。

図表4-5-6　自己取引の概要

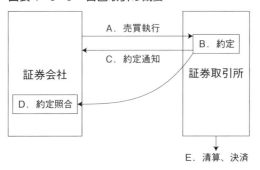

① **買い注文執行…A**

証券会社は自身の判断で買い注文を取引所に発注します。このとき起票はありません。

② **買い約定…B**

取引所で、買い注文が約定日に成立（約定）します。代金などの決済はまだ行われません。このときの起票は以下のとおりです。なお、委託取引と異なり、売買する株式について起票を行います（以下同じ）。

借方		貸方	
商品有価証券等（株式）	2,000,000	約定見返勘定	2,000,000

③ **約定通知、約定照合…C、D**

取引が成立（約定）したことを取引所から証券会社に通知します（約定通知）。証券会社は約定日当日（夜間など）に取引所からの約定データと自社の約定データと照合します（約定照合）。いずれの場合も起票はありません。

④ **清算、決済…E**

決済日に株式の買付代金を支払います。このときの起票は以下のとおりです。

借方		貸方	
約定見返勘定	2,000,000	受渡勘定	2,000,000

　約定に関する情報が取引所から日本証券クリアリング機構（JSCC）に送られて清算されます。このときの起票は、後述する売付の中で記述します。

(2) 売　付

株式を売り付ける場合の取引の流れと起票を以下に示します。

① 売り注文執行…A

　証券会社は自身の判断で売り注文を取引所に発注します。このとき起票はありません。

② 売り約定…B

　取引所で、売り注文が約定日に成立（約定）します。代金などの決済はまだ行われません。このときの起票は以下のとおりです。

借方		貸方	
約定見返勘定	1,500,000	商品有価証券等（株式）	1,500,000

③ 約定通知、約定照合…C、D

　取引が成立（約定）したことを取引所から証券会社に通知します（約定通知）。証券会社は約定日当日（夜間など）に取引所からの約定データと自社の約定データと照合します（約定照合）。いずれの場合も起票はありません。

④ 清算、決済…E

　決済日に株式の売付代金を受け取ります。このときの起票は以下のとおりです。

借方		貸方	
受渡勘定	1,500,000	約定見返勘定	1,500,000

　約定に関する情報が取引所から日本証券クリアリング機構（JSCC）に送

られて清算されます。資金決済は委託取引だけではなく、後述する自己取引も含めて、決済日当日のすべての決済代金をネットして行われます。ここでは、ほかの取引はなく決済が行われるものとします。このときの起票は以下のとおりです。

借方		貸方	
受渡勘定	2,000,000	受渡勘定	1,500,000
		現金及び預金	500,000

ここでの受渡勘定は、買付の決済時の受渡勘定（この起票では借方）、売付の決済時の受渡勘定（この起票では貸方）と相殺されます。

3　株券貸借取引

株券貸借取引とは、証券会社などの金融機関が一定期間、株券と担保金をほかの証券会社などの金融機関と貸借し、取引終了日に貸借した株式と同銘

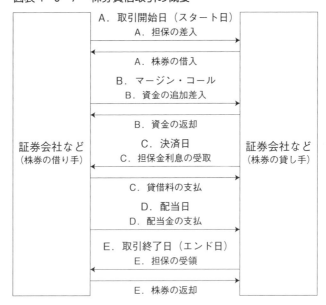

図表4-5-7　株券貸借取引の概要

柄、同量の株券を受払するものです（図表4-5-7参照）。株券貸借取引の取引の流れと起票は、債券貸借取引の流れと起票とほぼ同じです。ここでは株券貸借取引固有の部分についてのみ記述します。

(1) 取引開始日、マージン・コール、決済日

債券貸借取引の取引の流れと起票と同じです。

(2) 配当日

配当日に支払われる配当金を借り手が受け取った場合、当該株券の保有者である貸し手に支払います。

① 借り手側…D

借り手は配当金110,000円を受け取り、貸し手に支払います。このときの起票は以下のとおりです。

借方		貸方	
現金及び預金（注1）	110,000	仮受金	110,000
仮受金	110,000	現金及び預金（注2）	110,000

(注1) 発行体からの配当金の受取を表わします。
(注2) 貸し手への配当金の支払を表わします。

② 貸し手側…D

貸し手は配当金110,000円を借り手から受け取ります。このときの起票は以下のとおりです。

借方		貸方	
現金及び預金	110,000	受取配当金	110,000

4 信用取引

信用取引とは、顧客である投資家が保証金を証券会社に差し入れて、買付けのための資金の貸付や、保有していない株式を売付するために株式の貸付を受けて、売買を行う取引です。資金や株式の貸付は顧客である投資家に対

する証券会社の与信、信用供与であり、証券会社の審査が必要です。また、保証金または有価証券を差し入れる必要があります。

(1) 信用買い取引

顧客が株式を購入するための資金を十分に保有していない場合に、証券会社または証券金融会社から買付のための資金を借りて株式を買い付けます（図表4-5-8参照）。取引の流れや起票についての記述のための取引概要は、以下のとおりです。なお、ここでは制度信用取引での起票を例示します。

① **信用買い注文、貸借取引申込…A1、A2**

顧客は証券会社に株式の信用買い注文を出します。証券会社は自己資金を顧客に貸し付けず、証券金融会社に貸借取引を申し込み、資金の貸付を依頼

図表4-5-8　信用買い取引の概要

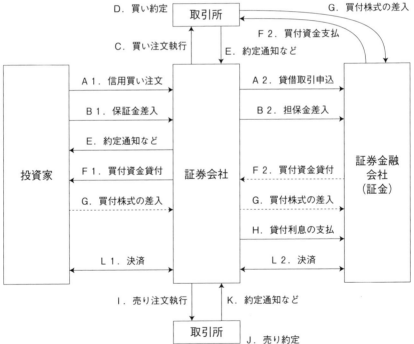

します。このとき起票はありません。

② **保証金差入、担保金差入…B1、B2**

顧客は証券会社に信用取引の保証金を差し入れます。このときの起票は以下のとおりです。

借方		貸方	
現金及び預金	1,800,000	信用取引受入保証金	1,800,000

証券金融会社（証金）に貸借取引の担保金を差し入れます。このときの起票は以下のとおりです。

借方		貸方	
信用取引差入保証金	1,800,000	現金及び預金	1,800,000

③ **買い注文執行…C**

証券会社は顧客の買い注文を取引所に発注します。このとき起票はありません。

④ **買い約定…D**

取引所で、顧客の買い注文が約定日に成立（約定）します。顧客との代金などの決済はまだ行われません。顧客から受け取る予定の手数料は1万円とします。このときの起票は以下のとおりです。

借方		貸方	
未収収益	10,000	委託手数料	10,000

⑤ **約定通知など…E**

取引が成立（約定）したことを取引所から証券会社に通知します（約定通知）。これを受けた証券会社は、取引が成立（約定）したことを、買い注文を出した顧客に通知します（約定通知）。いずれの場合も起票はありません。

⑥ **買付資金貸付…F１、F２**

証券会社は顧客に600万円を貸し付けます。顧客は１株600円で１万株買い付け、買付け代金600万円を支払います。このときの起票は以下のとおりです。なお、売買する株式については起票を行いません（以下同じ）。

借方		貸方	
信用取引貸付金	6,000,000	現金及び預金	6,000,000

証券会社は証券金融会社から資金を借り入れます。顧客が買い付けた株式の貸借値段は１株650円とします。このときの起票は以下のとおりです。

借方		貸方	
現金及び預金	6,500,000	信用取引借入金	6,500,000

実際には、証券金融会社と日本証券クリアリング機構（JSCC）の間で決済が行われるため、以下のような起票が行われます。

借方		貸方	
信用取引貸付金	6,000,000	信用取引借入金	6,500,000
現金及び預金	500,000		

なお、証券会社が顧客に貸し付ける信用取引貸付金の利率は、証券会社が証券金融会社から借り入れる信用取引借入金の利率よりも高く設定されています。この利率の差は証券会社の収益とされます。

⑦ **買付株式の差入…G**

顧客は借入金の担保として買付した株式を証券会社に差し入れ、証券会社はそれをさらに証券金融会社に担保として差し入れます。このとき起票はありません。実際には、証券金融会社と日本証券クリアリング機構（JSCC）の間で株式が授受されます。

⑧ **貸付利息の支払…H**

顧客が買い付けた株式の貸借値段が１株650円から１株630円に変更されま

した。貸借値段は毎営業日、値洗いされ、差額は更新差金として証券会社と証券金融会社の間で毎営業日決済されます。このときの起票は以下のとおりです。なお、貸借値段の変動は顧客には影響しません。

借方		貸方	
信用取引借入金	200,000	現金及び預金	200,000

　証券会社が証券金融会社から借り入れている信用取引借入金の1日分の利息1,000円を証券金融会社に支払います。この信用取引借入金の利息も毎営業日、支払われます。このときの起票は以下のとおりです。

借方		貸方	
信用取引費用	1,000	現金及び預金	1,000

　証券会社が顧客に貸し付けている信用取引貸付金の利息は、信用取引の反対取引が行われ、信用取引が決済される際に、顧客から受け取ります。利息は5,000円とします。このときの起票は以下のとおりです。

借方		貸方	
未収収益（利息）	5,000	信用取引収益	5,000

⑨　売り注文執行…I

　証券会社は反対取引である売り注文を取引所に発注します。このとき起票はありません。

⑩　売り約定…J

　取引所で、売り注文が約定日に成立（約定）します。顧客との代金などの決済はまだ行われません。顧客から受け取る予定の手数料は1万円とします。このときの起票は以下のとおりです。

借方		貸方	
未収収益	10,000	委託手数料	10,000

⑪ 約定通知など…K

取引が成立（約定）したことを取引所から証券会社に通知します（約定通知）。これを受けた証券会社は、取引が成立（約定）したことを、売り注文を出した顧客に通知します（約定通知）。いずれの場合も起票はありません。

⑫ 決済…L1、L2

反対取引である売付取引を行い、1株700円の株式を1万株売り付け、売付代金700万円を受け取ります。このときの起票は以下のとおりです。

借方		貸方	
現金及び預金	7,000,000	顧客からの預り金	7,000,000

顧客が証券会社から借り入れている信用取引貸付金を証券口座から回収します。このときの起票は以下のとおりです。

借方		貸方	
顧客からの預り金	6,000,000	信用取引貸付金	6,000,000

証券会社が顧客に貸し付けている信用取引貸付金の利息を証券口座から出金します。利息は5,000円とします。このときの起票は以下のとおりです。

借方		貸方	
顧客からの預り金	5,000	未収収益（利息）	5,000

買い約定時と売り約定時の委託手数料2万円（＝1万円＋1万円）を証券口座から出金します。このときの起票は以下のとおりです。

借方		貸方	
顧客からの預り金	20,000	未収収益	20,000

　さらに、証券会社が証券金融会社から借り入れている信用取引借入金を返済します。このときの起票は以下のとおりです。

借方		貸方	
信用取引借入金	6,300,000	現金及び預金	6,300,000

　実際には、証券金融会社と日本証券クリアリング機構（JSCC）の間で決済が行われるため、以下のような起票が行われます。

借方		貸方	
信用取引借入金	6,300,000	信用取引貸付金	6,000,000
現金及び預金	700,000	未収収益（利息）	5,000
		未収収益	20,000
		顧客からの預り金	975,000

(2) 信用売り取引

　顧客が保有していない株式を売付する場合に、証券会社または証券金融会社から売付のための株式を借りて株式を売り付けます（図表4-5-9参照）。取引の流れや起票についての記述のための取引概要は、以下のとおりです。

① 信用売り注文、貸借取引申込…A1、A2

　顧客は証券会社に株式の信用売注文を出します。証券会社は自己の保有する株式を顧客に貸し付けず、証券金融会社に貸借取引を申込みし、株式の貸付を依頼します。このとき起票はありません。

② 保証金差入、担保金差入…B1、B2

　顧客は証券会社に信用取引の保証金を差し入れます。このときの起票は以下のとおりです。

図表4-5-9　信用売り取引の概要

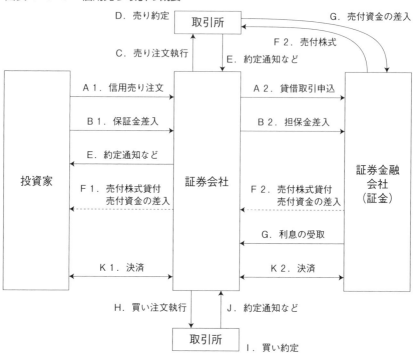

借方		貸方	
現金及び預金	1,800,000	信用取引受入保証金	1,800,000

　証券金融会社（証金）に貸借取引の担保金を差し入れます。このときの起票は以下のとおりです。

借方		貸方	
信用取引差入保証金	1,800,000	現金及び預金	1,800,000

③　売り注文執行…C

　証券会社は顧客の売り注文を取引所に発注します。このとき起票はありま

せん。

④ 売り約定…D

取引所で、顧客の売り注文が約定日に成立（約定）します。顧客との代金などの決済はまだ行われません。顧客から受け取る予定の手数料は1万円とします。このときの起票は以下のとおりです。

借方		貸方	
未収収益	10,000	委託手数料	10,000

⑤ 約定通知など…E

取引が成立（約定）したことを取引所から証券会社に通知します（約定通知）。これを受けた証券会社は、取引が成立（約定）したことを、売り注文を出した顧客に通知します（約定通知）。さらに、証券会社はその取引内容を取引報告書にして当該顧客に交付します（取引報告）。いずれの場合も起票はありません。

⑥ 売付株式貸付、売付資金の差入…F1、F2

証券会社は証券金融会社に貸株の申込みを行い、借りた株式の担保として担保金を証券金融会社に差し入れます。顧客が借りる株式の貸借値段は1株650円とします。このときの起票は以下のとおりです。なお、信用取引借証券担保金は資産勘定です。

借方		貸方	
信用取引借証券担保金	6,500,000	現金及び預金	6,500,000

顧客は借りた株式を1株600円で1万株売り付け、売付代金600万円を受け取ります。このときの起票は、以下のとおりです。売買する株式については起票を行いません（以下同じ）。なお、信用取引貸証券受入金は、負債勘定です。

第4章 証券業務

借方		貸方	
現金及び預金	6,000,000	信用取引貸証券受入金	6,000,000

　実際には、証券金融会社と日本証券クリアリング機構（JSCC）の間で決済が行われるため、以下のような起票が行われます。

借方		貸方	
信用取引借証券担保金	6,500,000	信用取引貸証券受入金	6,000,000
		現金及び預金	500,000

⑦　利息の受取…G

　顧客が売り付けた株式の貸借値段が1株650円から1株670円に変更されました。貸借値段は毎営業日、値洗いされ、差額は更新差金として、証券会社と証券金融会社の間で毎営業日決済されます。このときの起票は以下のとおりです。なお、貸借値段の変動は顧客には影響しません。

借方		貸方	
信用取引借証券担保金	200,000	現金及び預金	200,000

　証券会社は証券金融会社に預けている担保金の1日分の利息1,000円を証券金融会社から受け取ります。この信用取引借証券担保金の利息も毎営業日、受け取ります。このときの起票は以下のとおりです。

借方		貸方	
現金及び預金	1,000	信用取引収益	1,000

　証券会社が顧客から受け入れている信用取引貸証券受入金の利息は、信用取引の反対取引が行われ、信用取引が決済される際に、顧客に支払います。利息は5,000円とします。このときの起票は以下のとおりです。

借方		貸方	
信用取引費用	5,000	未払費用(利息)	5,000

⑧ **買い注文執行…H**

証券会社は反対取引である買い注文を取引所に発注します。このとき起票はありません。

⑨ **買い約定…I**

取引所で、買い注文が約定日に成立(約定)します。顧客との代金などの決済はまだ行われません。顧客から受け取る予定の手数料は1万円とします。このときの起票は以下のとおりです。

借方		貸方	
未収収益	10,000	委託手数料	10,000

⑩ **約定通知など…J**

取引が成立(約定)したことを取引所から証券会社に通知します(約定通知)。これを受けた証券会社は、取引が成立(約定)したことを、売り注文を出した顧客に通知します(約定通知)。いずれの場合も起票はありません。

⑪ **決済…K1、K2**

反対取引である買付取引を行い、1株550円の株式を1万株買い付け、買付代金550万円を証券会社が立て替えて支払います。このときの起票は以下のとおりです。

借方		貸方	
顧客への立替金	5,500,000	現金及び預金	5,500,000

顧客が証券会社から借り入れている信用取引貸付金を証券口座から回収します。このときの起票は以下のとおりです。

借方		貸方	
信用取引貸証券受入金	6,000,000	顧客への立替金	6,000,000

　証券会社が顧客から受け入れている信用取引貸証券受入金の利息を証券口座に入金します。利息は5,000円とします。このときの起票は以下のとおりです。

借方		貸方	
未払費用（利息）	5,000	現金及び預金	5,000

　売り約定時と買い約定時の委託手数料2万円（＝1万円＋1万円）を証券口座から引き落とします。このときの起票は以下のとおりです。

借方		貸方	
顧客からの預り金	20,000	未収収益	20,000

　さらに、証券会社が証券金融会社に差し入れている信用取引借証券担保金を受け取ります。このときの起票は以下のとおりです。

借方		貸方	
現金及び預金	6,700,000	信用取引借証券担保金	6,700,000

　実際には、証券金融会社と日本証券クリアリング機構（JSCC）の間で決済が行われるため、以下のような起票が行われます。

借方		貸方	
信用取引貸証券受入金	6,000,000	信用取引借証券担保金	6,700,000
未払費用（利息）	5,000	顧客への立替金	500,000
顧客からの預り金	20,000	未収収益	20,000
現金及び預金	1,195,000		

3項 投資信託

　顧客が証券会社などで、投資信託の申込みを行い、販売会社に購入代金を支払います。資金の必要に応じて投資信託を解約することができます。ユニット型の投資信託の場合、あらかじめ定められている信託期間が終了した後は償還されます（図表4-5-10参照）。

1　購　入

　顧客が投資信託の購入申込をし、購入代金を支払います。購入時の起票はユニット型とそれ以外に分かれます。

(1) 購入（ユニット型）

　ユニット型の投資信託は、募集期間中にしか購入することができません。募集期間中に購入し、購入代金を支払い、募集期間終了後に投資信託の運用が始まります。

図表4-5-10　投資信託取引の概要

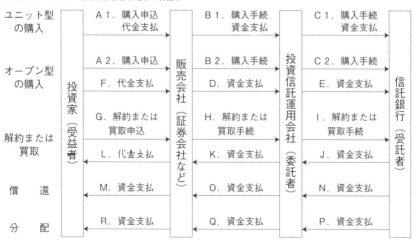

① 購入申込、代金支払…A1

顧客が募集期間中に投資信託の購入を申し込み、購入代金を販売会社である証券会社に支払います。基準価額は1万円（1口当たり）、取扱手数料は2,500円、購入口数は100口（購入代金＝100万円）とします。このときの起票は以下のとおりです。

借方		貸方	
顧客からの預り金	1,002,500	募集等受入金	1,000,000
		取扱手数料（注）	2,500

（注） 募集・売出・特定投資家向け売付勧誘等の取扱手数料ですが、取扱手数料と表記します（以下同じ）。

② 購入手続、資金支払…B1、C1

販売会社である証券会社は、投資信託運用会社に対して購入手続を行い（*38）、募集期間終了日の翌営業日に顧客からの購入代金を支払います（*39）。

借方		貸方	
募集等受入金	1,000,000	募集等払込金	1,000,000
募集等払込金	1,000,000	現金及び預金	1,000,000

(2) 購入（オープン型）

オープン型の投資信託はいつでも購入することができます。

① 購入申込…A2

顧客が投資信託の購入申込をします。基準価額は1万円（1口当たり）、取扱手数料は2,500円、購入口数は100口（購入代金＝100万円）とします。顧客との代金などの決済はまだ行われません。このときの起票は以下のとおりです。

（*38） 購入口数や購入金額などの情報が通知され、委託者である投資信託運用会社から受託者である信託銀行にも通知されます。
（*39） 実際には受託者である信託銀行に証券会社から直接支払われます。

借方		貸方	
未収手数料	2,500	取扱手数料	2,500

② **購入手続…B 2、C 2**

販売会社である証券会社は、投資信託運用会社に対して購入手続を行います[*40]。このとき起票はありません。

③ **資金支払…D、E**

販売会社である証券会社は、投資信託運用会社[*41]に対して購入代金を立替払いします。

借方		貸方	
顧客への立替金	1,000,000	現金及び預金	1,000,000

④ **代金支払…F**

証券会社が立て替えていた購入代金を顧客から受領します。

借方		貸方	
顧客からの預り金	1,002,500	顧客への立替金	1,000,000
		未収手数料	2,500

(3) **解　　約**

顧客は投資信託の解約を申し込みます（解約請求）。

① **解約申込…G**

顧客が販売会社である証券会社に解約を申し込みます。解約手数料は2,000円とします。このときの起票は以下のとおりです。

借方		貸方	
未収手数料	2,000	解約手数料	2,000

(*40) 購入口数や購入金額などの情報が通知され、委託者である投資信託運用会社から受託者である信託銀行にも通知されます。
(*41) 実際には受託者である信託銀行に証券会社から直接支払われます。

② 解約手続…H、I

販売会社である証券会社は、投資信託運用会社に対して解約手続を行います[*42]。このとき起票はありません。

③ 資金支払…J、K

委託者である投資信託運用会社は、証券会社に資金を支払います[*43]。このときの起票は以下のとおりです。

借方		貸方	
現金及び預金	1,000,000	預り金(その他)	1,000,000

④ 代金支払…L

証券会社は受領した解約資金を顧客に支払います。解約手数料も引き落としします。このときの起票は以下のとおりです。

借方		貸方	
預り金(その他)	1,000,000	顧客からの預り金	998,000
		未収手数料	2,000

(4) 買　取

顧客は投資信託の買取を申し込みます(買取請求)。解約が禁止されている期間中などの投資信託の解約は、顧客から販売会社である証券会社が投資信託をいったん買い取り、資金を顧客に支払います。その後、証券会社は当該投資信託を解約します。

① 買取申込…G

顧客が販売会社である証券会社に買取を申し込みます。買取手数料は2,000円とします。このときの起票は以下のとおりです。

(*42) 解約口数や解約金額などの情報が通知され、委託者である投資信託運用会社から受託者である信託銀行にも通知されます。
(*43) 実際には受託者である信託銀行から証券会社に直接支払われます。

借方		貸方	
未収手数料	2,000	買取手数料	2,000

② **買取手続**…H、I

販売会社である証券会社は、投資信託運用会社に対して買取手続を行います[*44]。このとき起票はありません。

③ **資金支払**…J、K

委託者である投資信託運用会社は、証券会社に資金を支払います[*45]。このときの起票は以下のとおりです。

借方		貸方	
現金及び預金	1,000,000	預り金（その他）	1,000,000
預り金（その他）	1,000,000	顧客への立替金	1,000,000

④ **代金支払**…L

証券会社は受領した買取資金を顧客に支払います。買取手数料も引き落とします。このときの起票は以下のとおりです。

借方		貸方	
顧客への立替金	1,000,000	顧客からの預り金	998,000
		未収手数料	2,000

(5) **償　還**

ユニット型の投資信託の場合、あらかじめ定められている信託期間が終了した後は償還されます。

① **資金支払**…M

証券会社は償還資金を受け取る前に、顧客に資金を立替払いします[*46]。

(*44) 解約口数や解約金額などの情報が通知され、委託者である投資信託運用会社から受託者である信託銀行にも通知されます。
(*45) 実際には受託者である信託銀行から証券会社に直接支払われます。
(*46) 事前に投資信託運用会社から決済金額が通知されています。

償還金額は100万円とします。このときの起票は以下のとおりです。

借方		貸方	
顧客への立替金	1,000,000	顧客からの預り金	1,000,000

② **資金支払…N、O**

委託者である投資信託運用会社は、証券会社に資金を支払います[*47]。このときの起票は以下のとおりです。

借方		貸方	
現金及び預金	1,000,000	顧客への立替金	1,000,000

(6) 分　配

投資信託の決算にともない投資信託運用会社は分配金を支払います。

① **資金支払…P、Q**

委託者である投資信託運用会社は、証券会社に分配金を支払います[*48]。分配金は2万円とします。このときの起票は以下のとおりです。

借方		貸方	
現金及び預金	20,000	預り金（その他）	20,000

② **資金支払…R**

証券会社は顧客に受け取った分配金を支払います。このときの起票は以下のとおりです。

借方		貸方	
預り金（その他）	20,000	顧客からの預り金	20,000

(*47)　実際には受託者である信託銀行から証券会社に直接支払われます。
(*48)　実際には受託者である信託銀行から証券会社に直接支払われます。

4項 決算

ここでは決算における必要な会計処理のうち、損益補正と有価証券の時価評価(または評価替)について記述します。

1 損益補正

未収収益・前受収益、未払費用・前払費用の計上を行います。

(1) 手数料と利息

利益と損失には、おもに手数料と利息の2つがあります。手数料の受払方法には、発生と同時に受払をする「即時」受払と、クレジットカード払のように発生した日ではなく後日に一括受払をする「後取・後払」の2種類があります。

これに対して利息は、利息計算の始期に利息を計算し受け取る「前取」と、利息計算の終期に利息を計算し受け取る「後取」があります。また、利息計算の始期に利息を計算し支払う「前払」と、利息計算の終期に利息を計算し支払う「後払」もあります。このように、利息の受払方法には前取、後取、前払、後払の4種類の方法があります。

損益補正を計上する時期は、「発生主義の原則」(*49)に基づき、1事業年度における収益と費用における後取の収益、後払の費用は、翌決算期以降の受取・支払を見越して翌決算期以降に係る部分を除外し、残りの部分を今期分として計上します(収益の見越、費用の見越)。同様に、期末日時点における前取の収益、前払の費用については、今期部分を計上し、翌決算期以降に係る部分は翌期に繰延します(収益の繰延、費用の繰延)。こうした手続を損益補正(または決算補正)といいます。

(*49) 企業会計の基本原則である企業会計原則(損益計算書の本質)に規定されています。損益を実際の受取・支払(現金の受払、口座引落、口座振込など)のみにより認識するのではなく、損益が発生した時点で認識・把握するものです。

(2) 損益補正の起票

損益補正で行われる起票を以下に示します。

① 未収収益

未収収益＝資産、受取利息＝利益。

借方	貸方
未収収益	受取利息

② 前受収益

前受収益＝負債、受取利息＝利益。

借方	貸方
受取利息	前受収益

③ 未払費用

未払費用＝負債、支払利息＝損失。

借方	貸方
支払利息	未払費用

④ 前払費用

前払費用＝資産、支払利息＝損失。

借方	貸方
前払費用	支払利息

(3) 損益の期間按分

利息は元本や利率が同じでも、利息計算の期間の長短により利息金額が増減します。一方、手数料は、振込手数料などのように取り扱う金額の大小により金額が増減することはあっても、期間により手数料金額が増減することはありません。このことから、利息には期間の概念があるとされ、手数料に

図表4-5-11 損益の期間按分

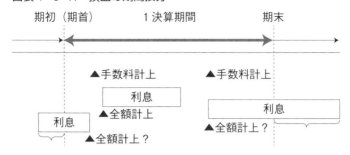

は期間の概念がないとされます（図表4-5-11参照）。

損益計算書には各決算期において発生した利益と費用を記載するので、期間の概念がある利息も、1決算期間内において発生した金額を正確に計上しなくてはなりません。決算期間をまたいでいるのにもかかわらず、まったく計上しない、あるいは前倒しで全額計上するなど、利息を特定の決算期間内に損益として計上してしまうと、各決算期間内の損益をゆがめてしまい、損益計算書の正確性を損なってしまいます。

そこで、期間概念のある損益は期間按分を行い、当該決算期間に属する金額のみを計算して、決算時には損益の見越、損益の繰延といった損益補正を行います。そのための計算を補正計算といい、計算結果を期間損益といいます。

なお、期間概念のない手数料については当然のことながら、期間按分をせずに全額を当該決算期間に計上します。

2 時価評価

有価証券は保有目的別に区分経理します。保有目的には満期保有目的、トレーディング目的、子会社および関連会社株式、その他有価証券の4つの種類があり、その定義と時価評価の方法は、図表4-5-12のとおりです。

ここではトレーディング目的の有価証券の時価評価について記述します。

図表4-5-12　保有目的の種類と時価評価

保有目的	説明
満期保有目的	満期まで保有することを目的とする有価証券。期末に償却原価法により評価する
トレーディング目的	時価の変動によって、利益を得ることを目的として保有する有価証券。売買目的ともいう。期末に時価評価を行う
子会社及び関連会社株式	子会社または関連会社への影響力の行使を目的として保有する株式。取得原価で計上し、以降は期末評価を行わない
その他有価証券	当面は保有するものの長期的には売却を行うことが想定される有価証券、または業務提携、資本提携などといった目的で保有する有価証券。期末に時価評価を行う

(1) 簿価の計算方法

有価証券の時価評価は、月末や期末時点での市場価格によって行いますが、そのためには保有する有価証券の簿価（帳簿上の価額、帳簿価額）が必要です。この簿価の計算方法には移動平均法と総平均法の2つがあります。移動平均法とは、有価証券の購入のたびに、有価証券の残高と購入金額から簿価単価を求めて売却（払出）単価とする方法です。これに対して総平均法と

図表4-5-13　移動平均法と総平均法のメリットとデメリット

計算方法	メリット	デメリット
移動平均法	・売却するたびに売却単価を把握できる ・総平均法に比べて誤差が小さい傾向	・計算が総平均法に比べてやや煩雑
総平均法	・計算が総平均法に比べてやや簡便	・期末に売却単価を求めるため、期中には売却単価を把握できない ・移動平均法に比べて誤差が大きい傾向

は、一会計期間全体にわたって一括して有価証券の購入金額の平均値を計算し、これを簿価単価とする方法です。両者のメリットとデメリットは、図表4-5-13のとおりです。

(2) 時価評価

トレーディング目的の時価評価の方法には以下の2つの方法があります。1つ目は、後述する総記法[*50]によるトレーディング損益の算出を行わず、購入時には購入価額で計上し、売却時には移動平均法で簿価単価を求め、売却数量を掛けたものと売却により得た売却価額そのものとの差をトレーディング損益（売却損益、以下同じ）として計上し、月末や期末に時価評価を行います（後述①）。2つ目は、後述する総記法によるトレーディング損益の算出を行い、購入時には購入価額そのものを、売却時には売却価額そのものを計上し、月末や期末に移動平均法か総平均法により算出した売却単価でトレーディング損益を計上し、時価評価を行います（後述②）。

① 総記法の採用がない、移動平均法による時価評価

移動平均法とは、有価証券の購入のたびに、有価証券の残高と購入金額から簿価単価を求めて払出単価とし、都度トレーディング損益を計上する方法です。計算式は図表4-5-14のとおりです。

以下では例をあげて移動平均法の説明を行います。なお、各日とも営業日とします（図表4-5-15参照）。

(i) 8月16日の購入時

期初残高の数量×簿価単価＝10,000×600円＝600万円

図表4-5-14 移動平均法の計算式

$$単価 = \frac{取引前の簿価 + 新規取得価額}{取引前の数量 + 新規取得数量}$$

[*50] 有価証券という単一の勘定科目を使って有価証券の売買を記帳する会計上の方法です。総記法のほか分記法、三分法という方法もあります。

figure 4-5-15 移動平均法の計算例

日付	取引	取引数量	残高	単価	簿価単価
4月1日	期初残高	—	10,000	簿価単価600円	同左
8月16日	購入	2,500	12,500	購入単価550円	590円
9月25日	売却	3,000	9,500	売却単価670円	—
9月27日	購入	2,000	11,500	購入単価650円	600円
12月18日	売却	5,000	6,500	売却単価700円	—
3月31日	期末残高	—	6,500	時価単価580円	—

今回購入分の数量×購入単価＝2,500×550円＝137万5千円

今回購入後の単価

　＝((期初残高の数量×簿価単価)＋(今回購入分の数量×購入単価))

　÷(期初残高の数量＋今回購入分の数量)

　＝(600万円＋137万5千円)÷(10,000＋2,500)

　＝590円（簿価単価）（円未満切捨）

このときの起票は以下のとおりです。

借方		貸方	
商品有価証券等(トレーディング目的)	1,375,000	約定見返勘定（注）	1,375,000

（注）　この約定見返勘定は、証券の受渡時に借方に起票される（借記される）同勘定と相殺されます（以下、同じ）。

(ii)　9月25日の売却時

今回売却分の数量×簿価単価＝3,000×590円＝177万円（簿価）

今回売却分の数量×売却単価＝3,000×670円＝201万円（売却価額）

今回売却で生じたトレーディング損益

　＝(今回売却分の数量×簿価単価)－(今回売却分の数量×売却単価)

　＝177万円－201万円＝△24万円（利益）

このときの起票は以下のとおりです。簿価＜売却価額であるためトレー

ディング損益(利益)が発生します。簿価＞売却価額の場合はトレーディング損益(損失)が発生します。なお、トレーディング損益は、借方にある(借記される)場合には損失、貸方にある(貸記される)場合には利益とされます(以下同じ)。

借方		貸方	
約定見返勘定	2,010,000	商品有価証券等(トレーディング目的)	1,770,000
		トレーディング損益	240,000

(iii) 9月27日の購入時

取引前残高×簿価単価=9,500×590円=560万5千円

今回購入分の数量×購入単価=2,000×650円=130万円

今回購入後の単価

= ((取引前残高の数量×簿価単価) + (今回購入分の数量×購入単価))

÷(取引前残高の数量+今回購入分の数量)

=(560万5千円+130万円)÷(9,500+2,000)

=<u>600円</u>(簿価単価)(円未満切捨)

このときの起票は以下のとおりです。

借方		貸方	
商品有価証券等(トレーディング目的)	1,300,000	約定見返勘定	1,300,000

(iv) 12月18日の売却時

今回売却分の数量×簿価単価=5,000×600円=300万円

今回売却分の数量×売却単価=5,000×700円=350万円

今回売却で生じたトレーディング損益

=(今回売却分の数量×簿価単価)−(今回売却分の数量×売却単価)

=300万円−350万円=△50万円(利益)

このときの起票は以下のとおりです。簿価＜売却価額であるためトレーディング損益(利益)が発生します。簿価＞売却価額の場合はトレーディン

グ損益（損失）が発生します。

借方		貸方	
約定見返勘定	3,500,000	商品有価証券等(トレーディング目的)	3,000,000
		トレーディング損益	500,000

(v) 3月31日の期末決算時

期末残高×簿価単価＝6,500×600円＝390万円（簿価単価）

期末残高×時価単価＝6,500×580円＝377万円（時価評価額）

今回の時価評価で生じたトレーディング損益

　＝(期末残高の数量×簿価単価)－(期末残高の数量×時価単価)

　＝390万円－377万円＝13万円（損失）

このときの起票は以下のとおりです。期末簿価＞時価評価額であるためトレーディング損益（損失）が発生します。期末簿価＜時価評価額の場合はトレーディング損益（利益）が発生します。

借方		貸方	
トレーディング損益	130,000	商品有価証券等(トレーディング目的)	130,000

② 総記法の採用がある、移動平均法か総平均法による時価評価

　総平均法とは、一会計期間全体にわたって一括して有価証券の購入金額の平均値を計算し、これを簿価単価とする方法です。計算式は図表4-5-16のとおりです。なお、総記法と移動平均法については前述のため、ここでの説明は省略します。

　以下では例をあげて総平均法の説明を行います。なお、各日とも営業日とします（図表4-5-17参照）。日付、取引、取引数量、残高、単価は図表4-

図表4-5-16 総平均法の計算式

$$単価 = \frac{期初の簿価 + 期中取得価額}{期初の数量 + 期中取得数量}$$

図表 4 - 5 -17　総平均法の計算例

日付	取引	取引数量	残高	単価	計上額
4月1日	期初残高	—	10,000	簿価単価600円	6,000,000円
8月16日	購入	2,500	12,500	購入単価550円	1,375,000円
9月25日	売却	3,000	9,500	売却単価670円	2,010,000円
9月27日	購入	2,000	11,500	購入単価650円	1,300,000円
12月18日	売却	5,000	6,500	売却単価700円	3,500,000円
3月31日	期末残高	—	6,500	簿価単価598円	3,887,000円

5-15と同じにしています。

(i) 4月1日の期初時

期初残高の数量×簿価単価＝10,000×600円＝600万円

このときの起票はありません。

(ii) 8月16日の購入時

今回購入分の数量×購入単価＝2,500×550円＝137万5千円

このときの起票は以下のとおりです。

借方		貸方	
商品有価証券等(トレーディング目的)	1,375,000	約定見返勘定	1,375,000

(iii) 9月25日の売却時

今回売却分の数量×売却単価＝3,000×670円＝201万円

このときの起票は以下のとおりです。

借方		貸方	
約定見返勘定	2,010,000	商品有価証券等(トレーディング目的)	2,010,000

(iv) 9月27日の購入時

今回購入分の数量×購入単価＝2,000×650円＝130万円

第4章　証券業務

このときの起票は、以下のとおりです。

借方		貸方	
商品有価証券等（トレーディング目的）	1,300,000	約定見返勘定	1,300,000

(v) 12月18日の売却時

今回売却分の数量×売却単価＝5,000×700円＝350万円

借方		貸方	
約定見返勘定	3,500,000	商品有価証券等（トレーディング目的）	3,500,000

(vi) 3月31日の期末決算時

まず、総平均法により簿価単価を計算します。

期初の簿価＋期中取得価額

　　＝600万円(ⅰ)＋137万5千円(ⅱ)＋130万円(ⅳ)＝867万5千円

期初の数量＋期中取得数量

　　＝10,000(ⅰ)＋2,500(ⅱ)＋2,000(ⅳ)＝14,500

簿価単価＝867万5千円÷14,500＝598円（簿価単価）（円未満切捨）

次に、期末残高に簿価単価を乗算して、計上額を算出します。

計上額＝6,500×598円＝388万7千円

総記法により、期中には起票されなかったトレーディング損益を計算します。トレーディング損益、期初の簿価に購入価額を加算し、売却価額を減算し、総平均法で求めた簿価単価から求めた簿価も減算することで計算します。

期初から期末までの計上額合計

　　＝600万円(ⅰ)＋137万5千円(ⅱ)－201万円(ⅲ)

　　＋130万円(ⅳ)－350万円(v)－388万7千円＝△72万2千円（利益）

このときの起票は以下のとおりです。計上額合計＜ゼロであるのでトレーディング損益（利益）が発生します。計上額合計＞ゼロの場合はトレーディ

ング損益（損失）が発生します。

借方		貸方	
商品有価証券等(トレーディング目的)	722,000	トレーディング損益	722,000

なお、前述①（取引数量、購入単価、売却単価は同じ）の移動平均法による売却時のトレーディング損益の合計は、74万円＝24万円（前述①の(ii)）＋50万円（前述①の(iv)）です。総平均法と移動平均法では計算方法が異なるため、その計算結果も異なることに注意が必要です。

最後に、時価による時価評価を行います。時価単価を600円としたときの時価評価は、以下のとおりです。

期末残高×簿価単価＝6,500×598円＝388万7千円（期末簿価）

期末残高×時価単価＝6,500×600円＝390万円（時価評価額）

今回の時価評価で生じたトレーディング損益

　　＝（期末残高の数量×簿価単価）－（期末残高の数量×時価単価）

　　＝388万7千円－390万円＝△1万3千円（利益）

このときの起票は以下のとおりです。期末簿価＜時価評価額の場合はトレーディング損益（利益）が発生します。期末簿価＞時価評価額の場合はトレーディング損益（損失）が発生します。

借方		貸方	
商品有価証券等(トレーディング目的)	13,000	トレーディング損益	13,000

6節　証券業務システムの概要

本節では証券業務システムの概要について説明します。

1項 概　要

　証券業務のシステムは金融機関、取扱業務、規模などによって大きく異なります。また、各システムの役割や実現している機能なども金融機関や取扱商品などによって大きく違う場合もあり、1システムで大半の業務をカバーしていることもあれば、商品別にシステムを構築していることもあります。以下では資金証券システム、証券取引システム、有価証券システムの3つについて、その概要を記述します。

2項 詳　細

1　資金証券システム

　銀行などの資金証券システムは市場系のシステムであり、資金、為替、証券、デリバティブなどの業務について、これらの取引や事務などを取り扱います。多くの場合、機能別にフロント業務、ミドル業務、バック業務に分かれ、これに対応してフロント・システム、ミドル・システム、バック・システムというように、システムも分かれています。金融機関によってはミドルとバックを合わせてミドル・バック・システムとしているところもあります。以下に資金証券システムの概略を示します（図表4-6-1参照）。

(1)　フロント・システム

　取引入力では証券などの注文、約定取引などを入力し、ポジション管理では各証券のポジション（買持か売持か）を管理します。ポートフォリオ管理では投資する証券の詳細な組み合わせを評価、管理します。また、与信枠管理では資金運用取引、貸借取引などの取引相手に対する与信枠と残高の管理を行い、各種情報照会では情報ベンダーなどの供する証券などの時価、市場金利、各市場動向などを照会、分析します。昨今では、システムが市場動向などに応じ、自動的に株式などの売買注文のタイミングや数量を決めて売買

図表4-6-1 資金証券システムの概要

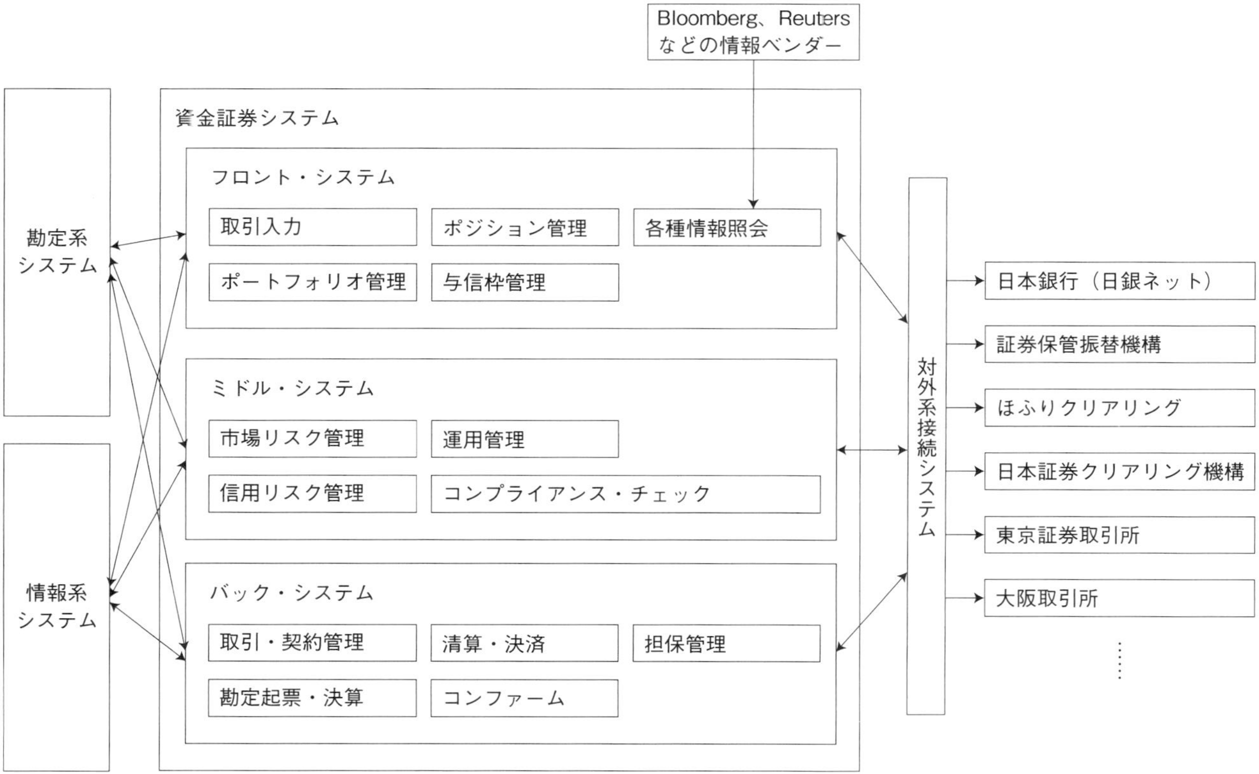

資金証券システム

フロント・システム
- 取引入力
- ポートフォリオ管理
- ポジション管理
- 与信枠管理
- 各種情報照会

ミドル・システム
- 市場リスク管理
- 信用リスク管理
- 運用管理
- コンプライアンス・チェック

バック・システム
- 取引・契約管理
- 勘定起票・決算
- 清算・決済
- コンファーム
- 担保管理

Bloomberg、Reutersなどの情報ベンダー

対外系接続システム
- 日本銀行（日銀ネット）
- 証券保管振替機構
- ほふりクリアリング
- 日本証券クリアリング機構
- 東京証券取引所
- 大阪取引所
- ……

勘定系システム

情報系システム

第4章 証券業務 309

注文するアルゴリズム取引や、ミリ秒といった極めて短い時間の間にシステムが自動的に株式などの売買注文を行う超高速取引（HST：High Speed Trading）、超高頻度取引（HFT：High Frequency Trading）などをサポートしている場合もあります。

(2) ミドル・システム

市場リスク管理では金利、株式、為替などの変動により損失を被るリスクを評価、管理し、信用リスク管理では予想損失率、予想デフォルト率などを計算し、取引相手を評価、管理します。運用管理では部門別、商品別、ディーラー別などの収益を算出し、管理、評価します。さらに、コンプライアンス・チェックではフロント・システムに入力された各取引が内部ルールや法令に反していないかをチェックします。

(3) バック・システム

取引・契約管理では取引相手との取引や契約の内容などを管理します。勘定起票・決算では各取引の記帳、起票をし、決算処理を含めた会計処理を行います。清算・決済では取引相手との決済内容を確認し、証券などの受渡や資金の受払を行います。コンファームでは取引相手と外部のシステムやFAXなどによって相互に取引や契約の内容を確認します。担保管理では取引に応じて行われる担保や証拠金などの管理を行います。

2　証券取引システム

債券や株式などの証券についての注文、約定、清算、決済までの取引の流れと、サポートするシステムには、さまざまな種類があります。ここでは、取引所に売買注文を発注し、決済されるまでの証券取引をあげて、かかわるシステムの概要について、記述します（図表4-6-2参照）。

(1) 情報系システム

情報系システムのうち、投資情報システムでは、投資家の投資判断を支援する市場情報や株価情報などの各種情報をリアルタイムで提供します。一般

図表4-6-2　証券取引とおもなシステムの概要

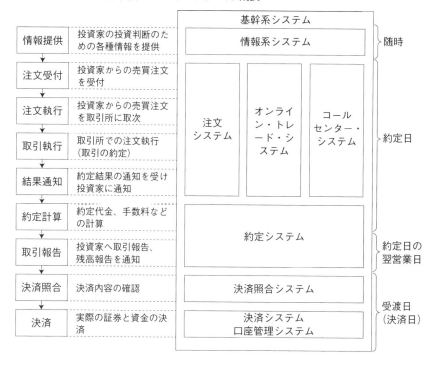

に情報系システムは主としてデータの加工・分析や各種管理資料の提供を行うシステムであるため、投資情報システムだけではなくさまざまなシステムがあります。顧客情報システムでは、顧客に関する各種情報を管理します。リスク管理システムでは、市場リスクや信用リスクなどを評価、管理します。経営管理（収益管理）システムでは、営業店の収益、会社全体の収益とリスクなどを一体で管理します。営業支援システムでは、顧客へのコンタクト履歴、取引履歴、属性情報など各種情報を保持、管理します。CRM（Customer Relationship Management）システムでは、顧客の属性情報、預り資産情報、取引履歴、顧客別採算などを管理します。ここまで、情報系システムの内容について述べましたが、金融機関によって大きく違うこともありま

す。

(2) 注文システム

投資家からの売買注文を受け付けて（注文受付）[*51]、注文約定DBに書き込むと同時に、売買注文を取引所に送ります（注文執行）。取引所で売買取引が成立（約定）した後に（取引執行）、取引所から送られてくる約定通知を受け取り、注文約定DBを更新します。受け取った約定通知をもとに、投資家へも約定通知[*52]を送ります（結果通知）。

(3) オンライン・トレード・システム

ウェブから売買注文を受け付けるシステムです。入出力がウェブであること以外は注文システムと大きな違いはありません。

(4) コールセンター・システム

電話から売買注文を受け付けるシステムです。入出力が音声応答などであること以外は注文システムと大きな違いはありません。

(5) 約定システム

約定された売買取引について売買手数料を計算し、約定代金に加えて、決済代金を確定させます（約定計算）。この結果で注文約定DBを更新します。また、約定日当日の夜間に、取引所から送られてくる約定データにより約定照合を行い、注文約定DBを更新します。その後、取引についての報告、口座の残高報告（取引報告）などを作成して投資家に通知します（取引についての報告、口座の残高報告は約定日当日の場合もあります）。

(6) 決済照合システム

証券保管振替機構などから送られてくる決済照合の結果通知を受け取り、

[*51] 買い注文の場合、債券や株式を購入する資金が証券口座に十分にあるか否かをチェックします。資金が十分にない場合には買い注文はエラーとされます。売り注文の場合、売却するだけの数量が証券口座にあるか否かチェックします。証券が十分にない場合には売り注文はエラーとされます。

[*52] 証券保管振替機構に加入している機関投資家の場合、自身で約定結果を把握することができるため、約定通知を送ることはしません。

決済内容の確認を行います（決済照合）。

(7) **決済システム、口座管理システム**

証券保管振替機構などから送られてくる決済結果（証券の振替通知、資金の入出金通知など）をもとに、投資家の証券口座の証券残高を増減、または資金残高を増減します。

3 有価証券システム

ここでは銀行などにおける有価証券システム（バック・システム）の取引遷移と取引種類について記述します。なお、有価証券の自己売買取引を対象とするシステムを想定しています。

(1) **取引遷移**

一般的な取引遷移は図表4-6-3のとおりです。

(2) **取引種類**

有価証券には図表4-6-4のような取引があります。

有価証券マスタ登録で購入する債券や株式などの有価証券についての基本的な情報を登録します。この情報は、必要に応じて有価証券マスタ変更によ

図表4-6-3　有価証券システムの取引遷移

図表4-6-4　有価証券の取引

取引名	概要	おもな経路など
有価証券マスタ登録	・債券や株式など証券について、個々の基本情報を登録 ・発行体番号、発行体種類（政府、地方公共団体、企業など）、証券名称、証券種類（債券、株式など）、上場区分（上場、非上場）、上場市場、発行日、償還日、保有目的区分などの共通項目を入力 ・債券の場合は債券種類（利付債、割引債）、金利区分（変動、固定）、利率、利払サイクル（1カ月、3カ月、6カ月など）、端数処理（切上、切捨など）、日数計算（360/360、実日数/実日数など）などの債券固有の項目も入力 ・後述する証券コードを採番 ・入力された情報を有価証券マスタに登録	本部端末、フロント・システムなど他システム入力
有価証券マスタ変更	・証券の基本情報である共通項目を変更 ・債券の場合、債券固有の項目を変更	本部端末、フロント・システムなど他システム入力
有価証券マスタ解約	・証券がすべて売却されたか償還された場合で、今後購入しない場合に当該証券を解約（廃止） ・当該証券の残高がゼロであることが前提	本部端末、フロント・システムなど他システム入力
購入約定	・証券を購入する取引が成立した場合に入力 ・証券コード、決済日、購入価格、購入額面、購入先、カストディアン番号、決済口座、支払経過利子などを入力 ・証券取引を管理する取引番号を採番	本部端末、フロント・システムなど他システム入力
購入決済	・購入した証券を売却者から実際に受け渡されて、購入約定で購入した証券の資金決済（資金支払）を行う場合に入力 ・取引番号を入力し、入力済の購入約定取引を特定 ・証券取引を管理する取引番号を採番 ・証券コード、購入価格なども入力	本部端末、センター自動処理
売却約定	・証券を売却する取引が成立した場合に入力 ・証券コード、決済日、売却価格、売却額面、売却先、カストディアン番号、決済口座、受取経過利子などを入力 ・証券取引を管理する取引番号を採番	本部端末、フロント・システムなど他システム入力
売却決済	・売却した証券を購入者に実際に受け渡し、売却約	本部端末、センター自

	・定で購入した証券の資金決済（資金受取）を行う場合に入力 ・取引番号を入力し、入力済の売却約定取引を特定 ・証券取引を管理する取引番号を採番 ・証券コード、売却価格なども入力	動処理
利金配当金等受取	・債券の利金や株式の配当金を受け取る場合に入力 ・証券コード、償還日、利金配当金金額、決済口座、次回利率（変動金利の場合）などを入力 ・証券取引を管理する取引番号を採番	本部端末、センター自動処理
評価替	・中間決算または本決算時に、時価評価する証券について、購入価格と償還金額の差額の当該決算期部分を期間按分、計上（アキュムレーション、アモチゼーション）する場合に入力 ・証券コード、評価金額などを入力 ・証券取引を管理する取引番号を採番	本部端末、センター自動処理
評価振戻	・中間決算時に、評価替を行った証券について、評価替を相殺する場合に入力 ・証券取引を管理する取引番号を採番	本部端末、センター自動処理
償還	・債券などが償還され、償還される資金を受領する場合に入力 ・証券コード、償還日、償還価格、償還額面、カストディアン番号、決済口座などを入力 ・証券取引を管理する取引番号を採番	本部端末、センター自動処理

り変更します。

　購入約定で登録済の有価証券を購入します。その後、購入決済により購入代金を売却者に支払います。売却約定で保有する有価証券を売却します。その後、売却決済により売却代金を購入者から受け取ります。売買取引が成立（約定）してから実際に証券の授受が行われ売買代金が受渡（決済）されるまで、数営業日（証券の種類によりますが、約定日から起算して1～3営業日後）掛かります。

　利金配当金等受取で株式の配当金や利付債の利金を受け取ります。評価替で中間決算または本決算時に証券を評価し、損益を計上します。中間決算後に評価振戻で評価損益を反対起票します。償還で償還された債券などの償還

資金を受け取ります。

(3) **各種ファイル**

有価証券業務で扱う各種ファイルについて、以下に記述します。

① **有価証券マスタ**

有価証券の取引情報を管理する有価証券マスタの論理的な構成について記述します（図表4-6-5参照）。

(i) 基本レコード

証券登録時に追加され、証券変更または購入約定などの取引のたびに更新されます。キーは証券コード(*53)です。有価証券の基本的な項目を保持します。具体的には当日残高、前日残高、発行体番号（顧客番号と有価証券業務に登録済の顧客番号）、証券名称、証券略称、証券種類（債券、株式など）、上場区分（上場、非上場）、上場市場、発行日、償還日、保有目的区分、発行体種類（政府、地方公共団体、企業など）などの共通項目があります。債券の場合は債券種類（利付債、割引債）、金利区分（変動、固定）、利率、利金サイ

図表4-6-5　有価証券マスタの構成

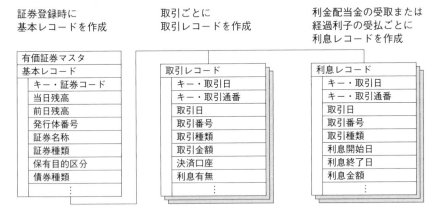

(*53) 7桁程度の数字（7桁目はチェック・デジット）で1からの連番とされます。自社で当該証券を特定・管理するための番号です。

クル（1カ月、3カ月、6カ月、1年など）、端数処理（切上、切捨など）、日数計算（360/360、実日数/実日数など）などの債券固有の項目もあります。

(ii) 取引レコード

取引ごとに1件追加されます。キーは取引日、取引通番です。入力された項目や一部項目の取引前後の情報を保持します。具体的には取引日、取引番号、取引種類（購入約定、購入決済、売却約定、売却決済、利息配当金等受取、評価替、償還など）、取引金額、決済口座、利息有無、利息金額などがあります。一部項目は取引後の最新情報を基本レコードでも管理します。

(iii) 利息レコード

利金、配当金の受取がある、または経過利子の受払がある購入約定、売却約定、利金配当金等受取、償還の各取引で1件追加されます。キーは取引レコード同様に取引日、取引通番です。1取引で元本と経過利子が同時にある場合、取引レコードと利息レコードの取引番号は同一番号です。特定の利息

図表4-6-6　各レコードの追加更新要領

取引	基本レコード	取引レコード	利息レコード
有価証券マスタ登録	1件追加	—	—
有価証券マスタ変更	1件更新	—	—
有価証券マスタ解約	1件更新	—	—
購入約定	1件更新	1件追加	1件追加
購入決済	1件更新	1件追加	1件更新
売却約定	1件更新	1件追加	1件追加
売却決済	1件更新	1件追加	1件更新
利金配当金等受取	1件更新	1件追加	1件追加
評価替	1件更新	1件追加	—
評価振戻	1件更新	1件追加	—
償還	1件更新	1件追加	1件追加

の受払についての詳細な情報を保有します。具体的には取引日、取引番号、取引種類（購入約定、購入決済、売却約定、売却決済、利金配当金等受取、評価替、評価振戻、償還など）、利息開始日、利息終了日、利息金額、約定利率などがあります。

最後に、各レコードの追加更新要領について、図表4-6-6で示します。

② 有価証券業務ファイル

有価証券の残高情報を個別に管理する有価証券業務ファイルの論理的な構成について記述します（図表4-6-7参照）。

有価証券の残高情報は、発行体別またはカストディアン別に残高などを管理する必要があります。発行体もカストディアンも顧客登録により顧客番号が採番され、さらに同番号で有価証券業務の顧客登録が行われていることを前提とします。有価証券の残高情報を管理する証券残高レコードは基本レコードの直下に置かれます。

(i) 証券残高レコード

証券の初回の購入約定時に追加され、購入約定、売却約定などの証券残高に増減がある取引のたびに更新されます。キーは証券コードです。具体的には当日残高、前日残高、当日簿価、前日簿価、最終更新日などがあります。

図表4-6-7　有価証券業務ファイルの構成

図表4-6-8　各レコードの追加更新要領

取引	証券残高レコード （発行体分）	証券残高レコード （カストディアン別）
有価証券マスタ登録	ー	ー
有価証券マスタ変更	ー	ー
有価証券マスタ解約	ー	ー
購入約定	初回の購入約定時 ・1件追加 上記以外 ・1件更新	初回の購入約定時 ・1件追加 上記以外 ・1件更新
購入決済	ー	ー
売却約定	1件更新	1件更新
売却決済	ー	ー
利金配当金等受取	ー	ー
評価替	ー	ー
評価振戻	ー	ー
償還	1件更新	1件更新

当日簿価、前日簿価はカストディアン分のレコードでは管理しません。

最後に、各レコードの追加更新要領について、図表4-6-8に示します。

7節　各種制度

本節では少額投資非課税制度（NISA）、つみたてNISA、ジュニアNISA、個人型確定拠出年金（iDeCo）、投資者保護基金の各制度について説明します。

1項　少額投資非課税制度（NISA）

　少額投資非課税制度（NISA：Nippon Individual Savings Account）は2014年1月に始まりました。NISAから派生した制度に、2016年1月に始まったジュニアNISA、2018年1月に始まったつみたてNISAがあります。個人が金融機関にNISA口座を開設し、株式や投資信託などへ少額の投資を行う場合に、株式の売却益や配当金、投資信託の譲渡益や分配金について、非課税（通常は、20.315％課税）とする制度です。ここではNISA[*54]と、つみたてNISAについての比較を示します（図表4-7-1参照）。

　一般NISAの投資可能期間は、2014年からの10年間ですが、非課税期間そのものは最長5年です。非課税期間が終了した場合には、以下の3つの対応があります（図表4-7-2参照）。

・新しい非課税投資枠に繰越（ロールオーバー）する。なお、繰越する金融商品の時価が120万円を超えていても繰越可能（図表4-7-2①）。
・NISA口座以外の課税口座（特定口座[*55]、または一般口座[*56]）に移す（図表4-7-2②）。
・保有する金融商品を売却する（図表4-7-2③）。

　このほか、NISA口座で保有する金融商品に損失が発生しても、ほかの課税口座（特定口座や一般口座）で生じた利益と相殺（損益通算）することはできません。また、NISA口座で保有する金融商品をほかの特定口座や一般口座に移すことも、課税口座（特定口座や一般口座）で保有する金融商品をNISA口座に移すこともできません。同様に、ある金融機関に開設したNISA

(*54)　つみたてNISAとの対比で、NISAは一般NISAともいわれます。
(*55)　上場株式、特定公社債、公募公社債投資信託などの取引から生じた年間損益を証券会社などが計算する口座です。この口座では、源泉徴収あり、源泉徴収なしの2種類を選択可能で、源泉徴収ありを選んだ場合は確定申告が不要です。源泉徴収なしを選んだ場合は確定申告は必要ですが、証券会社から年間取引報告書が送付され、確定申告に添付できるため、簡便に申告することが可能です。
(*56)　特定口座におけるメリットがまったくない口座です。

図表4-7-1　NISAと、つみたてNISAの比較

項目	NISA（一般NISA）	つみたてNISA
非課税対象者	日本に居住する20歳以上(注1)の個人	同左
非課税対象商品	株式、投資信託など	手数料が低水準で頻繁に分配金が支払われないなど、長期・積立・分散投資に適した公募株式投資信託と上場株式投資信託（ETF）に限定
非課税対象	非課税対象商品からの売却益、配当金、分配金	同左
非課税口座数	1人1口座(注2)	同左
非課税投資枠	新規投資額で毎年120万円(注3)。最大600万円	新規投資額で毎年40万円(注4)。最大800万円
非課税期間	最長5年(注5)	最長20年
投資方法	制限なし	積立方式のみ
投資可能期間	2014年～2023年	2018年～2037年
払出	制限なし	制限なし

（注1）　NISA口座を開設する年の1月1日現在の年齢で判定します。0歳から19歳までは後述するジュニアNISAの利用が可能です。
（注2）　NISA口座を開設する金融機関は1年単位で変更可能です。ただし、NISA口座で投資信託などに投資した年に、ほかの金融機関に変更することはできません（変更した場合には、変更前のNISA口座で金融商品の追加購入はできません）。NISA口座内で一般NISA、つみたてNISAのいずれか一方のみの利用が可能で、1年単位で利用の変更が可能です。ただし、一般NISA、つみたてNISAのいずれか一方で投資した年に、もう一方のNISAの利用に変更することはできません。
（注3）　2014年、2015年は、100万円でした。2016年から120万円とされています。未使用分は翌年以降に繰越できません。
（注4）　一般NISAと異なり、非課税期間終了後には新しい非課税投資枠に繰越（ロールオーバー）することはできません。
（注5）　一般NISAの場合、図表4-7-2で後述するように、非課税期間終了後には新しい非課税投資枠に繰越（ロールオーバー）することで非課税期間の延長利用が可能です。

図表4-7-2 一般NISAの非課税投資枠と非課税期間

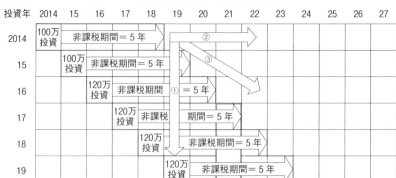

口座に保有する金融商品を、ほかの金融機関のNISA口座に移すこともできません。

2項 つみたてNISA

つみたてNISAは2018年1月に始まりました。長期・積立・分散投資を行う場合に活用できる少額投資非課税制度です。少額投資非課税制度（NISA）との比較でその概要は既述しているため、非課税投資枠と非課税期間（図表4-7-3参照）などについて、以下に述べます。

つみたてNISAの場合、20年間の非課税期間が終了した後は新しい非課税投資枠に繰越（ロールオーバー）することはできず、課税口座（特定口座や一般口座）に移されます。

図表4-7-3　つみたてNISAの非課税投資枠と非課税期間

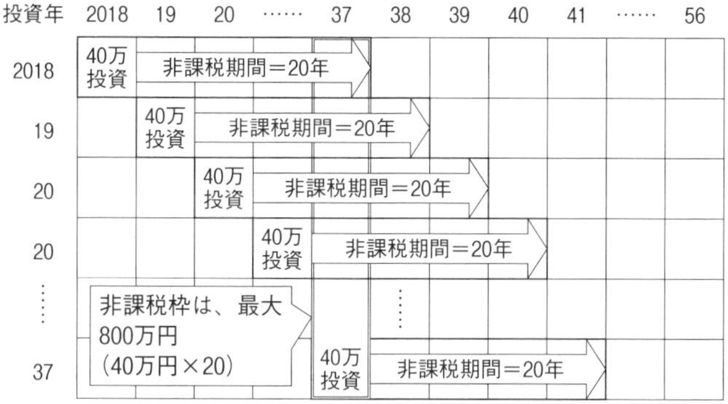

3項　ジュニアNISA

ジュニアNISAは2016年1月に始まりました。20歳未満の個人を対象とした中長期投資のための少額投資非課税制度で、子や孫の将来のための資産形成をおもな目的としています。

ここではNISAと、ジュニアNISAについての比較を示します（図表4-7-4参照）。

4項　個人型確定拠出年金（iDeCo）

確定拠出年金（DC：Defined Contribution Plan）は2001年10月から始まりました。日本版401kともいわれます。

受給額が確定している確定給付年金とは異なり、あらかじめ決められた掛け金を積み立ててその資金を金融商品で運用し、積み立てた資金と運用損益を合わせたものを60歳以降に受給します。制度上、受給額は確定していません。

確定拠出年金には個人型と企業型があり、ここで記述するのは個人型である個人型確定拠出年金（iDeCo：Individual Defined Contribution Plan）です。

図表4-7-4　NISAと、ジュニアNISAの比較

項目	NISA（一般NISA）	ジュニアNISA
非課税対象者	日本に居住する20歳以上(注1)の個人	日本に居住する20歳未満(注1)の個人
非課税対象商品	株式、投資信託など	同左
非課税対象	非課税対象商品からの売却益、配当金、分配金	同左
非課税口座数	1人1口座(注2)	1人1口座(注3)
非課税投資枠	新規投資額で毎年120万円(注4)。最大600万円	新規投資額で毎年80万円(注5)。最大400万円
非課税期間	最長5年(注6)	最長5年(注6)
投資方法	制限なし	制限なし
投資可能期間	2014年～2023年	2016年～2023年(注7)
払出	制限なし	18歳(注8)までは制限あり
運用管理者	―	2親等以内の親族（両親・祖父母など）

（注1）　NISA口座を開設する年の1月1日現在の年齢で判定します。
（注2）　NISA口座を開設する金融機関は1年単位で変更可能です。ただし、NISA口座で投資信託などに投資した年に、ほかの金融機関に変更することはできません（変更した場合には、変更前のNISA口座で金融商品の追加購入はできません）。NISA口座内で一般NISA、つみたてNISAのいずれか一方のみの利用が可能で、1年単位で利用の変更が可能です。ただし、一般NISA、つみたてNISAのいずれか一方で投資した年に、もう一方のNISAの利用に変更することはできません。
（注3）　複数の金融機関で口座開設はできません。口座を廃止（この場合、過去の利益すべてに課税されます）しなければ、ほかの金融機関に口座を変更することもできません。
（注4）　2014年、2015年は、100万円でした。2016年から120万円とされています。未使用分は翌年以降に繰越できません。
（注5）　未使用分は翌年以降に繰越できません。
（注6）　非課税期間終了後には、新しい非課税投資枠に繰越（ロールオーバー）することで、非課税期間の延長利用が可能です。ロールオーバーしない場合や18歳未満で売却した代金の場合は、課税ジュニアNISA口座（払出制限はジュニアNISAに同じ）で管理され、その資金で非課税投資することも可能です。
（注7）　ジュニアNISA終了後の2024年以降に非課税期間が終了しても、20歳までは一定の金額（非課税投資枠）の範囲で引き続き非課税（注9）で保有することができます。20歳の時点で自動的にNISA口座が開設されます（図表4-7-5参照）。

(注8) 非課税対象者が、3月31日時点で18歳である年の前年の12月31日までに、払出する場合（口座を廃止する場合も同様）には、過去の利益すべてに課税され、ジュニアNISA口座は廃止されます。ただし、災害などのやむをえない理由による払出の場合には、非課税での払出ができます（この場合でも、ジュニアNISA口座は廃止されます）。
(注9) 正確には、2024年から2028年まで毎年設定される繰越（ロールオーバー）専用の非課税枠（継続管理勘定）に繰り越すことにより、1月1日の時点で20歳である年の前年の12月31日まで非課税とされます。

図表4-7-5　非課税投資枠と継続管理勘定での非課税の継続

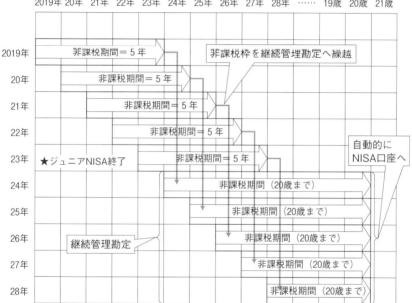

個人型確定拠出年金の特徴をまとめると、図表4-7-6のとおりです。

個人型確定拠出年金は60歳まで長期的に運用するものです。運用成果によって受給額が増減するため、運用商品を選ぶ場合には手数料（投資信託の運用管理費用などの各種手数料など）の有無、金額を十分に確認しておく必要があります。同時に運用期間、目標金額、リスク許容度などを考慮することも必要です。

図表 4 - 7 - 6　個人型確定拠出年金（iDeCo）の特徴

項目	内容
加入対象者	日本に居住する20歳以上60歳未満の個人（注1）
拠出額	月額5,000円から 上限は以下のとおり 　会社員（企業年金なし）＝12,000円または23,000円（注2） 　会社員（企業年金あり）（注3）＝12,000円または20,000円（注4） 　公務員＝12,000円 　専業主婦・主夫＝23,000円、自営業＝68,000円（注5）
税制優遇	拠出時＝積立額は全額、所得控除の対象で、所得税と住民税が節税できる 運用時＝運用益はすべて非課税 受取時＝一時金の受取の場合には退職所得控除、年金受取の場合には公的年金等控除が受けられる
運用対象商品	各種預金、各種保険（元本が確保されている商品） 各種投資信託（元本が確保されていない商品）
納付方法	給与天引、または本人口座から引落
前納・追納	前納は不可、追納（口座引落時に残高不足の場合）も不可
休止・再開	休止、再開はいつでも可能
掛金の変更	引落日基準で1月から12月（拠出日基準で12月分から翌年11月分）までの間に、1回のみ可能

（注1）　国民年金保険料を納付している20歳以上60歳未満の自営業者、農業・漁業者、学生、無職者とその配偶者（第1号被保険者）、厚生年金保険や共済組合等に加入している60歳未満の会社員、公務員（第2号被保険者）、20歳以上60歳未満の専業主婦・主夫など（第3号被保険者）が対象です。基本的に60歳未満のすべての成人が利用できます。
（注2）　ほかに企業年金がある場合＝12,000円、ない場合＝23,000円です。
（注3）　確定拠出年金（企業型）の加入対象者の場合、マッチング拠出（注6）を実施していない企業型で、年金規約に個人型確定拠出年金に加入できることを定めている場合のみ加入が可能です。
（注4）　ほかに企業年金がある場合＝12,000円、ない場合＝20,000円です。
（注5）　国民年金基金や付加保険料と合わせて6万8000円が上限です。
（注6）　マッチング拠出とは、確定拠出年金の加入者も一定の範囲内で事業主の掛け金に上乗せ拠出ができることをいいます。

5項　投資者保護基金

投資者保護基金は、銀行などに預入している預金を保護する預金保険制度の証券版です。金融商品取引法で、日本国内で証券業を営む証券会社は投資者保護基金に加入することが義務づけられています。投資者保護基金は加入している証券会社に負担金を拠出させ、投資者保護のための基金を維持しています。

1　保護の仕組み

投資者保護の仕組みは分別管理と基金による補償の2つに大別されます。

(1) 分別管理

分別管理とは、証券会社が投資家から預かっている資産（金銭、債券や株式などの有価証券）と証券会社自身の資産を分けて管理するものです。仮に証券会社が破綻などした際に、証券会社自身の資産と投資家から預かっている資産が分別管理されていないと、投資家の資産が棄損する可能性が高いと想定されます。しかし、分別管理が厳格に行われていれば投資家の資産は棄損することはなく、投資家に全額返還されます。

(2) 基金による補償

証券会社が破綻して分別管理が徹底されていないなどの理由で、投資家の資産が返還されない事態が起きた場合には、投資家1人当たり1,000万円までが基金によって補償されます。補償される対象商品や対象者は後述します。

2　保護の対象

保護の対象者と対象商品は以下のとおりです。

(1) 対　象　者

個人投資家(*57)と一般法人が対象で、国、地方公共団体、適格機関投資

家など^(＊58)は対象外です。

(2) **対象商品**

国内または海外で発行された債券、株式、投資信託、取引所取引における証拠金、これら取引に係る金銭が対象です。

(＊57) 仮名口座、借名口座で取引している投資家は補償対象外です。
(＊58) 証券に対する投資に係る専門的知識及び経験を有する者として内閣府令で定める者（金融商品取引法2条）とされます。具体的には証券会社、銀行、保険会社、投資法人などがあげられます。

【参考文献】

中島真志、宿輪純一著『証券決済システムのすべて 第2版』(東洋経済新報社、2008年)
Moorad Choudhry著『The Repo Handbook, Second Edition (Securities Institute Global Capital Markets)』(Butterworth-Heinemann、2010年)
三井住友信託銀行著、三井住友トラスト・キャリアパートナーズ株式会社編『証券業務の基礎2018年度版』(経済法令研究会、2018年)
あずさ監査法人編『証券業の会計実務 第2版』(中央経済社、2018年)
宿輪純一著『決済インフラ入門(2020年版)』(東洋経済新報社、2018年)

【参考ホームページ】

金融庁　https://www.fsa.go.jp/
日本銀行　https://www.boj.or.jp/
国税庁　https://www.nta.go.jp/
財務省　https://www.mof.go.jp/
証券会員制法人札幌証券取引所　https://www.sse.or.jp/
株式会社日本取引所グループ(東京証券取引所、大阪取引所など)
　　https://www.jpx.co.jp/
株式会社名古屋証券取引所　http://www.nse.or.jp/
証券会員制法人福岡証券取引所　https://www.fse.or.jp/
日本証券業協会　http://www.jsda.or.jp/
非営利会員制法人日本投資者保護基金　http://jipf.or.jp/
一般社団法人投資信託協会　https://www.toushin.or.jp/
一般社団法人不動産証券化協会　https://j-reit.jp/
一般財団法人地方債協会　http://www.chihousai.or.jp/
株式会社証券保管振替機構　https://www.jasdec.com/
株式会社日本証券クリアリング機構　https://www.jpx.co.jp/jscc/
株式会社ほふりクリアリング　https://www.jasdec.com/about/jdcc/
野村證券株式会社　https://www.nomura.co.jp/
大和証券株式会社　http://www.daiwa.jp/
SMBC日興証券株式会社　https://www.smbcnikko.co.jp/index.html
みずほ証券株式会社　https://www.mizuho-sc.com/index.html
株式会社みずほ銀行　https://www.mizuhobank.co.jp/
株式会社三菱UFJ銀行　https://www.bk.mufg.jp/
株式会社三井住友銀行　https://www.smbc.co.jp/

三菱UFJ信託銀行株式会社　https://www.tr.mufg.jp/
みずほ信託銀行株式会社　https://www.mizuho-tb.co.jp/
三井住友信託銀行株式会社　https://www.smtb.jp/
日本マスタートラスト信託銀行株式会社　https://www.mastertrust.co.jp/
日本トラスティ・サービス信託銀行株式会社　https://www.japantrustee.co.jp/
資産管理サービス信託銀行株式会社　http://www.tcsb.co.jp/
S&Pグローバル・レーティング・ジャパン株式会社
　　https://www.standardandpoors.com/ja_JP/web/guest/home

事項索引

【数字・英字】

1株1議決権の原則······108
1株当たり純資産······145,146
1株当たり利益······144,146
ABS：Asset Backed Securities······36
ADR：American Depositary Receipt
······111
B/S：Balance Sheet······131
Bond with Warrant······39
BPS：Book Value Per Share·····145,146
CAC40指数······142
Callable Bond······40
CB：Convertible Bond···37,198,201,214
CD：Certificate of Deposit·····3,16,156,
157,222,251,253
CD市場······249,251
CMBS：Commercial Mortgage Backed Security······36
CoCo債······40
Contingent Convertible Bonds······40
CP：Commercial Paper···3,16,156,157,
222,249,251,253
CP市場······249,251
CRM：Customer Relationship Management······311
Custodian······255
Custody······254
DAX30指数······142
DC：Defined Contribution Plan······323
DR：Depositary Receipt······94,111
DVP：Delivery Versus Payment·····204,
212,213,215-217
DVP決済　197,202,206,208,210,212,
213-218
DVP口座······205,218,219
DVP振替請求（データ）······204,205,207,
218,219
EB債······42

EDR······111
EPS：Earnings Per Share······144,146
ETF：Exchange Traded Funds······18,
172,173,183,321
Exchangeable Bond······42
FB：Financing Bills······34
FOP：Free Of Payment······212
FTSE100指数······140
GC：General Collateral······224
GC取引······224,226
GDR······111
HDR······111
HFT：High Frequency Trading······310
HST：High Speed Trading······310
iDeCo：Individual Defined Contribution Plan······319,323,326
IPO：Initial Public Offering······114,130,
134
J-REIT······16,18,163,166,173
JASDAQ（グロース）······118
JASDAQ（スタンダード）······112,118
JASDAQインデックス······140
JASDEC······204
JDCC：JASDEC DVP Clearing Corporation······204-206,214-217
JDR······111
JSCC：Japan Securities Clearing Corporation······203,206,208,210,214,
273,274,277,282,285,288,290
M&A：Merger and Acquisition·····139,
141
MMF：Money Management Fund···18,
162,172
MRF：Money Reserve Fund·····18,162,
172
NASDAQ······111
NASDAQ総合指数······140
NCD：Negotiable Certificate of De-

事項索引　331

posit……………………156,251
NISA：Nippon Individual Savings Account………………………319-324
NISA口座……………320-322,324,325
No Load……………………………181
NYSE………………………………111
NYSE総合指数……………………140
NYダウ平均株価…………………140
O/N：Over Night…………………250
P/L：Profit and Loss Statement……131
PBR：Price Book-value Ratio…144,145,168
PER：Price Earnings Ratio……144,145,168
PO：Public Offering……………125,134
Primary Market………………9,50,112
PTS：Proprietary Trading System ……………………………198,202,203
Q-Board……………………………119
REIT:Real Estate Investment Trust ………………………16,18,163,166,173
Repackage Bond……………………49
Repurchase Agreement……………222
RMBS：Residential Mortgage Backed Securities……………………36
ROA：Return On Asset…………144,147
ROE：Return On Equity…………144,146
RR分類……………………………169
RTGS：Real Time Gross Settlement ……………………………………210
S&P…………………………………88-90
S&P500指数………………………140
S&Pグローバル・レーティング………90
S/N：Spot Next……………………250
SB：Straight Bond…………………37
SC：Special Collateral……………224
SC取引……………………………224
Secondary Market……………9,50,112
SPC：Special Purpose Company……36,49,111
SPC：Specific Purpose Company……111

SSI：Standing Settlement Instruction ……………………………207,208,219
Step-down Bond……………………42
Step-up Bond………………………42
STP：Straight Through Processing ……………………197,204,218,219
T/N：Tomorrow Next………………250
T+1……………………………………54
T+2…………………………………123
T+3……………………………54,123
TB：Treasury Bills…………………34
T-Bill…………………………34,249
TDB：Treasury Discount Bills…34,249,251
TDB市場……………………249,251
TOB：Take-Over Bid………………99
TOKYO PRO Market………………118
TOPIX：Tokyo Stock Price Index ……………………18,140,143,167,172
VWAP：Volume Weighted Average Price…………………………44,45
Yield…………………………………91

【あ】
相対（あいたい）取引………………52,117
あおぞら銀行………………………28
アクティブ型……………167,168,179
預り金（その他）………………294-296
後取…………………………………297
後払…………………………………297
アルゴリズム取引…………………310
安全資産……………………………69
アンダーパー………………………63
アンダーライター業務……………242
安定重視型…………………………171
アンビシャス………………………118

【い】
イールド………………………59,91
イールド・カーブ……………………91
イールド競争入札ダッチ方式………59-61

イールドダッチ方式·················61
委託者········14,18,19,157,164,174-176,
　　　　212,213,244,245,291-296
委託者指図型(投資信託)·········164,213
委託者非指図型(投資信託)········164,213
委託手数料····241,273-275,281,284,287,
　　　　289,290
委託取引···········271,272,274,276,278
委託売買業務·················240,241
委託募集···················55-57,126
委託保証金···············232,235,237
板寄せ方式·················149-151,154
一次市場························9,50
一部議決権制限株式··············106,109
一部償還··························64
一般NISA··················320-322,324
一般口座····················320,322
一般債······166,198,200,210-212,214
一般債振替システム·············211,214
一般信用(取引)·········234,235,237,238
一般担保付債券····················30
一般振替·····················214,216
一般振替DVP決済················219
一般振替DVP制度·················214
移動平均法·········189,300-302,304,307
インカム・ゲイン······6,10,25,73,97,98,
　　　　137,138,148
インサイダー取引·················245
インターバンク市場···············248-250
インデックス運用·················143
インデックス型·············167,168,179

【う】
請負募集·························56
受取債券利子··················258,267
受取配当金······················279
受渡勘定·······257-263,273,275,277,278
受渡金額······················87,88
受渡日·····54,78,79,85,86,123,178,197,
　　　　311
売りオペレーション··············68,69

売り現先········227,228,231,252,269-271
売出価格························133
売出債··························29
売出発行······················55,57
売出方法························133
売建·························232
売り建玉····················237,239
売りポジション···············237,239
売持··························308
売戻条件付売買取引·················268
運用管理費用···············177,181,325
運用指図サポート対象外型············209
運用指図配信サービス未利用型
　　　　·····················207-209
運用指図配信サービス利用型··········209
運用報告書···········175-177,179,181
運用報告書(全体版)·················179

【え】
永久債··························31
営業支援システム··················311
営業利益······················148
エクスワラント····················40
縁故債··························30
縁故地方債·······················30
縁故募集·······················127
円債·························33
円建外債·······················33
円建債(券)····················33,50
エンド売買単価···················231
エンド利含み売買単価···············230

【お】
追い証·····················236,239
黄金株·····················103,108
欧州預託証券····················111
応募者利回り··············73-77,79,80
大型株······················144,166
大阪証券取引所···················119
大阪取引所··················119,309
オーバーナイト················249,250

事項索引　333

オーバーパー……………………63	解約時手数料……………………181
大引け…………………………149	解約請求………175,177,181,184,187,247,
オープン・エンド型………………17,163	255,293
オープン型………………16,162,291,292	解約手数料………………………293,294
オープン市場……………………248,249,251	価格競争入札コンベンショナル方式…59
オプション料……………………41	価格優先の原則……………………154
終値………43-48,149,150,183,236,239	格付け………………39,66,88-91,172
オンライン・トレード・システム……311,	格付投資情報センター(R&I)………88
312	確定給付年金………………………323
	確定拠出年金………………255,323,326
【か】	確定拠出年金(企業型)………………326
買入消却…………………………58,64	額面株式……………103,109,126,142
買入消却入札……………………58	額面金額……8,9,23,25,26,29,37,39,40,
買いオペレーション………………68	42-48,54,62,63,75,77,79-81,85-87,
外貨建外国債……………………33	109,120,126,251,256,259,262,263
外貨建国内債……………………33	額面発行……………………………126
外貨建債(券)……………………33,65	掛け目……………………230,235,237
会計帳簿閲覧権……………………100,101	カスタマーサイド………198,201,204,205,
買い現先………227,228,231,252,268-271	214
回号………………………………23	カストディ…………………………253
外国為替及び外国貿易法………………33	カストディアン(番号)………255,314,315,
外国為替専門銀行…………………28	318,319
外国債(券)………………32,33,157,254	カストディ銀行……………………216,220
外国証券管理業務…………………253,254	課税口座……………………………320,322
外債………………………………32	課税ジュニアNISA口座………………324
解散価値…………………………146	片落ち………………………………78
会社型……………………………163,173	片落し………………78,79,86,226,230
会社法……94,102,104,106,108,110,124,	株価収益率……………………144,145,168
127,132,133	株価純資産倍率………………144-146,168
買建………………………………232	株価連動性……………………………38,39
買い建玉…………………………237,239	株券貸借取引……………222,231,278,279
外為法……………………………33	株式売出……………………………129,132
買取価額…………………………182,184,185	株式買い占め………………………139,141
買取時手数料……………………181	株式会社………3,4,7,9,10,13,28,37,61,
買取請求……130,175,177,181,184,187,	94-96,99,101,102,104,109,111-114,
247,294	119,124,126,129,245
買取手数料…………………………294,295	株式買取請求権……………………100
買いポジション……………………237,239	株式公開……………113,114,130,138,141
買持………………………………308	株式公開買付…………………………99
買戻条件付売買取引………………268	株式市場……4,12,14,94,95,99,112-115,
解約価額…………182,184,185,187,188	118,119,124,130,135,136,138,140,

株式指数··140 ... 143,149,164,248
株式上場···113,114,130
株式譲渡制限会社·······································107
株式等振替システム·····································107
株式分割··········120,123,127,128,130,138,
141,143
株式併合···130,131,143
株主総会···············11,100,101,106-108,110,
112,122,124,127,130,132,133,245
株主総会議決権···································100,101
株主提案権··100,101
株主平等の原則····································102,108
株主優待制度···102
株主割当増資·······································125,126
貨幣証券···2
下方硬直性··38,39
カムワラント··39
仮名口座··328
空売り···168,233
借入有価証券担保金·····················265,266,268
仮受金··267,279
換金時手数料································177,181,187
間接金融···4
間接口座管理機関·······································221
間接発行···································55,57,62,126
完全無議決権株式·······································106
カントリー・ファンド·····································173
元本保証型株式······································103,109

【き】

基幹系システム···311
期間損益··299
期間(の)概念···298,299
企業会計原則··297
企業型··323,326
議決権······100-103,105-112,120,122,130,
176
議決権制限株式·······························103,105,106
期限前償還···64
機構加入者··215-219

起債市場··9,50
希釈化··125
基準価額·············171,176,179,180,182-194
基準担保金··225
基準担保金率···225
既存株·······························12,13,112,116,119-121
期中償還··64
希薄化·····························31,125,125-127,138
既発債···············8,9,29,49,50,52-54,64-66,
76-78,80,247
記名株式··103,110
記名債··35
逆イールド··91
逆イールド・カーブ······································91
逆二重通貨建債··33
キャピタル・ゲイン·················6,10,25,26,73,
97,98,138
キャピタル・マーケット································248
キャピタル・ロス·················6,10,25,26,97,98
キャンセラブル・スワップ······························41
共益権···99,100
強制転換条項付株式······················107,123,129
競争入札方式······································125,126
共通情報管理業務·································253-255
協同組織金融機関······································111
玉··237,239
居住者···33
拒否権付種類株式······························103,108
均一価格販売方式·······································62
金額買付···185-187
金額指定···185
銀行勘定···246
銀行等引受債···30
金庫株···37,109,110,129
金融債···7,28,55,57
金融商品仲介業務················240,243,246,247
金融商品取引法········2,3,65,125,134,175,
178,247,251,275,327,328
金融商品取引法施行令················2,3
金融派生商品·······································40,119
金利スワップ(取引)·································41,58

【く】

偶発転換社債……………………………40
クーポン………7, 8, 23, 28, 29, 35, 60, 62, 73,
　　　　81, 88
クーポン・レート………5, 22, 23, 51, 59, 62
口数買付…………………………185, 186, 188
口数指定………………………………………185
繰上償還…………………………40-42, 48, 64
グロース型……………………………………167
クローズド・エンド型………17, 163, 173,
　　　　175, 177
グローバル預託証券………………………111
グロス……………………………197, 206, 218
グロス＝グロス方式………………………210
グロス＝ネット方式………………………206
グロス決済…………………………………216

【け】

経営管理システム…………………………311
経営参加権………………………11, 12, 100, 104
経過利子………66, 78, 85-87, 121, 193, 226,
　　　　230, 231, 256-260, 262, 263, 316, 317
経過利子単価……………………………86, 87
経過利息………………………………………85
経常利益……………………………………148
継続管理勘定………………………………325
契約型…………………………………163, 173
契約締結前交付書面…………65, 134, 178
決済機関……………………198, 200, 202, 205
決済システム………………………311, 313
決済照合………201, 203-205, 207, 208, 210,
　　　　211, 213, 217, 218, 311-313
決済照合システム……198, 201, 204-211,
　　　　213, 218, 219, 262, 263, 311, 312
決算頻度…………………………………164, 165
決算補正………………………………………297
現金及び預金……258-263, 265-272, 275,
　　　　278, 279, 281-290, 292-296
現金担保付債券貸借取引……222, 224, 226
現金担保付取引……………………………222
現先市場……………………………248, 249, 253

現先取引……………………………248, 252, 253
現先取引貸付金……………………………269-271
現先取引借入金……………………………269-271
現先取引収益………………………………271
現先取引費用………………………………271
現先レート……………………………230, 231
減資……………………………………………132
現状有姿………………………………244, 245
減配……………………………24, 97, 121, 138, 149
現引……………………………………………237
現物債…………………………………………32
現物取引……………140, 142, 222, 233, 235
権利落ち日……………………………………122
権利確定日…………………………121, 122, 193
権利付最終売買日……………………121, 122
権利付最終日…………………………………122
権利取り日……………………………………122
現渡……………………………………………240

【こ】

公開会社………102, 106-108, 124, 132, 134
公共債…………………7, 27, 28, 51, 56, 243, 246
公債……………………………………………166
口座管理機関………………………32, 212, 221
口座管理システム…………………311, 313
口座振替システム…………204, 205, 218, 219
合資会社………………………………………94
行使価格……………………………39, 110, 129
行使期間………………………………………39
公社債…………7, 16, 18, 19, 27, 56, 57, 165, 172,
　　　　174
公社債市場…………………………………248
公社債店頭市場………………………………53
公社債店頭売買参考統計値…………………53
公社債投資信託……………………165, 172
更新差金………………………………283, 288
公的年金等控除………………………………326
合同会社………………………………………94
購入時手数料……………………177, 181, 185-187
後配株式…………………………………12, 105
交付運用報告書……………………177, 179, 247

交付目論見書・・・・・・・・・・・・・・・・178,247
公募価格・・・・・・・・・・・・・・・・・・・・・125,126
公募型・・・・・・・・・・・・・・・・・・・・・・・・17,162
公募債・・・・・・・・・・・・・・・・・・・・・・・・・・・30
公募増資・・・・・・・・・・・125,126,129,132,134
公募地方債・・・・・・・・・・・・・・・・・・・・・・30
公募入札方式・・・・・・・・・・・・・・・・・・・・57
合名会社・・・・・・・・・・・・・・・・・・・・・・・・94
功労株・・・・・・・・・・・・・・・・・・・・・104,110
コーラブル・スワップ・・・・・・・・・・・・・・41
コーラブル債・・・・・・・・・・・・・・・・・40-42
コール・マネー・・・・・・・・・・・・・・・・・・249
コール・ローン・・・・・・・・19,156,174,249
コール市場・・・・・・・・・・・・・・・・・248-251
コールセンター・システム・・・・・・・311,312
子会社及び関連会社株式・・・・・・・・・・・・300
顧客からの預り金・・・・・257-261,272,273,
　　　　　　275,284,285,290,292-296
顧客情報システム・・・・・・・・・・・・・・・・311
顧客への立替金・・・・・289,290,293,295,296
国債系・・・・・・・・・・・・・・・203,208,210,214
国債市場特別参加者・・・・・・・・・・・・・58,59
国債市場特別参加者会合・・・・・・・・・・・・58
国債市場特別参加者制度・・・・・・・・・57,59
国債引受シンジケート団・・・・・・・・・・・・57
国債振替決済制度・・・・・・・・・・・・・・・・251
国債窓販業務・・・・・・・・・・・・・240,246,247
国内証券管理業務・・・・・・・・・・・・253,254
個人型・・・・・・・・・・・・・・・・・・・・・・・・・323
個人型確定拠出年金・・・・・・・・319,323,326
個人向け国債・・・・・・・・・・・・・・・34,65,247
国庫短期証券・・・・・・・・34,78,249,251,253
後場・・・・・・・・・・・・・・・・・・・・・・・117,149
後場引け・・・・・・・・・・・・・・・・・・・・・・・149
後場寄り・・・・・・・・・・・・・・・・・・・・149,154
個別発行方式・・・・・・・・・・・・・・・・・・・・61
個別与信額・・・・・・・・・・・・・・・・・229-231
個別与信額合計・・・・・・・・・・・・・・229,230
コマーシャル・ペーパー・・・2,23,95,156,
　　　　　　　　　　　　　　222,227,251
コモディティ・・・・・・・・・・・・・・・・・・・166

混合株式・・・・・・・・・・・・・・・・・・・103,105
【さ】
債券現先市場・・・・・・・・・・・・・・248,249,253
債券現先取引・・・・・・・・・・・・・・・・・・・222
債券市場・・・8,14,50,57,62,66,68,69,73,
　　　　　　　　　　　　112,116,164,248
債券貸借市場・・・・・・・・・・・・・・248,249,252
債券貸借取引・・・・・・222-224,226,231,248,
　　　　　　252,255,263,264,267,268,279
最終利回り・・・・・・・・・・・・・73,75-77,79,80
裁定取引・・・・・・・・・・・・・・・・・・・140,141
財投機関債・・・・・・・・・・・・・・・・・・・・・31
債務(の)引受・・・・・51,199,200,202-204,
　　　　　　　　　　206,208,211,214,215
先物取引・・・・・・・・・・・・・・・・・・・・・・140
指値・・・・・・・・・・・・・・・・・・・・・・・150,151
指値注文・・・・・・・・・・・・・・・・・・・150,154
札幌証券取引所・・・・・・・・・・・・・・・・・118
残余財産分配請求権・・・・・・・・・・・・11,100
サムライ債・・・・・・・・・・・・・・・・・33,210,214
ザラ場方式・・・・・・・・・・・149,150,153,154
参加型優先株式・・・・・・・・・・・・・・・・・105
残額引受方式・・・・・・・・・・・・・・・・・・・56
三者間セントラル・マッチング型・・・・・207-209
残存期間・・・・・・・・・18,64,73,77,78,88,172
残存年限・・・・・・・・・・・・・・・・・・・・・・・64
残存年数・・・・・・・・・・・・・64,73,76-80,84,88
三分法・・・・・・・・・・・・・・・・・・・・・・・・301
残余財産・・・・・・・・・・11,12,100,103-105,112

【し】
自益権・・・・・・・・・・・・・・・・・・・・・・99,100
時価総額加重平均型株価指数・・・・・・・・・144
時価発行・・・・・・・・・・・・・・・109,121,126
時価発行増資・・・・・・・・・・・・・・・・・・・126
時価評価(額)・・・・・・182,236,239,255,297,
　　　　　　　　　　299-301,304,307,315
時間優先の原則・・・・・・・・・・・・・・・・・154
事業債・・・・・・・・・・・・・・・・・・・・・・・7,28
資金証券システム・・・・・・・・・・・・308,309

資金振替……196-198,200,201,206,210,
　　　　　214
仕組債………………………………40
自己株式…………37,109,110,129,130,
　　　　　132-134,145,245
自己株式取得信託………………243,245
自己資本……………………40,111,146-148
自己資本利益率………………144,146-148
自己取引………255,261,271,274-276,278
自己売買……………………………261,275
自己売買業務………………………240,241
自己売買取引………………………………313
自己募集……………………………………126
資産管理サービス信託銀行………………253
資産管理専門銀行………213,216,253,254
資産管理専門信託銀行……………253,254
資産担保証券…………………………36,37
資産の流動化に関する法律………………36
資産複合………………………………16,166
市場第一部…………………115,118,119
市場第二部…………………115,118,119
シ団引受方式…………………………57,60
執行時間……………………………………117
指定金外信託………………………243,244
指定金銭信託………………………243,244
指定包括信託………………………243,244
品貸料……………………………234,264,267
品借料…………………………………265,266
支払債券利子………………………………260
私募型…………………………………17,162
私募債……………………………30,55,57
資本金………9,10,94,112,119,124,127,
　　　　　129-133,138
資本市場……………………………………248
資本証券………………………2,5,22,90,94
社債、株式等の振替に関する法律……32,
　　　　　220
社債権………………………………………51
社債原簿……………………………………51
ジャンク・ボンド…………………………91
ジャンク債…………………………………91

上海総合指数………………………………140
収益管理システム…………………………311
収益の繰延…………………………………297
収益の見越…………………………………297
住宅ローン担保証券………………………36
受益権………18,19,157,174,175,178,213
受益者………18,19,164,174,176,179,212,
　　　　　291
受益証券……………………………18,157,174
主幹事方式…………………………………61
受託会社
　　…51,55,56,113,181,208,209,212,213
受託者………14,18,19,157,164,174-176,
　　　　　212,213,244,245,291-296
出庫…………………………………257,275
取得条項付株式……………………………103,107
取得請求権付株式…………………103,106,107
取得単価……………………………188-191
ジュニアNISA…………319-321,323-325
需要積み上げ方式…………………………126
種類株式………102,103,107,109,120,123,
　　　　　129
純資産……115,119,131,132,145-147,179,
　　　　　180,184
純与信額……………………………229,230
少額投資非課税制度……319,320,322,323
償還株式……………………………106,107
償還期限……5,6,16,19,20,22-27,30,31,
　　　　　37,39-44,46-48,51,63-65,74-79,91
償還日……8,9,23,29,53,54,64,65,70,72,
　　　　　75,77,256,261,314-316
消却……………………………………37,64,106
償却原価法…………………………………300
商業不動産担保証券………………………36
証金………………………234,280,281,286
証券金融会社………233,234,280,281-283,
　　　　　285-288,290
証券信託業務………………………240,243
証券代行業務………………113,240,243,245
証券取引システム…………203,308,310
証券振替……196-198,200,201,205,206,

338

210, 211, 213, 214, 219
証券保管振替機構…………198, 200-208,
　　　210-220, 261-263, 309, 312, 313
照合機関………………………………206
証拠証券…………………………………2
上場株式市場……………………118, 119
上場審査基準………114, 115, 118, 119, 138
上場投資信託………………118, 173, 183
少数株主権……………………………101
譲渡所得………………………………187
譲渡制限株式……………103, 107, 108
譲渡性預金……………3, 156, 222, 227, 251
消費貸借取引…………………………222
商品証券…………………………………2
商品有価証券等（株式）……………276, 277
商品有価証券等（債券）…257, 259, 262, 263
情報系システム…………………309-311
剰余金…………………100, 101, 103-105, 121
剰余金配当請求権………………11, 100
ショーグン債……………………………33
ショート………………………………168
ショート・ポジション……………237, 239
所有期間利回り………………………73-80
新株………12, 13, 37, 39, 100, 104, 110, 112,
　　　113, 119, 120, 121, 124-127, 129, 130,
　　　132-134
新株引受権…………39, 40, 100, 125-127
新株引受権付社債……………39, 40, 129
新株予約権………………110, 123, 129, 147
新株予約権証券…………3, 104, 110, 129
新株予約権証書………………………40, 129
新株予約権付社債………………39, 40, 129
新株予約権無償割当…………………110
新規公開………………113, 114, 130, 134
シンジケート団引受方式……………60, 61
新生銀行………………………………28
信託型…………………………………163
信託勘定………………………………246
信託財産留保額………177, 181, 184, 185, 187
信託受益権……………………36, 37, 157
信託報酬……………………177, 181, 182

新発10年利付国債の利回り…………250
新発債………8, 9, 29, 50, 51, 53, 54, 62-65,
　　　68, 69, 74-76, 80, 247
信用売り取引………232-234, 237-239, 285,
　　　286
信用買い取引……………………232-237, 280
信用取引……139, 141, 168, 222, 232-237,
　　　239, 271, 279, 281, 285, 288
信用取引受入保証金……………281, 286
信用取引貸証券受入金………287, 288, 290
信用取引貸付金…………………282-285, 289
信用取引借入金…………………282, 283, 285
信用取引借証券担保金………287, 288, 290
信用取引差入保証金……………281, 286
信用取引収益……………………283, 288
信用取引費用……………………283, 289

【す】
スタート売買単価……………………231
スタート利含み売買単価……………230
スタンダード・アンド・プアーズ……88,
　　　89
ステップ・アップ・コーラブル債………42
ステップ・アップ債……………………42
ステップ・ダウン債……………………42
ストック・オプション………………129
ストリートサイド………198, 201-205, 214
ストリップス国債………………………35
スポネ…………………………………250
スルー型………………………………209

【せ】
清算機関………198-200, 202, 205, 211, 214
清算参加者………………202, 203, 206-208
制度信用（取引）……234, 235, 237, 238, 280
制度信用銘柄…………………………234
税引後受取金額………………………189
税引後譲渡損益…………………188, 189
政府関係機関債………3, 7, 27, 28, 30, 61
政府短期証券…………………………34
政府保証債……………………31, 61, 246, 247

事項索引　339

セカンダリー・マーケット……9,50,112
積極値上がり益追求型…………171
絶対利益追求型…………………168
セリング業務……………………242
ゼロクーポン債…………………8,29
全銀システム……………………212
全国銀行データ通信システム…212
セントレックス…………………119
前場………………………………117,149
全部議決権制限株式……………106
全部取得条項付株式……………103,107

【そ】
総会招集請求権…………………100,101
総額引受…………………………55-57
早期償還…………………………46,48,64
総記法……………………………301,304,306
増資……9,31,111,113,121,123,124,126,
　　　　129,132,138,141,245,254
総資産……………………………147,148
総資産営業利益率………………148
総資産経常利益率………………148
総資産利益率……………………144,147,148
総資本……………………………148
総数引受契約……………………133
総数引受方式……………………133,134
増配………………………………97,121,128
総平均法…………………………300,301,304-307
その他有価証券…………………299,300
損益計算書………………………131,132,297,299
損益通算…………………………320
損益の期間按分…………………298,299
損益の繰延………………………299
損益の見越………………………299
損益補正…………………………297-299
損切り……………………………237,239

【た】
ターム物…………………………250
第1号被保険者…………………326
第2号被保険者…………………326

第3号被保険者…………………326
第一種金融商品取引業…………51
第三者割当増資…………………125,127,132
第Ⅰ非価格競争入札……………58,60
第Ⅱ非価格競争入札……………58,60
貸借対照表………………………131,132,146,147
貸借取引……222,223,225,229,245,256,
　　　　264,265,271,280,281,285,286
貸借値段…………………………282,283,287,288
貸借料……………………224,226,227,264-267,278
貸借料率…………………………226
退職所得控除……………………326
代替証券…………………………104,111
代用有価証券……………………235,237
代用有価証券担保付取引………222
代理事務業務……………………243
ダイレクト取引…………………250
多議決権株式……………………109
他社株転換可能債………………42-46
立会外……………………………117
立会時間…………………………117,150
立会内(取引)……………………117,275
建玉………………………………237,239
他人資本…………………………146
単位型………………16,19,20,162,175-177
単位株制度………………………120
短期金融市場……………………156,248-250
短期債……………………………31
短期社債……23,95,196-198,200,212,214,
　　　　249,251
短期社債振替システム…………214
単元株………………99,100,108,120,121,130
単元株式(数)……………………44,45,115,
単元株制度………………………120
単元未満株………………………109,120,130,245
担保金利息………………224,226,264-267,278
担保金利率………………………226,264
担保付債券………………………30
担保付社債………………………51
担保付社債信託法………………51
単利………………………………73,79

単利利回り･･････73,79,80,83-85,87,226

【ち】
チェック・デジット･･････････････316
地方公社債･･････････････････7,27,28
中間発行･･････････････････････126
中期国債････････････････････34,172
中期国債ファンド･･････････････172
中期債････････････････････････31
中国（ちゅうこく）ファンド･･････172
中小型株････････････････････166
中途換金調整額････････････････65
注文システム･･････････････311,312
長期金融市場･･････････････248,250
長期国債････････････････････34
長期債･･････････････････････31
長期信用銀行････････････････28
超高速取引････････････････310
超高頻度取引････････････････310
超長期国債････････････････34
超長期債･･････････････････31
直接金融･･････････････････････3
直接口座管理機関････････････221
直接発行･･････････････55,57,62,126
直接募集････････････････････55,57
直接利回り･･････････････････73,74
直利････････････････････････73,74
直利利回り････････････････････73

【つ】
追加型･･････16,19,20,162,172,176,177,
188,189,191
追加証拠金･･････････････････236
通過勘定････････････････････257
つみたてNISA････････････････319-324

【て】
ディーラー業務･･････････････242
ディーリング業務････････240,246,247
ディーリング取引････････････250
定款･････101-103,106-108,120,124,133

定時償還････････････････････64
定足数･･････････････････101,107
定率公募入札････････････････60
テーマ型････････････････････168
手形CP････････････････････251
手形市場･･････････････････249,250
適格機関投資家･･････････119,125,327
敵対的TOB･･････････････99,107,108,127
敵対的買収･･････････11,99,107,108,127
デュアル・カレンシー債････････33
デュプレックス型････････････210
デリバティブ（取引）････40,49,119,179,
246,247,308
転換権････････････････････39
転換社債････････････････････37,40
転換社債型新株予約権付社債･････37,39,
40,123,128,201,214
転換予約権付株式････････106,123,129
電子CP･･････23,95,196-198,200,212,214,
251
電子化････18,23,63,95,96,157,174,196,
220,245
電子記録債権制度････････････250
店頭市場･･････40,52,53,116,117,206,207

【と】
当期純利益････････････････144-148
投機的格付け････････････････91
東京銀行････････････････････28
東京証券取引所第一部････44,45,142,143
東京レポ・レート････････････227
当座預金系････････････203,208,210,214
投資一任契約････････････････246
投資可能期間････････････320,321,324
投資顧問業務････････････････243,246
投資顧問契約････････････････246,247
投資者保護基金････････････319,327
投資情報システム････････････310,311
投資信託管理業務････････････253-255
投資信託説明書････････175-178,184,247
投資信託振替システム････････213,214

投資信託法·····················176
投資信託窓販業務··········240,246,247
当日物························249
投資適格格付け·················91
東証··························118
東証株価指数·······18,140,142-144,172
東証二部株価指数···············140
東証マザーズ指数···············140
当預系·······················203
登録金融機関···········51,175,247
登録債························32
特殊法人·····················6,27
特定金外信託··············243,244
特定金銭信託(取引)·······209,243-245
特定口座··················320,322
特定社債··················36,210
特定投資家····················118
特定包括信託··············243,245
特定目的会社·········36,111,119
特別決議······101,107,124,127,130,132,133
特別債·····················7,27,28
特別分配金················191-193
特別目的会社·····36,49,50,111,210
独立行政法人··········7,27,28,30,61
都市再生機構···················27
途中償還······················64
トップダウン・アプローチ·······167,168
トムネ························250
取扱手数料················292,293
取締役会··········107,115,124,132
取引時間·············149,150,153,154
取引所会員証券会社·············114
取引所外取引··················117
取引所市場··········52,65,116,117
取引所システム·················203
取引所内取引··················117
取引報告(書)·····175,177,254,256,257,259,272-274,287,311,312
トレーディング損益·······259,263,301-304,306,307

トレーディング目的·········299-307

【な】
内国債························32
名古屋証券取引所···············118
ナショナル・シンジケート団方式·····61
ナスダック····················111
成行······················150-154
成行注文··············150-152,154

【に】
二次市場·····················9,50
二者間センタ・マッチング型········209
二重通貨建債···················33
日銀ネット····200,203,205,208,210-214,216,220,309
日経225················45,140,142
日経平均·················45,142
日経平均株価·······18,45,46,48,140,142,143,167,172
日経平均株価リンク債··········45-49
日中コール················249,250
日本格付研究所(JCR)·············88
日本銀行金融ネットワークシステム
 ·························203,220
日本金融証券··················234
日本興業銀行···················28
日本債券信用銀行···············28
日本証券クリアリング機構········198,201-203,206,214,273,274,277,282,285,288,290,309
日本政策金融公庫···············27
日本長期信用銀行···············28
日本トラスティ・サービス信託銀行
 ·······························253
日本版401k···················323
日本マスタートラスト信託銀行·····253
日本預託証券··················111
入庫·····················259,273
ニューヨーク証券取引所··········111
任意償還······················64

【ね】

値上がり益・利回り追求型………171
値上がり益追求型……………171
値嵩株………………………143
ネッティング……197,202-204,206,208,
　　　　　　　210,216,218
ネット＝ネット方式………………204
ネット・エクスポージャー…………229
年間取引報告書………………320
年間配当金……………………148
年限…………63,64,75,76,78,81-83

【の】

ノーロード……………………181,185
ノーロード・ファンド………………181
ノックアウト……………………43
ノックイン………42,43,45,46,48
ノックイン債……………………45

【は】

パー……………………………63
ハイ・イールド・ボンド………………91
ハイ・イールド債……………………91
バイサイド…………………208,209
配当利回り…………144,148,149
売買委託手数料……………65,181
売買高加重平均価格…………………44
始値………………………149-153
バック・システム……………308-310,313
バック業務……………………308
発行価格……9,13,43,44,46,47,53,54,56,
　　　　59-64,75,95,109,113,120,121,127,
　　　　　　　　　133,138
発行価額………………………113
発行可能株式総数……………124,133
発行市場………8,9,12,13,32,50,51,112
　　　　　　　　113,241,242
発行主体………………………6
発行条件……22,23,43,44,46-48,51,53,
　　　　　60-62,68,95,113
発行済株式数……………………37

発行済株式総数………106,125,128-131,
　　　　　　　139,145
発行総額………………………55-57,62
発行体…6-9,22,24-32,37,39-44,47,50,
　　51,55,56,61-63,65,88,96,98,241,242,
　　　　258,260,261,267,279,318
パッシブ型………………………167
発生主義の原則…………………297
はね返り玉の買取………………247
バミューダン・コーラブル………………41
払込金(額)……51,113,124,127,133,134
バリュー型………………………167
反対取引……236,237,239,283,284,288,
　　　　　　　289

【ひ】

非DVP(決済)………………………212
非課税期間………………………320-325
非課税投資枠……………………320-325
引受会社……………51,55,56,62,113
引受業務………………51,240-242
引受シ団…………51,57,60,62,242
引受シ団制度……………………57
引受シンジケート団……51,57,60,62,242
引受募集………………………55-57,60
非競争入札………………………60
非居住者…………………………33,118
非公開会社………107,108,124,130,132
非公募債…………………………30
非参加型優先株式………………104,105
非支配株主持分…………………147
非政府保証債……………………31
非分離型ワラント債………………39,40
評価替……………297,313,315,317-319
費用の繰延………………………297
費用の見越………………………297
非累積的優先株式………………105

【ふ】

ファミリー・ファンド………………169,170
ファンド……………13,156,171,179,255

事項索引　343

ファンド・オブ・ファンズ	169, 170
ファンド・マネージャー	14, 156, 158-160
ファンド管理業務	253-255
フィッチ・レーティングス	88
フェイル	257-260
福岡証券取引所	119
複数議決権株式	103, 108
複利	73, 79
複利利回り	73, 80-83
普通株式	12, 103-109, 112, 133
普通決議	101, 132
普通社債	37
普通出資者総会	112
普通出資証券	112
普通分配金	191-193
物価連動国債	35
ブック・ビルディング方式	125, 126
物上担保付債券	30
浮動株	143
浮動株基準株価指数	144
プライマリー・ディーラー制度	57
プライマリー・マーケット	9, 50, 112
ブラインド方式	183, 187, 193
振替機関	220, 221
振替口座簿	220, 221
振替債	32
振替指図	202, 212
振替システム	198, 203, 207, 211, 213
振替実行時限	216
振替法	220
ブル・ベア型	168
ブル型	168
プレミアム	41
ブローカー業務	241
ブローキング取引	250
プロパー型	209
プロポーザル方式	61
プロ向け市場制度	118
フロント・システム	308-310, 314
フロント業務	308
分割償還	64
分記法	301
分配落ち後	193
分配落ち後の基準価額	194
分配型	17, 19, 163, 176, 177
分配金	14, 15, 175, 176, 179, 180, 184, 191-194, 296, 320, 321, 324
分別管理	176, 327
分離型ワラント債	39, 40, 129
分離元本振替国債	35
分離適格振替国債	35, 58
分離利息振替国債	35

【ヘ】

ベア型	168
ヘアカット率	230
米国預託証券	111
ペーパーレス化	18, 23, 35, 95, 157, 174
ヘッジ・ファンド	139
ベビー・ファンド	169, 170
変動利付債	34, 62

【ホ】

ポジション	237, 239, 308
ポジション管理	308, 309
募集・売出・特定投資家向け売付勧誘等の取扱手数料	292
募集・売出業務	240-242
募集株式	132
募集債	29
募集事項	95, 96, 132, 133
募集等受入金	292
募集等払込金	292
募集方法	27, 29, 30, 95, 133
保証付債券	30
ボトムアップ・アプローチ	167, 168
ほふり	211-213
保振機構	208, 261-263
ほふりクリアリング	198, 201, 204, 214-220, 309
ポンカス債	40

香港ハンセン指数……………………140
香港預託証券…………………………111

【ま】
マージン・コール……224,225,228,229,
　　　264-266,269,270,278,279
マイナス金利政策………………18,172
前受収益…………………………297,298
前取……………………………………297
前払……………………………………297
前払費用………………………………298
前引け…………………………………149
マザー・ファンド…………169,170,213
マザーズ…………………………115,118
マッチング拠出………………………326
窓販……………………………………247
マルチ・コーラブル債…………………41
満期償還…………………………48,64
満期保有目的……………………299,300

【み】
未収債券利子……………257-260,262,263
未収収益……273-275,281,284,285,287,
　　　289,290,297,298
未収収益（利息）………………283-285
未収手数料………………………293-295
みずほ銀行………………………………28
三菱UFJ銀行……………………………28
ミドル・システム………………308-310
ミドル・バック・システム……………308
ミドル業務……………………………308
みなし額面………………………142,143
未払費用…………………………297,298
未払費用（利息）………………289,290
民間債……………………………7,27,28

【む】
ムーディーズ・インベスターズ・サー
　　ビス（Moody's）………………88
無額面株式………………103,109,110
無議決権株式………105,106,109,116

無期限ファンド………………………162
無記名株式………………………103,110
無記名債………………………………35
無償増資………………………124,127
無担保コール翌日物（オーバーナイ
　　ト）金利……………………………250
無担保債券……………………………30
無担保取引……………………222,249,250
無手形取引……………………………250
無配……………………24,95,97,121,138
無配当…………………………………95
無分配型……………………17,19,163,177

【め】
銘柄……23,45,140,142,158,196,197,203,
　　　208,233,235,237

【も】
申込手数料……………………………181
申込割当方式……………………133,134
目論見書………………………………175
持ち高…………………………237,239

【や】
役員解任請求権……………………100,101
役員選任権付株式………………103,108
約定金額………………83,85,87,237,239
約定システム……………………311,312
約定照合………201-205,207-211,213,
　　　261-263,272-274,276,277,312
約定単価…………………………83-85,87
約定通知……256,257,259,272-274,276,
　　　277,280,281,284,286,287,289,312
約定日……54,123,178,183,194,203,208,
　　　214,235,237,256,257,259,262,263,
　　　273-277,281,283,287,289,311,312,315
約定見返勘定……257-260,262,263,276,
　　　277,302-306
約束手形……………………2,3,156,251

【ゆ】
有価証券運用信託……………………243,245
有価証券管理信託……………………243,245
有価証券システム……………………308,313
有価証券処分信託……………………243,245
有価証券貸借取引受入金……265,266,268
有価証券貸借取引収益…………266,267
有価証券担保貸付業務………………243
有価証券等受入未了勘定………257,258
有価証券等引渡未了勘定………………260
有限会社………………………………94
有限会社法……………………………94
有償増資…………………………124,125,127
優先株式………………12,103-107,112,133
優先出資証券………………94,104,111,112
優先配当率……………………………104
有担保取引………………………222,249
有利発行………………………………127
ユーロ円………………………………33
ユーロ円債……………………………33
ユーロ円市場…………………………33
ユーロダラー…………………………33
ユニット型………………16,162,175,291,295

【よ】
ヨーロピアン・コーラブル……………41
預金保険制度…………………………327
預託証券………………………94,104,111
寄付………………………………149,154

【ら】
ライツ・オファリング…………………110
ライフサイクル型ファンド……………173

【り】
利金……7-9,25,28,29,43,48,49,54,182,
　　　　184,227,231,245,254,260,264,267,
　　　　315,317
リスク・リターン分類………………169
リスクオフ………………………………69
リスクオン…………………………69,137

リスク管理システム……………………311
利付金融債……………………………28
利付債……8,9,22-25,28,29,35,54,64,73,
　　　　78,80-87,121,193,256,259,260,262,
　　　　263,267,314-316
リバース・デュアル・カレンシー債
　　　　…………………………………33
リパッケージ債…………………49,50
利払サイクル…………………6,22,314
利払日……6,22,23,44,47,48,65,85,86,
　　　　256,258,260,264,267
利払方法……6-8,22,27-29,43,46,51,64
利含み現先取引………………………231
利含み単価……………………………231
利札…………………………………23,35
利回り追求型…………………………171
流通市場……8,9,12,13,50,52,59,64,112,
　　　　116,241,242
流動性供給入札………………………58
両端入れ………………………………78
臨時株主総会…………………………100

【る】
累積的優先株式………………………105
累積投資業務…………………………243

【れ】
劣後株式………………12,103,105,133
レポ・レート…………………………226
レポ取引………………………………222

【ろ】
ロールオーバー…………320-322,324,325
ロング…………………………………168
ロング・ショート型……………………168
ロング・ポジション………………237,239

【わ】
ワラント…………………………39,129
ワラント債……………………………39
割引金融債……………………………28

割引債……8,23,25,28,29,35,63,64,73, 78,79,80,83-85,314,316

割引短期国債……………………………34
ワン・タイム・コール………………41

図解で学ぶSEのための証券業務入門

2019年4月3日　第1刷発行

著　者　室　　　　　勝
発行者　倉　田　　　勲

〒160-8520　東京都新宿区南元町19
発　行　所　一般社団法人 金融財政事情研究会
企画・制作・販売　株式会社きんざい
　　出版部　TEL 03(3355)2251　FAX 03(3357)7416
　　販売受付　TEL 03(3358)2891　FAX 03(3358)0037
　　URL https://www.kinzai.jp/

校正：株式会社友人社／印刷：三松堂株式会社

・本書の内容の一部あるいは全部を無断で複写・複製・転訳載すること、および磁気または光記録媒体、コンピュータネットワーク上等へ入力することは、法律で認められた場合を除き、著作者および出版社の権利の侵害となります。
・落丁・乱丁本はお取替えいたします。定価はカバーに表示してあります。

ISBN978-4-322-13446-9